北京大學圖書館特藏文獻叢刊

北京大學圖書館藏
老北大燕大畢業年刊

七 燕大卷

陳建龍·主編
張麗靜·執行主編

北京大學出版社

第七册　目　録

燕大年刊一九三〇……………………………………………1
燕大年刊一九三一……………………………………………281
燕大年刊一九三二……………………………………………533

燕大年刊一九三〇

　　此册年刊由北平私立燕京大學學生會出版委員會年刊部於1930年編印，爲改版《燕大年刊》後的第三册。

　　根據本年刊目次，主要內容包括：景物、董事及大學行政人員、教授、畢業生、級次、會社、體育、生活、校舍。較之1929年的年刊，主要是去掉了學生文學作品部分。

　　燕大學生會出版委員會年刊部部長翁初白在"緒言"中對三年的年刊在體例內容上的沿襲與變革做了概括評價，認爲1928年年刊初創，"第以初爲銓範，雖於學科之設施，巨細疏密，蒐輯綦詳；然以囿於一隅，未足以云全豹"。1929年的年刊"特致力於校中動態生活之表現，舉凡同曹藏修游息之盛，零柯散葉，撮載靡遺"。至於本卷，翁氏認爲"論其取材，不過因循成規，稍事增删，審記更周，剖析更晰而已"。"緒言"希望本卷爲本屆畢業生多年後回憶之助，"庚午級諸子，數載一堂，雍雍契聚，臨歧折柳，憭慄奚如。它年風雨之夕，故人不來，展卷摩挲，畫裏湖山，影中畏友，均足引起當日雪已壓簷，高歌未寢，鐘聲連動，挾書疾行之情。彼時歡樂，總覺尋常，事後思量，恍惚若夢。則斯刊之作，或可免其悠緬湮逝歟！"

　　本年年刊首先推出的是"校花"，公布經過燕大學生評選，以梅花爲校花，認爲"她底不慕虛榮，不事矯飾，不受箝縛的風格，足以表彰校容，宅寓校魂"，並附有梅花圖。

年刊隨後是給校長吳雷川的獻辭："錢塘吳雷川先生，沈重淵博，虛懷若谷。自來長我校，敬教勸學，翕然成風，一代宗師，群懷仰止，敬獻斯刊，用彰懿德。"

接下來是目次、緒言、校景、校歌、校訓，以及本年的"年刊部"人員組成和照片。校訓依然是"以真理，得自由，而服務"，與後來的略有不同。

"董事及大學行政人員"方面，較之上年，去掉了各部處合影和年度"名人錄"漫畫。本年的校董事仍有變動。以中方爲例，陳惠卿、郭閡疇、倪逢吉不再任職，新增了朱友漁夫人、王文顯夫人、陳昌佑和郭雲觀。"各部主任"也有一些變動，徐淑希不再兼任應用社會科學學院院長，新任鍾慧英爲代理圖書館副主任，"女部訓育主任"改稱"女部輔導主任"，並更換了人選，新增"學生資助委員會"和"校園委員會"等機構。

在没有大的變動的各系"教授"名單和照片之後，本年年刊保留了上年開始的統計圖表，但較爲簡單，只有"全校教員人數統計圖"和"全校學生人數統計圖"。

"畢業生"部分，依然採用照片加小傳的形式。本年研究院畢業六人，其中後來最有名的當屬孟昭英。孟昭英（1906—1995），物理學家，電子學家，中國科學院學部委員。1933年留學美國加州理工學院，1936年獲博士學位。同年回國任教於燕京大學，1938年任西南聯大物理系教授。1943年任加州理工學院客座教授，1947年回國，任清華大學物理系教授。1955年當選爲中國科學院學部委員。此外，杜奉符（1893—1951），本科畢業於華西協和大學中文系，1928年入燕京大學研究院。畢業後回華西協和大學任教，曾任中文系主任，兼任齊魯大學國學研究所研究員。

1930級畢業生99人中，較爲人熟知的有國文系鄭德坤、歷史系曹詩成、數學系劉先志、物理系王明貞、醫預科黄禎祥等。另有齊魯大學轉學畢業生10人、專修科畢業同學18人。

鄭德坤（1907—2001），考古學家。1931年畢業於燕京大學研究院，1941年獲哈佛大學博士學位。先後任教於廈門大學、華西協和大學、英國劍橋大學、香港中文大學。曾任華西協和大學博物館館長、香港中文大學副校長。

劉先志（1906—1990），1934年留學德國，1945年獲哥廷根大學博士學位。次年回國，任同濟大學教授，後兼教務長。1952年任山東工學院教務長，後任副院長。後出任山東省工業廳副廳長、山東省副省長。

王明貞（1906—2010），1932年獲燕京大學碩士學位，任教於金陵女子文理學院數理系。1942年獲美國密西根大學博士學位，次年任麻省理工學院研究員。1947年回國，任國立雲南大學物理系教授。1949年赴美，1955年歸國，任清華大學物理系教授。

黃禎祥（1910—1987），著名病毒學家。1934年畢業於協和醫學院，獲博士學位，留院任內科助教。1941年赴美國普林斯頓洛克菲勒醫學研究院進修，1942—1943年任美國哥倫比亞醫科大學內科及微生物科講師。回國後任中央衛生實驗院實驗醫理組主任、北平分院院長、實驗院副院長兼病毒室主任。新中國成立後，先後任中國醫學科學院微生物系主任、病毒免疫室主任等職。1981年當選爲中國科學院學部委員。

"級次"部分爲研究院和各年級、各專修科合影。之後是關於學生的五個圖表："各科主修人數比較圖""學生籍貫分配圖""學生家長職業分類圖""歷年註冊學生人數比較圖"和"歷年畢業學生人數比較圖"，對於瞭解當時燕大學生整體情況具有一定的參考價值。

"會社"部分即有關學生社團的內容。其開篇"這一年"回顧這一年的一些大事，如燕大落成典禮、"膳務風潮"、男女學生會"合組運動"等，具有一定史料價值。因男女學生會合組，本年的"燕大學生會職員合影"出現了女生的身影。"會社採風志"則是各社團的合影和簡要介紹，其中也不乏調侃詼諧文字，如介紹"國文學會"，"國文學會在各學會中要算是最酸，最怪的了。……會中人有的是'髮如蝟毛，面三日不洗'，有的是'西裝革履臨水輒照'"。而"哲學會""就會員們的外貌論，有幾個人永遠是懶洋洋的，有幾個人永遠是污糟糟的，更有幾個人永遠是眼光垂地若有所思的"。

"體育"部分，除各球隊合影外，還有學生進行各種體育活動和軍事訓練的圖片，豐富多彩，很多也題有幽默的中文或英文標題。

"生活"部分，長達54頁，圖文並茂，亦莊亦諧。包括"校舍落成典禮""畢業典禮"的圖片，以及相關文字如"新址落成典禮彙記""畢業儀式之前前後後"等；另有繼續上年"楓湖叢話"的"楓湖續話"，品評燕大人物，記錄燕園風景、人事及趣聞等，頗可讀。本年的"生活"部分大致爲上年年刊"校園生活"與"文學"部分的合併，圖文結合，似更靈活，更具可讀性。

最後的"校舍"部分，除大量校園照片外，還刊有燕大設計者墨菲所繪燕園效果圖和燕大教師許地山所撰寫的《燕京大學校址考》。許地山認爲，燕大校園內主要建築多在睿王園舊址，睿王園即明末米萬鍾的勺園，"故我校最初的地主實爲米氏"。

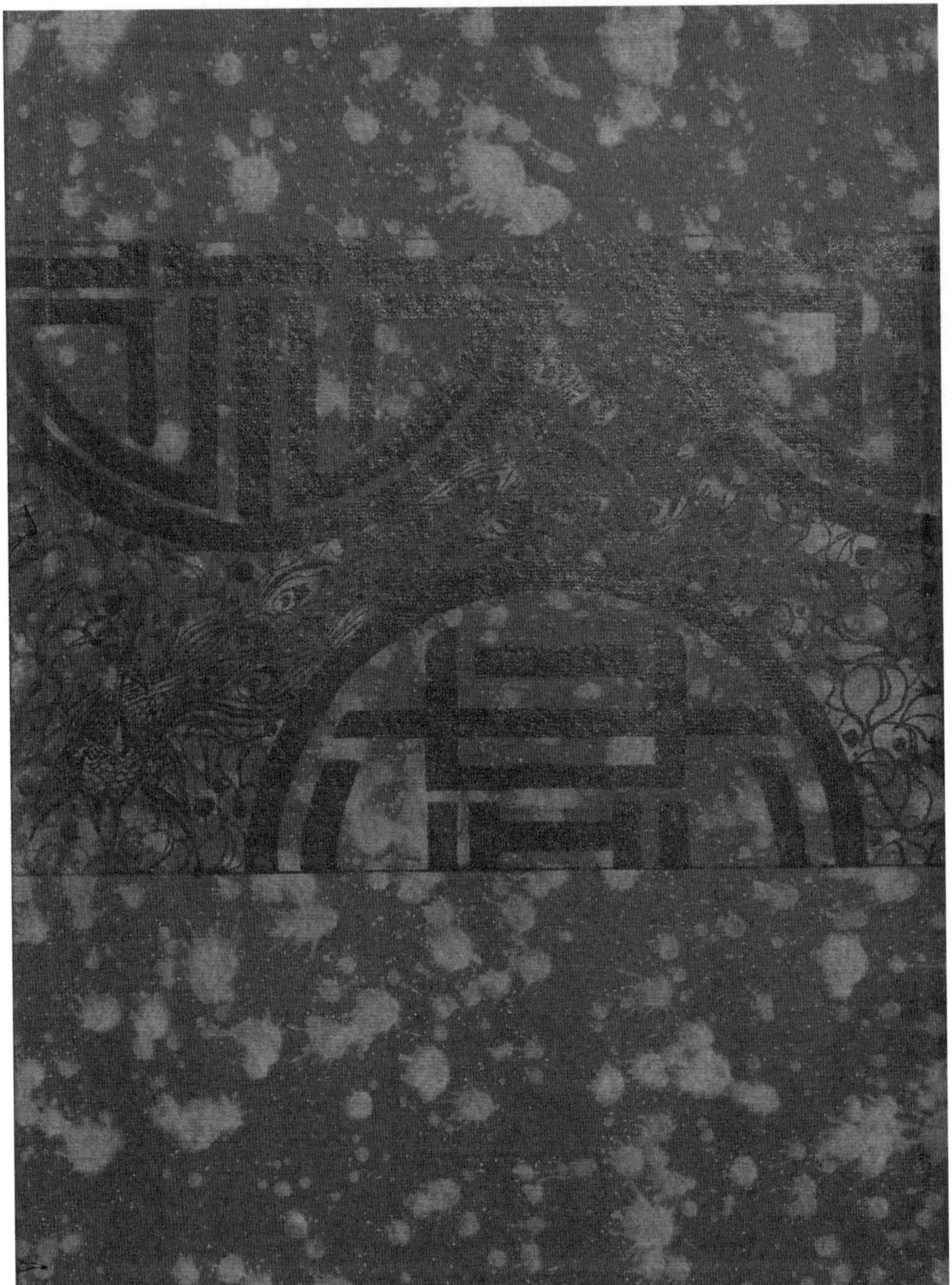

燕大年刊一九三〇

北平虎坊橋
京華印書局承印
電話南局一三九六八一

THE
Commercial Press, Ltd.
Peping Branch Works
Hu Fang Chiao, Peping

商務印書館北平分廠
京華印書局
北平虎坊橋大街

承印一切印件
與上海商務印書館總廠無異

We offer our Clients the Latest Type Faces from the Commercial Press Foundry and Modern Methods of Illustrations at *Moderate Prices.*

We specialise in the Printing of Scientific Journals, Text books and Pamphlets.

中南銀行

資本總額二千萬元實收七百五十萬元各項公積一百十六萬餘元

總行　上海　分行　天津　漢口　廈門　南京　北平　其他國內外各埠均有通滙機關

營業　辦理商業銀行一切業務

天津行址　英中街四十八號　電話　三〇三三〇　三一六三〇　三〇〇八九八三

注意　中南銀行鈔票為公開辦理起見特由鹽業金城大陸及本行公共負責設立四行準備庫專辦保管鈔票準備金及發行兌現事項凡持票人除向下列各地四行準備庫直接兌現外並得向各地鹽業金城大陸及本行隨時兌現

上海準備總庫　四川路六十八號
漢口分庫　虹口北四川路四十號
天津分庫　英中街六十七號
北平分庫　東交民巷滙昌大樓

金城銀行

資本 總額壹仟萬元 已收柒百萬元

公積 共計貳百貳拾壹萬元

營業業務 專辦商業銀行一切 兼營儲蓄貨棧等業務

行址 天津 上海 大連 北平 漢口

THE CONTINENTAL BANK, LTD.
大 陸 銀 行

Capital............$5,000,000.00   *Reserve Fund*............$1,700,000.00

HEAD OFFICE: Tientsin
BRANCHES AND SUB-BRANCHES:

TIENTSIN	NANKING	HANGCHOW
PEIPING	HANKOW	TSINGTAO
HARBIN	SHANGHAI	TSINANFU

Asahi Road Office, Ta Hutung Office, Tientsin Yenching University Office, Tsing Hua University Office, Peiping Hongkew Office, Shanghai, & Wuhsi Office. Agents in all important cities throughout the country.

FOREIGN CORRESPONDENTS at

LONDON, PARIS, HAMBURG, NEW YORK, SAN FRANCISCO, TOKYO, KOBE, YOKOHAMA, OSAKA, NAGASAKI, ETC.

All descriptions of Commercial Banking Business transacted, including Savings, Foreign Exchange, Safe Deposit, Trust, Warehousing, Etc.

Inquiries cordially Invited.

Peiping Branch: Hsi Chiao Min Hsiang
Tels. Nos. S. 1496, 708, 3582, 1006, & 285.
Cable Address "CONTIBANK"

四行儲蓄會

經政府批准 以四行四千五百萬元以上之資本 保本保息 期短利厚 又分紅利營業獨立 會計公開 會員儲金種類如下

定期儲金 二十五元起碼 一年期滿 年息七釐 兩年內營業紅利照分 二十五個月滿期 年息七釐 二十五個月內營業紅利照分

分期儲金 每月一元起碼

長期儲金 甲種週息四釐 乙種三釐 可分紅利 甲種以五百元為限 乙種以五千元為限 半年複利一次 五年者每一年一次 十年五年兩種 年息七釐 紅利照分 十年者每

活期儲金 二十五元起碼

代理所 天津及各地鹽業銀行 金城銀行 中南銀行 大陸銀行（專代收定期長期分期三種儲金）

天津儲蓄會 英界中街六十七號 電話經理室南局二七五三號 辦事室南局四十五號
宮北分會 宮北大街 北平分會 東交民巷滙昌大樓 上海四川路六十八號 虹口分會 北四川路四十號 漢口四民街四十五號 本會章程儲蓄須知函索即寄

四行準備庫

中南銀行鈔票 由四銀行在津滬漢合設專庫發行 十足準備 公開辦理 流通及準備數目每星期公告一次 並請會計師查帳查庫 以昭信實 本庫設在天津英租界中街六十七號 分庫宮北大街 北平分庫東交民巷滙昌大樓 隨時兌現

電話 庫長室 南局二七五三
辦事室 南局一八六五五
宮北分會 庫 三三○○
辦事室 三三二二
北平分會 庫 二八○七
辦事室 電話東局四二三四

莫律蘭工程司

燕京大學校建築工程師
北海圖書館建築工程師
輔仁大學校建築工程師
北平西總布胡同二十三號
電話東局三千三百十九號

V. Leth-Moller & Co.

Consulting Engineers & Architects

23 HSI TSUNG PU HUTUNG
PEIPING

Phone: 3319 East
Cable Address: Leth, Peking
Codes: Bentleys
Universal Trade Code

Buildings under Construction for
Yenching University
Metropolitan Library
The Catholic University

China Electric Co., Ltd.

HEAD OFFICE:

3 Hsi Tang Tze Hutung, East City, Peiping

TELEGRAPH ADDRESS:

MICROPHONE

Codes Used
Liebet's (Standard)
A. B. C. 5th edition
Bentley's Phrase Code, Improved

BRANCH OFFICES:

Shanghai, Canton, Tientsin, Mukden, Hankow

Manufacturers of and agents for various
Telephone, Telegraph Equipment, Power Plant, Radio
and Electrical Apparatus of all kinds

SOLE AGENTS IN CHINA FOR:—

International Standard Electric Company	*New York*
Western Electric Company	*New York*
Nippon Electric Company Limited	*Tokyo*
Standard Telephones and Cables, Limited	*London*
Rates Expanded Steel Truss Company	*Chicago, Ill.*
Templeton, Kenley Company	*Chicago*
The Gamewell Company Newton, Upper Falls	*Mass*
United Incandescent Lamp and Electrical Company	*Ujpest*
Western Electrical Instrument Corporation	*Newark N. G.*

A MESSAGE

China is an important producer and exporter of raw materials, which are keenly needed by the industrial and manufacturing nations of the world. Her products find on the whole a ready market, but their sale is retarded checked by the irregularity of supply and want of standards. In other words, our raw materials (and, indeed, our manufactures, too), vary very considerably in quality and in quantity from year to year, to the great inconvenience of our buyers.

To raise and fix the standard of our supply to Foreign buyers of raw materials, as far as our exports are concerned, is the aim of the Company.

China must develop her industries to relieve her economic burdens. She must improve her methods of agriculture, develop her means of transportation and establish the more important modern industries. The aim of the Company is to help in the importation of modern mechanical contrivances and of chemical and other scientific discoveries for the material development of China.

As the business of the Company grows and extends, it hopes to employ more and more on its staff young men and young women tained in the modern way, who will devote their lives to the development of China's Foreign Trade to her advantage and profit.

中國大陸商業股份有限公司

THE CHINA CONTINENTAL COMMERCE Co., Ltd.

INPORTERS, EXPERTORS, COMMISSION MERCHANTS

THE CONTINENTAL BUILDING

TIENTSIN, CHINA

Board of Directors:
Dr. W. W. Yen, Chairman,
  Former Prime Minister.
Mr. L. S. Tan, Managing Director.
  President, The Continental Bank.
Mr. F. P. Hsu, Managing Director.
  Tientsin Manager, The Continental Bank.

Managing Staff:
Mr. A. C. Lee, General Manager.
Mr. M. T. Tsao, Assistant General Manager M. B. A '21 (Harvard).
Concurrently..............

復新建築公司

設計監理
承築鐵路
土木工程
如橋樑山
峒河道水
利測量市
政及各式
樓房工程

總公司 天津法界三十五號路公北 分奉 天
電報掛號一七八八號
電話南局一九六八號

司 哈爾濱
電報掛號一七八八號
大西邊門外大街路南
電話第一一二二號

奉 天
電報掛號六六七八號
道裏中國十五道街
自動電話三五四〇號

平
電報掛號三六三一號
西點盤道
電話四局二三九一號

Fu Hsin Engineering & Construction Co., Ltd.
Designing, Constructing, Supervising
Railroad, Bridges, Tunnel, River-Improvement, Water-
Works, Surveying, City Developments and Buildings of different types.

BRANCH OFFICE, PEIPING.	HEAD OFFICE, TIENTSIN.	BRANCH OFFICE MUKDEN.	BRANCH OFFICE, HARBIN.
31, Si Kin Chi Dao West City Peiping, China.	Ngan-kui-li, Rue Sarbourand French Concession Tientsin, China.	South Side, Main Street Outside Big West Gate Mukden, China.	China Street No. 15 Dao Li Harbin, China.
Telegraphic Address 4639 Telephone W.O. 2391	Telegraphic Address 1788 Telephone 1968	Telegraphic Address 1788 Telephone 1122	Telegraphic Address 6678 Automatic Telephone 3540

開灤礦務局

經理耀華機製玻璃公司出品

煤 火磚——焦煤——火土

耀華玻璃 房屋外面磚塊

耀華玻璃，聞名遠東，光明潔淨，堅固耐用，價廉物美，歡迎主顧

如欲詳細接洽請向天津總局詢問可也

An Evidence of Public Confidence

New Insurance Issued

1919	$39,337,673.
1924	$60,440,136.
1929	$93,396,730.

Insurance in Force

1919	$139,386,731.
1924	$281,092,860.
1929	$504,481,203.

Assets

1919	$29,355,630.
1924	$53,003,731.
1929	$99,435,576.

Total Income

1919	$7,213,423.
1924	$14,297,913.
1929	$28,064,221.

Dividends to Policyholders

1919	$437,304.
1924	$1,044,650.
1929	$2,513,344.

(Gold Dollars)

Everyone requires Life Insurance; Send us your Name and Address and we shall be glad to give you particulars of Policy Plan to suit your special needs:

The Manufacturers Life Insurance Company

(Head Office: Toronto, Canada)

Telephone No. 152 East　　　　　　　　　　7 Erh Tiao Hutung, Peiping

C. G. Danby,
Manager for Central China.

Société Anonyme des Anciens Etablissements
ARNOULT

Teng Shi Kou 81 Peiping

Telephone No. 952 East Sales   Cable: ARNOULT Peiping
   „   „ 1753 „ Engineering   Code: Bentley's

Branch at Tientsin

Building Contractors

Heating and Sanitary Engineers

Works Shop and Foundry

Slock-Heating and Sanitary Fixtures

Agents for Berliet and Citroen Motor=cars

Agents for General Accident Fire Assurance Corporation Ltd.

同利源建築公司

設計監理承修
建築鐵路土木
工程如橋樑山
硐河道水利測
量市政及各式
樓房工程

公司
天津法租界
老西開教堂南
前電話一七三八號

TUNG LI YUAN
ENGINEERING AND CONSTRUCTION CO.

Designing, Contracting, Supervising Railroad, Bridges, Tunnel, River-Improvement, Water-Works, Surveying, City Development and Buildings of different types.

Office Tientsin
French Concession
Lao Si Kai-Near by the Cathedral
Telephone 31738

中國銀行

國外匯兌

- 進口出口押匯
- 票匯電匯信匯
- 留學學費匯欵
- 手續特別簡便
- 結價格外公道
- 各國皆有代理
- 倫敦自設分行

資本銀貳千五百萬元

本行於民國元年成立

（平行）西交民巷　（津行）法租界八號路

THE NATIONAL CITY BANK OF NEW YORK

花旗銀行

總行—紐約

資本　盈餘　公積金

美金貳萬叄仟玖百萬元　U. S. $239,000,000.00

經理全球各項銀行事務

經售世界通用之花旗旅行支票

每百元只收佣金伍角

北平分行

東交民巷

啓新洋灰公司

| 花方磚磚 | | 馬牌洋灰 |

△花樣鮮明
△經久不變
△磚質堅固
△能耐重壓

北平批發分所
打磨廠大口北
河岸一號電話
南分局1591
無線電報掛號
(新)2450

△老牌國貨
△質地精良
△行銷廿年
△成績昭著

總事務所
天津海大道
電話 {1309 1749 3462}
無線電報掛
號(啓)0796

紅玫瑰光學攝影
RED ROSE PHOTO

應用最新光學方法製像

歡迎惠顧並研究

地址　北平王府井大街八面槽

萬五二資	行銀國中	成元民本
元百千本		立年國行
公格滙留	◀行銀兌滙際國爲許特府政▶	最通滙中
道外欠學		廣滙兌外

巷民交西・行平 ◀海上・行總▶ 路號八界租法・行津

BANK OF CHINA

**SPECIALLY AUTHORISED BY THE NATIONAL GOVERNMENT
AS AN INTERNATIONAL EXCHANGE BANK**

Established 1921. Paid up Capital $25,000,000. Telegraphic transfer
and drafts sold on all principal ports of the world

HEAD OFFICE . . . SHANGHAI
TIENTSIN OFFICE . . . Rue Pasteur, French Conc.
PEIPING OFFICE . . . Hsi Chiao Ming Hsiang.

The China American Engineering Corp.

Heating, Sanitary and Electric Wiring Installations.

Rue de France,
Tientsin.

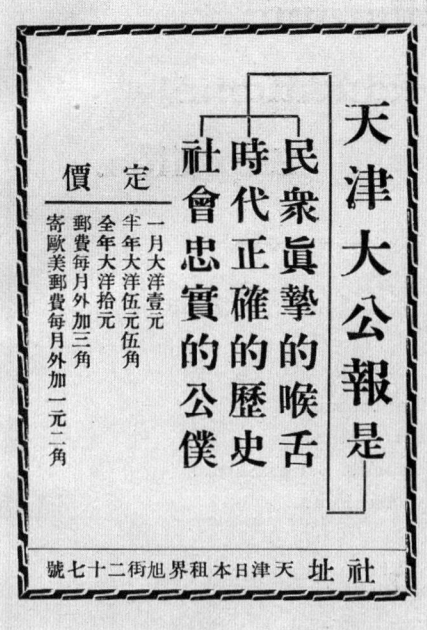

北方印刷所
THE NORTHERN PRINTING COMPANY

PRINTERS, BOOK-BINDERS, STATIONERS
AND
INDIA RUBBER STAMP MAKER.

TELEPHONE 3025 E.O.
103 SOOCHOW HUTUNG,
HATAMEN STREET,
PEKING.

經理 巢璧橋 趙善堂 李文芳

電話東局三千零二十五號

崇內蘇州胡同一百零三號

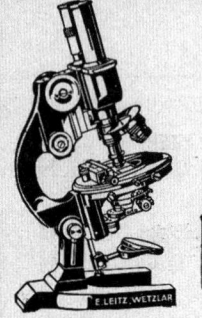

China Agents:
E. Leitz, Optical Works
Wetzlar (Germany)

Scientific and Educational Supplies.

Biology.
Leitz Microscopes and Microtomes.
Reagents and Microscopical Stains.
Micro Slides and Coverglasses. Incubators.
Glass ware. Laboratory Supplies.

Chemistry.
Chemical and chemical apparatus.
Analytical Balances and weights.
Glass ware. Porcelain ware.

Physics.
Physical Apparatus.
Mechanics—Accoustics—Optics—Heat—
Magnetism—Electricity.

SCHMIDT & Co.
PEKING EAST-CITY
1, Hsi-tang-tze Hutung

SHANGHAI
1, Nanking Road

TIENTSIN
52, Taku Road

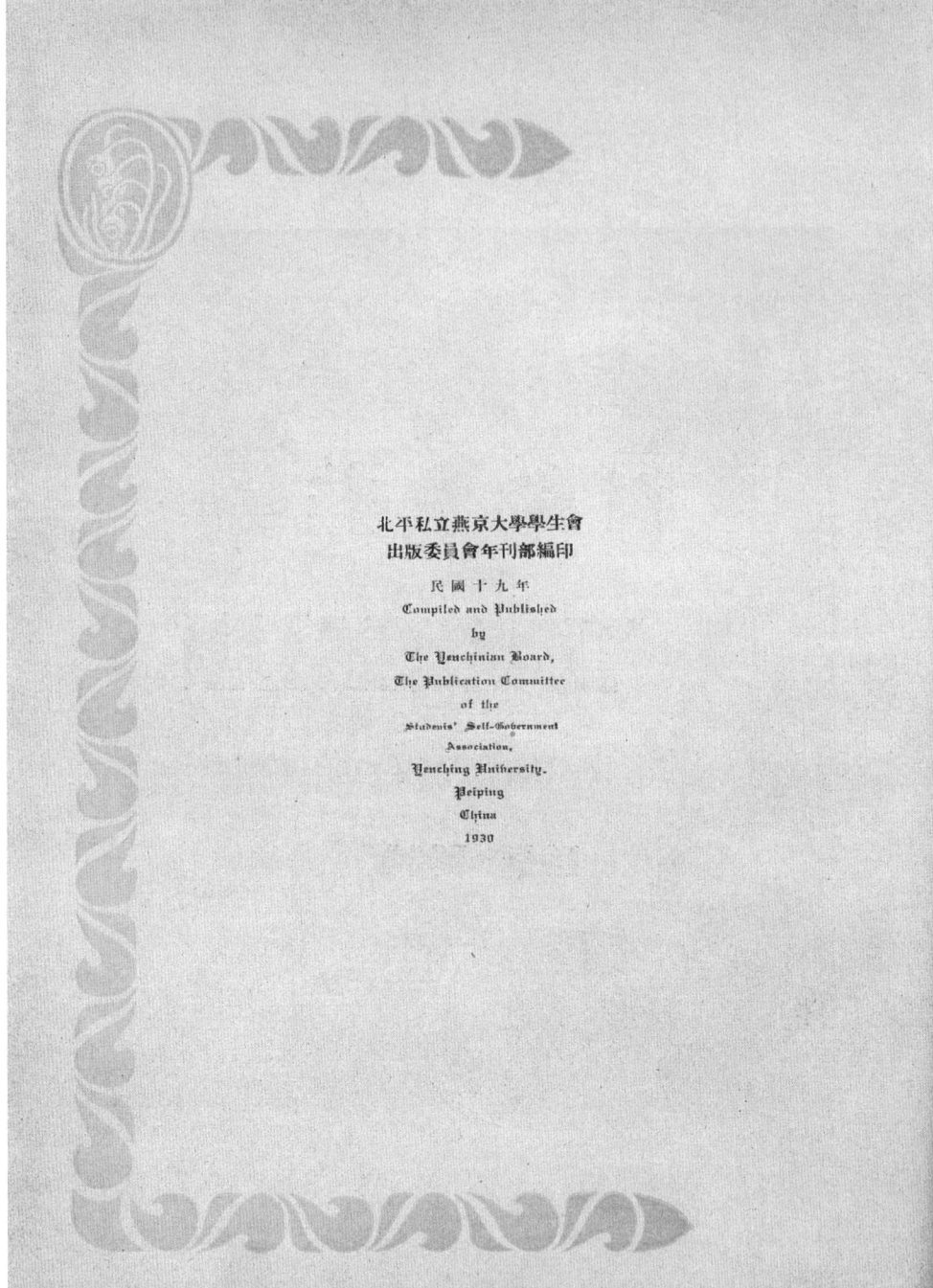

北平私立燕京大學學生會
出版委員會年刊部編印

民國十九年

Compiled and Published
by
The Yenchinian Board,
The Publication Committee
of the
Students' Self-Government
Association,
Yenching University,
Peiping
China
1930

校 花

這冷蕊疏枝的梅花，是多數同學用純與味底眼光，品評，鑒賞，選出的；我們深信她底不慕虛榮，不事矯飾，不受羈縛的風格，足以表彰校容，宅寫校魂，和陶冶我們以自由得真理而服務的旨趣。

敬獻

錢塘吳雷川先生沉重淵博
虛懷若谷自來長我校敷教勸
學翕然成風一代宗師羣懷仰
止敬獻斯刊用彰壹德

To Our Beloved Chancellor
Mr. Wu Lei Chuan,

Through whose wise guidance and worthy endeavors the University has blossomed into such a flourishin state and won such an honorable name both inside and outside the country, the third issue of the Yenchinan is gratefully inscribed.

目　次

物員
景授生次社育活舍
董事及大學行政人教業級會體生校廣
景員

一卷
二卷
三卷
四卷
五卷
六卷
七卷
八卷
九卷
十卷

Contents

Book 1　　　　　Scenery
Book 2　　　　　Trustees and Administration
Book 3　　　　　Faculty
Book 4　　　　　Graduates
Book 5　　　　　Classes
Book 6　　　　　Organizations
Book 7　　　　　Athletics
Book 8　　　　　College Life
Book 9　　　　　Our Campus
Book 10　　　　Advertisements

緒言

　　側聞學校年刊之作，所以述昕夕朋簪，言風雨切劘，為往者留餘熙，為來者備龜鑑，意至美也。吾校自民十五秋，遷未郊原新舍，閱明年始有年刊之蒐集，第以初為蝰範，雖於學科之設施，巨細疏密，蒐輯甚詳；然以囿於一隅，未足以出金甌。卑第二卷出版，特致力於校中動態生活之表現，舉凡同曹藏修游息之盛，零柯散葉，十霰裁蕪遺，今三卷復編成以問世矣。論其取材，不過因循戚規，稍事增刪，審記更周，剖析更日析而已。

　　比年吾校以校內外人士之熱誠掖扶，邇速馳傳，蔚為弦歌勝境，軸轤帶以水，千里負笈者紛。其於校中之墨管興章，尋泉湖上之諷詠呾觀，念念不忘於懷者亦眾，斯刊編行，蓋以感其來往之殷，冀以錫忠模範，俾知黽勉揚厲，是以校中風物精神，盡然裸示，雖有大小，不自謙隱，至於裝訂敷墨，剪割穿插，但求愜於悅賞，未敢以藻堃銘烺耀，沾沾自喜，而期其絢爛風行也。

嗟庚午級諸子，歡戴一堂，雍雍契叡，啟歧析柳，憐憬奚如。它年風雨之夕，故人不來，展卷摩挲，畫象嫻出，影中晨友，內之引起當日雪泥鴻爪。高歌未竟，重重連動，挾青疾行之情，彼時歡樂，縱覺尋常，事垂照量，忧愴春夢，則斯刊之作，或可完其悠緬涇逝欤！自以駑散，忝序後塵，行付剞劂，謹書其首。

　　　　　　　　　　　翁初白

燕大年刊一九三〇

校友門

灞橋

網春

一泓

柳岸

午夜

冰祠

水居

塔帷

燕大年刊一九三〇

小楓湖

屋夏渠集

主厦

校訓

以真理得自由

而服務

一九三○燕大年刊部
THE 1930 YENCHINIAN BOARD

Editor-in-Chief	部　長	Weng Ch'u Pai	翁初白
Vice Editor-in-Chief	副部長	Lu Ch'ing	陸慶
Chinese Secretary	中文文書	Hsu Pao Kuei	許寶騤
English Secretary	英文文書	Su Ju Mei	蘇汝梅
Business Manager	幹　事	Yun Szu	惲思
Chief Chinese Editor	中文股股長	Lu Ch'ing	陸慶
Editors	股員		
Lin Pei Chih	林培志	Chang Yao Min	張堯民
Chief English Editor	英文股股長	Cheng Chen	鄭溱
Editors	股員		
Sun Tseng Min	孫增敏	Hsieh Wen T'ung	謝文通
Chief Art Editor	圖繪股股長	Cho I Lai	卓宜來
Editors	股員		
Mai Ch'ien Tseng	麥倩曾	Chiah Hsi Yen	賈希彥
Chief Photo Editor	攝影股股長	Lin Yueh Ming	林悅明
Editors	股員		
Mai Ch'ien Tseng	麥倩曾	Yu Jih Sheng	余日森
Chief Advertising Manager	廣告股股長	Hu Chung Ch'ing	胡鍾慶
Managers	股員		
Yun Szu	惲思	Yang Shih Chao	楊式昭
Chief Circulation Manager	銷行股股長	Yang Shih Chao	楊式昭
Managers	股員		
T'an Jen Chiu	譚紉就	Hsu Pao Kuei	許寶騤

董事
及
大學行政人員

顏惠慶先生　　孔祥熙先生　　王厚齋先生　　周詒春先生

Mrs. Y.Y. Tsu　Mr. D.W. Edwards　Mr. John D. Hayes　Rev. A.P. Cullen
朱友漁夫人　　艾德敷先生　　赫約翰先生　　顧玉麟先生

費起鶴先生　　王治平先生　　Dr. L. J. Stuart　　劉廷芳先生

王文顯夫人　　Mrs. M.S. Frame　　陳昌佑先生　　郭雲觀先生

校長　吳雷川　先生
CHANCELLOR WU LEI CHUAN.

校務長　司徒雷登　博士
PRESIDENT J. LEIGHTON STUART, D.D.

研究院委員會主席
徐淑希
SHUHSI HSU, PH. D.
Chairman, Committee on Graduate Division

國學研究所所長
陳垣
CH'EN YUAN
Director, Research School of Chinese Studies

文學院院長
陸志韋
LUH CHIH-WEI, PH. D.
Dean, College of Arts and Letters

理學院院長
韋爾巽
STANLEY D. WILSON, PH. D.
Dean, College of Natural Sciences

宗教學院院長
趙紫宸
CHAO TSU-CH'EN, M.A., B.D., D. LITT.
Dean, School of Religion

女部主任
費賓閨臣
MRS. M.S. FRAME, B.D., D. LITT.
Dean, College for Women

總務主任
全紹文
CH'UAN SHAO-WEN
B. A.
Comptroller

輔導委員會主席
馬鑑
MA KIAM, M.A.
Chairman, Committee on
Student Welfare

校長辦公處秘書長
劉廷芳
LEW T'ING-FANG T., PH. D.
D.D., S.T.D.
Assistant of the Chancellor

代理會計主任
高厚德
HOWARD S. GALT, ED.
D., D.D.
Acting Treasurer

註冊主任
梅貽寶
MEI YI-PAO, PH. D.
Registrar

會計副主任
蔡一諤
TS'AI I-O, B.A.
Associate Treasurer

校醫
李衛仁
BASIL L.L. LEARMONTH, M.D.
Medical Officer

代理圖書館副主任
鍾慧英
MISS CHUNG HUI-YING, M.A.
Acting Assistant Librarian

代理圖書館主任
田洪都
T'IEN HUNG-TU, B.A.
Acting Librarian

女部校醫
姚美華
MISS YAO MEI-HUA, M.D.
Medical Officer, College for Women

女部輔導主任
金桂琴
MISS CHIN KUEI-CHIN
Director of Student Welfare of College for Women

學生資助委員會主席
周景福
CHOU CHING-FU, B.S.
Director, Student Service Bureau

校園委員會執行秘書
鮑思偉
CHARLES W. PARR, M.B.
Executive Secretary, Landscape Committee

男生體育主任
黃國恩
WEE KOK-AN, M.A.
Director of Physical Education for Men

女生體育主任
高美華
MISS M. Marguerite McGOWEN, B.A.
Director of Physical Education for Women

文牘課主任
謝景升
HSIEH CHING-SHENG, B.A., B.D.
Head, Chinese Secretarial Bureau

庶務課主任
全希賢
CH'UAN HSI-HSIEN
Head, Business Department

DEPARTMENT OF CHINESE 國文學系
馬　　鑑　Ma Kiam, M.A.　　　　　　　　Professor and Chairman
吳　雷川　Wu Lei-chuan, Hanlin Academy　Professor 教授
容　　庚　Jung Keng　　　　　　　　　　Professor 教授
郭　紹虞　Kuo Shao-yü　　　　　　　　　Professor 教授

周　作人　Chou Tso-jen　　　　　　　　Lecturer 講師
祝　廉先　Chu Lien-hsieu　　　　　　　Lecturer (full time) 專任講師
薛　瀛伯　Hsüeh Yin-po　　　　　　　　Lecturer (,, ,,) 專任講師
熊　佛西　Hsiung Fu-hsi, M.A.　　　　　Lecturer (,, ,,) 甤任講師

徐　祖　正　Hsü Tsu-tseng　　　　　　　　　　　Lecturer (full time) 專任講師
俞　平　伯　Yü P'ing-po, B.A.　　　　　　　　　Lecturer (,,　,,) 兼任講師
DEPARTMENT OF EDUCATION　教育學系
高　厚　德　Howard S. Galt, Ed. D., D.D.　　　　Professor and Chairman 教授兼主任
周　學　章　Chou Hsüeh-chang M.A., Ph. D.　　　Professor 教授

王素意女士　Miss Sui Wang, M.A., Ph. D.　　　　Assistant Professor 副教授
曾禮香女士　Miss Tseng Hsiu-hsiang, M.A.　　　　Instructor 助教
黃憲儒夫人　Mrs. Huang Hsien-ju　　　　　　　　Instructor 助教
DEPARTMENT OF ENGLISH　英文學系
布　多　馬　Thomas E. Breece, M.A., B.S.　　　　Professor and Chairman 教授兼主任

施 美 士	Ernest K. Smith, B.A., M.A.	Professor 教授
桑美德女士	Miss Margaret B. Speer, B.A.	Lecturer 講師
劉 兆 慧	George R. Loehr, M.A.	Instructor 助教
謝 迪 克	Harold E. Shadick, B.A.	Instructor 助教
米 德	Lawrence M. Mead, M.A.	Instructor 助教
林美恩女士	Miss Gertrude Wood, M.H.	Instructor 助教

DEPARTMENT OF EUROPEAN LANGUAGES 歐洲文學系

吳 路 義	Louis E. Wolferz, Ph.D.	Professor and Chairman 教授兼主任
王克私夫人	Mrs. Philip de Vargas, Bacc. Litt.	Honorary Assistant Professor 義務副教授

37

DEPARTMENT OF HISTORY 歷史學系
王 克 私 Philippe de Vargas, Ph. D.   Professor and Acting Chairman 教授兼代理主任
洪 業   Hung Yeh, William, M.A., S.T.B. Professor and Chairman 教授兼主任
瞿 宣 穎 Ch'u Hsüan-ying   Lecturer 講師
王 世 富 Wang Shih-fu, Ph. D.   Lecturer 講師

李 瑞 德   Richard H. Ritter, B.A. B.D.   Instructor 助教
慶美鑫女士   Miss Monona L. Cheney,   Instruntor 助教
費賓闓臣夫人 Mrs. Murray S. Frame, B.D.; D. Litt   Dean of Woman's College and Professor 女部主任兼教授

DEPARTMENT OF JOURNALISM 新聞學系
聶 士 芬 Vernon Nash, B.A. B.J., M.A.   Assistant Professor and Acting Chairman 副教授兼代理主任

黃憲昭	Huang Hsien-chao (Hin Wong)	Assistant Professor 副教授
葛魯甫	Samuel D. Groff B.I.	Graduate Student Fellow 研究員

DEPARTMENT OF MUSIC　音樂學系

范天祥	Bliss M. Wiant, B.A.	Assistant Professor and Chairman 副教授兼主任
蘇路德女士	Miss Ruth L. Stahl, B. Mus.	Assistant Professor 副教授
魏德鄴	Miss Adeline Veghte, B.A., B. Mus.	Instructor 助教

DEPARTMENT OF PHILOSOPHY　哲學系

黃子通	Hwang, Lechuug Tsetung, M.A., Ph.D.	Professor and Chairman 教授兼主任
博晨光	Lucius C. Porter, M.A., B.D. D.D., L.H.D.	Professor 教授
徐寶謙	Hsü Pao-ch'ien, M.A.	Professor 教授

馮友蘭　Feng Yu-lan Ph. D.　　　　　　Lecturer 講師

DEPARTMENT OF PSYCHOLOGY　心理學系

陸志韋　Luh Chih-wei, Ph. D.　　　　Professor and Chairman 教授兼主任
劉廷芳　Lew T'ing-fang, D.D. Ph. D., S.T.D.　Professor 教授
夏仁德　Randolph C. Sailer, M.A.　　Assistant Professor 副教授

DEPARTMENT OF RELIGION　宗教學系

甘霖格夫人　Mrs. Lennig Sweet, M.A.　Hanarary Lecturer 義務講師
趙紫宸　Chao Tsu-ch'en, M.A., B.D. D. Litt.　Professor and Chairman 教授兼主任
誠質怡　Ch'eng Chih-yi, A.S.T.M. Ph. D.　Assistant Professor and Secretary of the Department 副教授兼秘書
谷潤德夫人　Mrs. Theodore Chase Greene, B.A.　Honorary Lecturer 義務講師

COLLEGE OF NATURAL SCIENCES 理學院

AGRICULTURAL EXPERIMENT STATION 農事試驗場
于 振 周　Yü Chen-chou B.A. B.S.　　Instructor and Acting Director 助教策代理主任
沈 壽 銓　Shen Shou-chüan, B.S.　　Assistant in Agronomy 作物技師
姜 彝 長　Chiang I-ch'ang, B.S.　　Assistant in Fruitculture 園藝技師

DEPARTMENT OF BIOLOGY 生物學系
胡 經 甫　Wu Chen-fu F., M.A., Ph.D.　　Professor and Chairman 教授策主任
博愛理女士　Miss Alsce M., Boring, M.A., Ph.D.　　Professor 教授
李 汝 祺　Li Ju-ch'i, M.A., Ph.D.　　Assistant Professor 副教授
李汝祺夫人　Mrs. Li Ju-ch'i, B.A.　　Instructor 助教
劉 承 詔　Liu Ch'eng-chao, B.S., M.S.　　Instructor 助教

DEPARTMENT OF CHEMISTRY　化學系

韋爾巽	Stanley D. Wilson, M.A. Ph.D.	Professor and Chairman 教授兼主任
竇維廉	William H. Adolph, A.B. Ph.D.	Professor 教授
衛爾遜	Earl O. Wilson, B.S., S.M.	Professor 教授
曹敬盤	Ts'ao Ching-p'an, B.A.	Instructor 助教
王贊彊	Wang Tsan-ch'ing, B.A.	Instructor 助教
張　銓	Chang Ch'uan B.S.	Instructor in Industrial Chemistry 工業化學助教
蔡鎦生	Ts'ai Liu-sheng, B.S., M.S.	Instructor 助教
王宗瑤女士	Miss Wang Tsung-yao, M.S.	Instructor 助教

DEPARTMENT OF GEOGRAPHY AND GEOLOGY 地理地質學系
達偉德　Walter, W. Davis, M.S.　　　　Professor and Chairman 教授兼主任
巴爾博　George B. Barbour, Ph. D.　　　Professor 教授
黃玉蓉女士　Miss Huang Yü-jung, M.A.　Instructor 助教
DEPARTMENT OF HOME ECONOMICS 家事學系
宓樂施女士　Miss Camilla Mills, B.S., M.A.　Lecturer and Chairman 講師兼主任

陳意女士　Miss Caroline I. Chen, B.A., M.A.　Instructor 助教
DEPARTMENT OF MATHEMATICS AND ASTRONOMY 數學系
陳在新　Ch'en Tsai-hsin, H., M.A. Ph., D.　Professor and Chairman 教授兼主任
韓懿德女士　Miss Enhel M. Hancock, B.S.　Professor 教授
DEPARTMENT OF PHYSICS 物理學系
謝玉銘　Hsieh Yu-ming, M.A., Ph. D.　Assistant Professor and Chairman 副教授兼主任

楊蓋卿 Yang Chin-ch'ing, B.S., M.S.   Assistant Professor 副教授
吳敬寰 Wu Ching-huan, B.S. M.S.   Instructor 助教

DEPARTMENT OF ECONOMICS 經濟學系

戴樂仁 John B. Tayler, M.Sc.   Professor and Chairman 教授兼主任
李炳華 Li Bing-hua, M.A.   Assistant Professor 副教授

黃憲儒 Huang Hsien-ju, Ph.D.   Assistant Professor 副教授
任宗濟 Jen Tsung-chi, M.A.   Lecturer 講師
余肇池 Yu Chao-chih, M.B.A., C.P.A.   Lecturer 講師
文國鷟女士 Miss Augusta Wagner, B.A.   Instructor 助教

44

周景甫 Chou Ching-fu   Lecturer in Agricultural Economics 農事經濟講師

DEPARTMENT OF POLITICAL SCIENCE 政治學系

徐淑希 Shuhsi Hsu, Ph. D.   Professor and Chairman 教授兼主任
郭閔曙 Minchou Y.K. Kuo, LL. B.   Professor 教授
呂復 Lu Fu   Professor 教授

潘昌煦 P'an Ch'ang-hsu, Hanlin Academy. LL. B.   Professor 教授
許智遠 Hsh Chih-yuan   Lecturer 講師
楊宗翰 Yang Tsung-hau, B.A.   Lecturer (part time) 兼任講師
畢善功 Louis R.O. Bevan, M.A., LL. B.   Lecturer (part time) 兼任講師

DEPARTMENT OF SOCIOLOGY AND SOCIAL WORK　社會學系

許仕廉	Leonard S. Hsu, Ph. D., LL. B.	Professor and Chairman 教授兼主任
楊開道	Cato Yang, Ph. D.	Assistant Professor 副教授
吳文藻	Wu Wen-tsao, Ph. D.	Lecturer 講師
張鴻鈞	Chang Hung-chün, M.A.	Lecturer 講師
史威爾	Maxwell Stewart, M.A.	Instructor 助教
溥愛德女士	Miss Ida Pruitt, B.A. B.S.	Honorary Lecturer 義務講師
甘霖格	Lennig Sweet, Ph. D.	Honorary Lecturer 義務講師

SCHOOL OF RELIGION 宗教學院

趙紫宸博士	Dr. T.C. Chao	Professor and Chairman 教授兼院長

李榮芳	Li Jung-fang, M.A., Ph.D.	Professor 教授
劉廷芳	Lew T'ing-fang T., M.A., B.D.,	Professor 教授
王克私	Philippe de Vargas, Ph.D.	Professor 教授
柏基根	Thomas M. Barker, M.A.	Professor 教授

許地山	Hsu Ti-shan, M.A., B.D., B. Litt (Oxon)	Assistant Professor 副教授
伍英貞	Miss Myfanwy Wood	Instructor 助教
巴爾博夫人	Mrs. George B. Barbour, B.S., M.A.	Honorary Professor 義務教授
黃 卓	Hwang Cho B.A.	Instructor 經濟助教

統計圖表
STATISTICS
民國十九年　　1929-1930　　劉佛民製

I. 全校教員人數統計圖　Faculty Statistics

等級 RANK	中國 CHINESE			外國 FOREIGN			合計 TOTAL		
	男 M	女 W	共 T	男 M	女 W	共 T	男 M	女 W	共 T
教 授 Professor	22		22	17	7	24	39	7	46
副教授 Asst. Prof	9	1	10	3	3	6	12	4	16
講 師 Lecturer	29	1	30	6	5	11	35	6	41
教 員 Instructor	10	7	17	8	9	17	18	16	34
助 理 Assistant	20	2	22	.	.	.	20	2	22
總數 Total	90	11	101	34	24	58	124	35	159

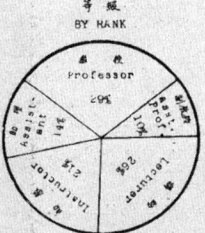

性別 BY SEX — 男 Men 78%, 女 Women 22%

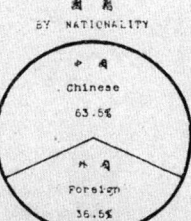

等級 BY RANK — 教授 Professor 29%, 副教授 Asst. Prof 10%, 講師 Lecturer 26%, 教員 Instructor 21%, 助理 Assistant 14%

國籍 BY NATIONALITY — 中國 Chinese 63.5%, 外國 Foreign 36.5%

II. 全校學生人數統計圖　Student Statistics By Enrolment

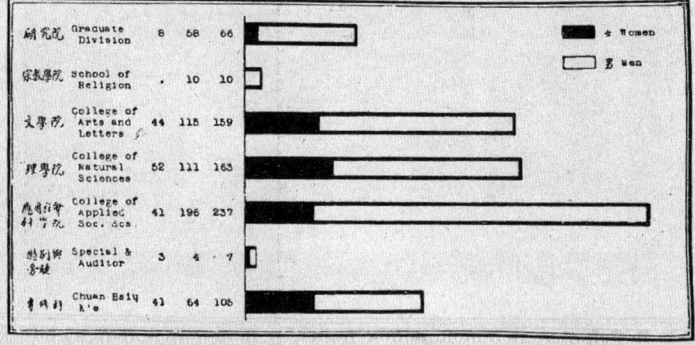

		女	男	共
研究院	Graduate Division	8	58	66
宗教學院	School of Religion	.	10	10
文學院	College of Arts and Letters	44	115	159
理學院	College of Natural Sciences	52	111	163
應用社會科學院	College of Applied Soc. Sci.	41	196	237
特別與旁聽	Special & Auditor	3	4	7
專修科	Chuan Hsiu K'o	41	64	105

■ 女 Women　□ 男 Men

畢業生

研究院

劉羲光
山東黃縣　政治

　　Monsieur 劉真是一個堅苦卓絕的人。不嗜社交而致力於學術甚勤。研究國際政治有素。德文法文極有根底。英文更有把握。他的碩士論文作了兩年卒告厥成了！

　　他用功之猛烈，實在希有。由清早天光未明，至深夜熄燈，除朝餐之外皆其功作時間也。

　　看著罷！Monsieur 劉再過兩年一定要改稱 Docteur en droit 的。

君衡

孟昭英
河北樂亭　物理

　　"天將降大任於是人也，必先苦其心志，勞其筋骨，餓其體膚，空乏其身，行拂亂其所爲：所以動心忍性，增益其所不能。" 孟子

　　君性溫瓦，富情感；宣言敏行，質而不華。境遇多波折，履險者平夷。學飽不矜，虛懷若谷。民十七卒業燕京，繼入研究院，專攻物理，闡繹思奧，造詣極深，同學目爲奇才，莫不欽羨。謀與君交逾十載，情同骨肉，值君卒業之期，謹誌數語，以識不忘。

翼謀

杜奉符
四川合川　國文

　　記得去年秋夕，我方從夢中醒來，皓月當空，清光入扉，猶聞有微吟之聲，視之，淚燭熒熒，老杜正伏案用功也。君蜀產，性誠篤，善屬文；前年來校，攻文字學及諸子，而於老莊尤有心得；故能抱樸守真，齊物逍遙，布衣"長襲"，徜徉於湖光塔影之間自若也。每日黎明即起，夜半方寢，汲汲求學，手不釋卷，將來之成就，未可限也。

體廉

49

童　達
福建閩侯　教育

陳　愼　昭
福建長樂　物理

施　友　忠
福建　哲學

童君天資聰穎，品學策優；精英語，而國文尤有根柢；性和靄，善辦事；凡與交者，莫不驚羨其爲人。

君於聖約翰畢業後，曾任一著名中學校長數年，成績優越，有口皆碑。去秋來校專研教育，益有心得，其課績冠羣儕，甚得諸師友器重。

聞君志切留學，旣具卓越之天資與經驗，復願負笈歐美再求深造：同人等敬祝君有志竟成將來學成歸國，鵬程萬里，大造福於吾國教育焉。

理化之學，抉理必入奧窔，析數必極毫芒，原則有定，公式不移，效用蕃繁，意趣殊寡，非屻志專一，天資湛寃者，不能極深而研幾，故巾幗之倫，儕於蓋鮮。陳女士愼昭，閩之長樂人也。同產五人，比宋家之五若；各明一藝，如郭氏之一門。生而秀異，長益精能，肄業燕京大學，習理化科，所業旣成，服務鄉里，凡歷三載，成績裴然，將任以中學校長，辭而不爲。從事革命，大業底定，口不言功，復入燕京研究院，商量舊學，涵養新知，師長以爲高足，同儕推之部譔。精益求精，鍥而不舍。女生之習是科者，殆將以君爲巨子矣。君弟鐸，肄業女子師範大學文科，從余習詩，將於今夏暑假，與君同時畢業，余旣欽君兄弟之皆能有成，尤嘉君之湛深理科，卓然傑出，爲人難能，書此爲贈。

傅嶽棻

"此心那許世人知？
名姓是虛假。"
錄朱希眞句

一九三〇級 文學院

鄭德坤
福建思明　國文

看他那短小精悍的身材，奕奕不凡的氣宇，誰不知他是閩南鄭德坤！人能看見他在冰場上施展絕技，人能拜讀他洋洋數萬言的山海經的神話，却難看透他內心深處。我與德坤四年相處，對於他的印象不過是一個富有神經質的「人間的寵兒」，但這不是廬山眞面目。現在德坤堂皇地披上巾袍了，我敢斷言罩不住他的天眞。

有一天他誠懇地對我說："我不要被人明瞭，沒人能明瞭我。做人應當這樣！"又一天他嚴重地對我說："我要娶一個洋妞！"
"……"　"……"德坤的片言，嘻笑，常使我感到莫名的神秘！

致浚

李滿桂
廣東台山　國文

態度端莊而眞摯，相處愈久，愈見其誠。人有困難，盡力扶助，天性然也。又極聰穎，所學無不能，精數理，長文藝。即運動場上，音樂會中，歌詠班頭，亦恆有其芳蹤，顧此皆非其所好，故亦不求甚精。至其所酷嗜者，莫如文學，每於閒暇或逢靜境，輒用同情的筆鋒，描寫人間之悲哀。

培志

林培志
浙江鎭海　國文

有大家閨秀之風度，而不帶紈綺習氣，抱整理國故之志願，而益有創作才能。昔人所謂高邁德能文章者，庶幾于斯人遇之。

滿桂

鄭　溱	蘇汝梅	翁初白
遼寧遼陽　英文文學	遼寧遼中　英文文學	江蘇常熟　英文文學

在我們廿世紀這機詐的社會裏，像老鄭這樣樸實誠懇的人物是不輕易找得到的。他有「純學者」底古板，同時也有詩人底「幽默」，「武士」的豪爽，和包容一切的雅量。他太耽溺文學；他底人生多半是反映在詩詞，小說，戲曲裏面的，因此他說話，行事，都幾分理想主義者底傻氣，這自然在他底性格上增加了無限的風趣，雖然有人要拿這點來取笑他。他文學上的修養極深；對於詩底鑒賞尤爲精微獨到。將來的成功在創作方面，因爲分寸限制，不容我們有過奢的企望；但這位文壇上一流的評衡家我們是敢斷然預祝的。記得老鄭乍到燕大來的時候，邊幅不修：常是穿着一件破爛的藍布褂；拖着一雙滿淀寃來的青布雙臉皀鞋，有時橋頭湖畔，煙空水淸，他獨自俯首沈吟，見者都疑心他是位情場失意者。近來忽然西服革履，頭髮也梳得光光的，人們又疑心他在做什麼好夢。其實大家也祇是胡猜罷了，老鄭那豐瞻而深邃的內心生活，又有誰能窺測呢？

伯江

在我所熟識的朋友之中，小蘇是一位具有極高文學天才的人物，他寫詩，那筆致的細膩，意象的新穎，使我不能不承認他是將來一位很有希望的作家，不過他因爲對於自己的藝術的要求過奢，加之新來他的文學的漁獵越發深遠，所以他極力的反對將他的作品貢獻於一般讀者面前。不過我很希望他能在最短的期間，將他的作品的一部份印出來，與我們一個欣賞的機會。說起他的作人，恐怕沒有與他深識的朋友，乍看起來必以爲他是一位梅古怪而又少所許可的人，是的，他的性格確是有點異樣，但是他那種特殊的行爲，是表現他全人格的所在，那種浪漫眞誠而毫無忌憚的精神，使他成一個極有趣味而又最耐人尋味的詩人。他那種不修邊幅的神氣，看起來是有點菱靡的意味，實則他那濃厚的生活趣味和對於人生努力的探討是不容我輕易下斷語的。

有溱

"清新俊逸"四個字，可以拈來形容初白底一切風采，氣度，文辭和談吐。看他在小環境裏促膝者話的時候，清言酈酈，固然饒有幽默；在大庭廣衆中，他那惇摯的議論，欵備的醻酢，更足引人驚羨。並且，無論一椿什麼千端萬緖的事件，他都能臨機領會，弄得有條不紊，這尤其是難能而可貴的。

雖然從他"夠味兒"的外場，和那迅密圓轉的幹材，可以擬之爲"準政客"，但是名流氣派，也着實很重；平日耽玩詩章，潛心考據，金石書畫，愛賞精深，生成一個富有風趣的特性，看世界看得深細入微，與會偶到，發而爲文，空靈而爽曉，飫以衷腸，雋永的回味，又似靑果。

近來看他於落花微雨之時，獨自憑欄慢曲，彷彿雅有懷思，料想是要從寂靜中，悟求一些眞詮吧！

莾崖

52

李堯林
四川成都 英文文學

李堯林，籍成都，積學士也。性誠篤。處世接物，和藹可親。為人謀，言行如一，始終不稍渝。好讀書，探源竟委，必得其奧。儕輩中有疑問就正之，輒得當以報，而尤好音樂詞章之學，所謂誠謹而兼瀟洒者，吾於君得之矣。

　　　　　　　　福忱

劉榮恩
浙江杭縣 英文文學

他——悲觀，我——樂觀；他我卻形影似的相伴着。人生也是這樣吧：形投影，影隨形；悲中有樂趣，樂中有悲哀。
　　　　　　　　少顗

榮恩的顏色是蒼白，榮恩的聲音是輕細，榮恩的身體是 delicate；但是從這顏色蒼白，聲音輕細，身體 delicate 的榮恩，你可以找到豐富濃厚燃燒的情感，可以找到一線靈敏於共鳴的心弦，可以找到一個日夜道求人生意義的壯士。
　　　　　　　　K.T.

「你這個人太奧秘」，「我不懂你」，「你這個人有些怪」，一個很好的友人，常這樣向我說。
　　　　　　　　代自序

張堯民
江蘇吳縣 歐語

我和堯民先生第一次見面，是在舊劇公演的那天，那時他在台上，背插繡旗，身穿軟甲，威風凜凜地儼然子龍再世。

因着年刊的關係，不久我便認穿了他的廬山真面，卻原來是個文弱書生，他能書，能畫，能歌，能演，的的是個藝術天才，而他那溫柔性格，也恰合同人的本色。

聽說他的法文很不錯，料想花氣迎人的巴黎，在最近的將來，不免要着他的蹤跡。
　　　　　　　　勉餘

史悠鑫   **曹詩成**   **黃慶樞**
江蘇宜興　歐語　　山西汾城　歷史　　廣東南海　歷史

我正在這人生的歧路上彷徨

問望來路只是一味的渺茫

好像襁褓的小兒來在陌生的世上

又似睜眼的盲人在猶疑着週圍的景況

腦海中奔騰着洶湧的波濤

心胸裏燃燒着熱烈的火燄

我將撥開了那污濘的雲煙

還要蹈平了那繁濃的荊棘

蒼茫的大海裏建設一偉大的燈塔

無垠的沙漠上掘出一個清涼的泉源

我只是取着平穩的態度靜靜的觀察着

躱過了一切深濁的陷阱，認清了人生的真徑

緩緩的進行着，期待着未來的光明。

春意綿綿，顧影相憐；爲這一項方帽，誤了幾許青年。過去旣知夢，來者那堪言？吹牛拍馬非所願，爭名奪利惱人嫌；不知苦樂，不辨姸妍，友人曰："書硯生涯，倒也自在蕭閒。"

　　　　　　自識

朱子云："讀書且立下一個簡易可常的課程，日依此積累工夫，不要就生疑慮。"

卞文哲
山東樂陵　歷　史

女士待人交友，不分貴賤貧富。當人患難，莫不竭力相助。不喜花言巧語。人嘗以「不時髦的人」呼之，惟識她者，方知她為一「雪中送炭」的君子。

傅士仕
廣東寶安　心理學

與君相處，四載有半；未嘗見君盛怒，亦未嘗見君狂喜。人為感情動物，似乎不應如此；然自君之富於同情心，與乎以往之經歷觀之，吾知君之冷靜之態度，實由種種環境中磨鍊而來，非偶然也。

茲將遠別，吾有一事為君告：君之性情，不無迂緩之弊；而社會上之競爭，亦如戰場上之競爭，「兵貴神速」，願君勿忘！

傑

吳天敏
河北大興　心理學

朝旭照西山，恬和仁靜，如她性格。晚霞映楓湖，瀲動鮮妍，智樂，似她丰姿。校內菊花賽裏，她曾吟詩獲獎。她善表同情於摯友。我級執委會，她屬當要職，有任重致遠精神，她畢業論文材料，要調查許多兒童；這園中花，經過主修心理而愛教育的研究，將受科學法而盛開。自滬大轉學來與天敏同級的我，雖忙，少親炙，也覺得她是天賦聰明，敏能幹事。她為我們放異彩可預期了！

蘊端

李文祥	李保真	溫金銘
河北灤縣 教育學	河北通縣 教育學	廣東台山 教育學

我本是窮，醜，拐，策，身體多病的呆人，偏又有財，色，名，勢，樣樣都好的貪性，因為「天賦」的與「想求」的相去遠遠的緣故，只落得也不過是慼慼慼的人生，這在「金玉其外」的「燕大」鬼混了四年有奇，人家若問我說：「你學了一點的什麼？」我只能說：「驢而驢」我懂得「拿死鷲」

自傳

保真：夜深了，獨步湖邊；迷濛的月色，晶瑩的波光，靜默中，使我想起十載同窗，將要分離了！

如箭的四年，是這樣快呀！在這四年中，你的境遇，你的艱難，你路程上的崎嶇，給了你多少勉勵；你奮鬥自立的精神，至終勝了環境……這一切的往事，在你生命的圖畫中，一頁一頁的重新看過，是淒辛？是快樂？是安慰？是含淚的微笑？

你的將來，我替你樂觀。你待人真摯，使人對你同情；你健全的身體，音樂的天才，堅忍不拔的意志，我相信，總使你前途光明！

煒杰

君年五歲，慈母見背；為時未久，父困生計，遠涉重洋，經商墨國。君無兄弟，父鮮姊妹，零丁子立，至於成人。家本清寒，求學之資，賴於親友之助與工讀。君之所以有今日者，豈非努力所致耶？！

溫君為人，簡言寡笑；但遇知已，則暢言如流。性勤而機，耐勞好學，素為人所敬佩；今趁君畢業，遙貝數言，祝君前途樂觀，事業無疆；努力教育；致國於強。

世光

王 世 宜
福建閩侯　教育學

世宜品格，俱可神會；
一落筆端，便不着實。故寧
不多言，免招曾減也。
　　　　　　　　啞

趙 玉 葉
廣東新會　教育學

和玉葉同學四年，從她
的人格上發現了天眞熱情四
字。她的一言一行，一舉一
動，處處表現出她那種朴實
的天眞，處處表現出她那種
濃厚的同情心。因此，她就
常常可憐那些無智識或沒有
機會受教育的人，而她便專
心從事於中等教育，要爲中
國多造些完美的普通教育人
材。
　　　　　　　　培志

李 福 璽
貴州貴陽　教育學

福璽女士，來自貴陽，
平居落落寡言笑，似不易與
人合者，及深相與，則談辭
滔滔，推誠接物，頗有溫和
敦厚之風。

女士治教育學，而尤致
力於智力測驗術，北平一帶
之青年學子，被其測驗者，
不知凡幾，蓋因智選科，免
人歧途，教育家之要術也，
女士傾心斯術，實有心得教
育眞諦矣。

理學院

趙恩源
河北通縣　新聞
"夫人不言
言必有中"

孟廷秀
山西清源　生物學

君性敏慧，面好義俠。攻生物學，極多心得。師友咸重之。課餘不自暇豫，任學生自治會服務部長，創立工人夜校，布置井井，盡心指揆。西北災成，同人捐募賑會，共推爲主席。日夕奔走，飢溺爲懷，賑款成績之佳，君實與有力焉。以是人敬其力學之勤，而尤欽其見義之勇。今將離校，爰誌數語，以誌鴻爪。
治耀

陳國鈞
河北天津　化學

陳君國鈞，性緘默，寡交遊。日常埋頭書案，人多目之爲書蠹。君雖從事科學，暇時恆流覽社會政治等書，以期知識廣博，其品格尤爲人欽佩。處事接物，誠懇不苟。莊重自持，敬以待人。對友每淡若水，但遇事則顯其摰。熱心公益，惟惡盜名。切於自知，凡事審愼。深羨世界偉人之言行，常佩格言以自儆，免言行之逾範。銘曰愼言，守信，惡惡，莫驕，正行，戒怒，博愛，勉恕。此爲君助，前途可預卜。勉諸。
今愚

楊　恩　福
浙江山陰　化　學

"欲成其大
當謹其微"

謝　爲　杰
福建長樂　化　學

爲杰：我們同學十載的生活，眼看要結束了，雖不能再聚首燕京，但你那聰明勤奮的「人格」，却永不會在我腦裏消失。你爲人的痛快誠懇，使你不能失敗；你對我的同情幫助，使我永遠感激。

我很贊成你這樣的努力於化學，但我勸你不要忽略了你藝術上，文學上的發展——不是誇你，你很 artistic and poetic。

盼望你的前途要有崎嶇，就使你更堅毅有爲；盼望你的愛情早有寄託，就使你更犧牲向前！

保眞

陳　宗　仁
廣東南海　化　學

知道宗仁爲人的人，沒有不喜歡和他結成好朋友。因爲他這個人眞乾脆，有話就說，絕不造假，更不怕威勢，所以很好替人打不平，若是照古人作傳略的方法，早應該把"骨鯁任俠"四字的大頭銜贈給他了。

他對辦理學校公共事務，又熱心又認眞。對同學體育方面盡力的地方特別多，他是"現任"的一九三零班執委會體育委員，以此一端，可以看出同學靠他的樣子了。

他還會說笑話，叫你笑到腹筋抽縮，實在是一同常事。還有一樣他常作的事，就是"蠟下打夜作"

憲

葉紹蔭
廣東番禺　化學

說句老實話，小葉底確是將來無線電界的明星，也卽是負有建設中國使命的人材，平常總是看他低着頭，算那「玄而又玄」的微積分；或是聽見他興致勃勃的講論什麼「眞空管」「短波」「長波」，那時「朱古力」色的面孔上泛着一雙晶瑩的眼睛，眞能使「頑石點頭」！

小葉畢竟是我們當中最能犧牲的一個，時常「以柔克剛」方策，應付外面一切，結果却常得他人的同情。

喜愛自然，「寂寞中尋求眞理」是小葉和我共同的嗜好，因此成爲摯友，故敢爲之傳！

　　　　　　　　致浚

陳澂玉
福建惠安　化學

寡言笑，少交游，而好沈思默想，以求物質變化的原理，此殆科學家之故態歟？

　　　　　　　　培志

盧淑華
廣東中山　化學

芳紅藻川蘭馨遠馥的樂園裏，郡主在萬花開處受賀，其始來也，若白日初出照屋梁，其少進也，皎若明月舒其光，…須臾之間，美貌橫生，詳而視之，奪人目精。

婆娑人間的郡主要離去湖上了，容我們爲之歌曰：
她是照臨十方的一顆星，
舞台樂會都有她的化身，
她的璽姿瑋懿，
普渡了多少引頸企足的諸生，
如今翩若驚鴻地走了，
樂園裏失了一座峨峨的典型，
樂園裏失了一座峨峨的典型！

　　　　　　　　沈

陳　嘉　筆
廣東文昌　化學

伶俐活潑，原是南儒本色：他精於拍球，游泳，溜冰，誰不足以誇傲於同儕；但他也會拉梵哑鈴，有密斯冒暑而來，湖邊拜師，似此出人頭地的成績，倒是給一般音樂家聽了要流口水的。他對於藝術，別方面不見得有深切的嗜好，所以專於梵哑鈴者，騙子之心，只在於多收女生徒罷！

Siamie 研究化學，老作夢要發見一兩件長生不老的化學品，好讓他討一房媳婦，買一部汽車，過一對不老的生活。但他最近覺悟了四方帽是空的，又大呼上科學的當。看他媳婦也沒心思討了，汽車也沒心思坐了，也真可憐。

登文

林　春　猷
廣東揭陽　化學

林君春猷號 Robinson，粵潮產也。性剛直，情篤切。喜音樂，善於絃索。好運動，長於球頰。為學有遠識，初習生物於復旦，畢業於本校化學系，擬再攻物理數學，作研究理論生理學之預備，將集科學之大成，以解決生命問題、每與人語，輒談經把，三五言後，卽論精微；聲朗而詞麗，講師有所不及，故人皆呼之為 Professor Lin 云。

在吾

王　祖　舜
浙江江山　製革

王君性情平靜，數學係其特長，遇事果斷，不避艱險，尤富計畫力，賞罰聽欵，讀書不事吹求，一遍了事，然亦決不含糊，不信天下有難事，得失均在此也。

紹

崔玉璞　　　　　雷定邦　　　　　張衍慶
河北通縣　製革　湖北武昌　製革　山東長山　製革

"念慮有常
動必無過
思患預防
所以免禍"

"明者遠見于未萌
智者避危于無形"

張君魯人，身雖短小，而英颯爽，溢於眉宇。善技擊，有俠義風；好打不平，而怯於私鬭。年來折節讀書，潛心製革之學，心得獨多。長公而起，則又一方山子也。

仁齋

羅　宗　實
廣東揭陽　製革

勤樸謙誠
祥
活潑的……
C.

周　乃　廣
河北天津　製革

灑脫不羈，爽直坦白，便是吾友乃賚的性情。看見他肥胖的身態，忠厚的面貌，每以爲他很老實，豈知他是機靈不露，大智若愚。在公共社團裏，他更是個熱心公益，勇於犧牲，且富有經驗的青年；在朋輩中，講到眞摯與誠信，他當首屈一指；在孩兒隊裏，他便是個大孩子。無論何時何地，都可以看見他滿面笑容，因爲他常說：「我對人生是樂觀的，對於前途是有希望的，對於事業是努力進行的，雖千辛萬苦，荆棘當前，亦百折不撓的………」

歐陽琬

劉　保　羅
河北南和　製革

君字伯岑，性忠誠，志宏偉；怡怡其貌，奕奕其神。有過人之才，無驕人之色。服務心切，待友純篤。爲學務實際，攻理科，成績斐然。日出入試驗室間，勞而不服。刻苦鑽研，極有心得。與君交深，相知亦稔。每有談對，輒慨中國工業之不振，引爲巨憂；故擬卒業後，從事實地考案，以責国救。他日振興實業，抗衡列強，彌縫漏巵，挽回利權，胥賴於君矣。願勉旃！

諜

63

廖 素 琴
福建思明　家政學

小廖性詼諧，喜談笑，每於衆人靜默之間，驀那話匣一開，滿座便為之鬨然，真是一朵「解語的黑牡丹」。

長家政，善應酬，又有鹹酸烹飪的特才，是將來一個好主婦。

熟識愛情原理，好預指朋輩婚嫁事，誠然是小 Cupid 的替身。

此外的一切也無所不知道，我無以名之，名之曰：「百科全書」。

滿佳

王 世 清
河北天津　數學

王君世清，少負不羈，廓懷大志，惡紫奪朱，不以鄭聲而害樂，衆醉獨醒，雖處俗而不染。加以天資歂異，矢志勤奮。自入我校以來，葄莕四易葛裘，夙夜擯廖，尤精算術。其為人。闊達鍾靜。不苟言笑。以是名列儕輩之冠軍。常執教會之牛耳。今當其畢業之期。不無去思之感。爰集君狀。付諸剞劂。以為不朽之先河云爾。

李先

劉 先 志
山東高密　數學

晉友籍隸山左，天資穎特，精神傲爽；饒風格，性直俠，具英武果哿之氣，其澄鵠之志，不待開聲而後始知也，君自幼飽受庭訓，中英早臻流利；入燕大後主修數學與物理，此外更潛心研究列強之語言，常語余曰"近世歐陸有名之軍事學家，考其小史，莫不先有高深數理之基礎……" 可見劉君之主修數理者，實有醉翁之意矣。性果斷不疑，惡妄協；為人多才藝，富情感，然不事諧謔，與得心之友，嘗作夙夜談而不稍倦。邇者本校生活瞬將告一結束，攢必東瀛歐陸，以資深造，從此梯雲步月，鵬飛萬里，吾當引領俟之。

燕

崔　祥　琪
安徽太平　　數　學

"責己者所以成人之善
責人者所以長己之惡"

王　明　貞
江蘇吳縣　　物　理

凡聽見過明貞的人，都知道她天資的卓越；她雖不很用功，然而有驚人的成績，打破了燕大的記錄。處事精密而神速，思路鋒利而祥非，靜默頑皮，兩兼其長；然當深夜清談咀嚼着人生意味時，含虛渾妙的思想，和激宕無礙的辯才，又傾到衆生了。她誠中的是高超冲淡的意志，形於外的是神致清絕的風格。她宛如新秋的皎月，高懸澄空，一片清輝，照耀着凡與她接觸的人，不使人感覺着寒意，也不喚起人熱烈的溫情，言談嬉笑中所寓的，却是生機活潑，爛熳天眞。

夢玉

黃　楨　祥
福建思明　　醫　學

—為楨祥兄的小照題幾句—

一個均匀發展的體格，源源地供給着豐實的肌肉，愛美的傾向，和充足的腦力；結果便造成了能運動，長音樂，善交際的醫學學生的您。

的確，還有誰走着比您的更平坦的運途呢？還有誰渡着比您的更安穩的生命的航程呢？成功，順利是您的老伴侶；失意，懊喪於您是陌生人。

鏡也似的潮面，一葉輕舟乘着滿帆的風疾速地駛行。

還是禍非福，我可不敢武斷；可是，你覺得滿意嗎，舟子——你這生長在日與怒潮狂濤相呼應的廈島的舟子？

稚雲

李鴻儒
河北武清　醫學

君字雅林，河北武清人，天性篤厚，沈毅有思，喜談笑，重然諾，與之交者，莫不驚羨其襟懷磊落，肝膽照人也。君腦筋縝密過人，素長於數學理化諸科，居常以爲醫乃仁術，且爲吾國當務之急，以故入燕京後，潛心斯道，達詣湛深，同儕鮮有其匹，去歲轉入協和後，得實地試驗機會，苦心孤詣，研究益力，篤學如君，吾知其將來必爲中國醫界放一異彩也。

汝梅

汪　凱熙
江蘇吳縣　醫學

假作聰明，可是我後天下人

新青年，不能辭爲「落伍」，不長運動，不諳音樂，不知跳舞，終日煙酒隨身，或可幸邀「放蕩」。

如果誇我是牽出江南，可是濁而不秀；如果敬我是生長燕北，可是直而不剛，

所幸者，我得愛我父母，愛我朋友，愛我未來之心頭人；而父母亦愛我，朋友亦親我，願未來之心頭人亦戀我！

凱熙自傳于文海樓

孫金鳳
山東　護士

景峯曼是樂天愛人，她是我朋友中第一個會快樂，會使人快樂的人；人世間我イ認識第二個人的真誠懇摯，可以比得過她；她富於同情，最能適應環境，有理想，又切近實際。她打算用她的一生，作公共衞生的事業，從此，她要用她對人類的愛，去謀求全人類的幸福去了，

君哲

胡惇五
江蘇　護士

不顧人之非難蔑視，而致力於常人不知其重要而不顧學者，百折不回；君之堅忍之意志，遠大之眼光，由此可見；將來荷學有深造，人自饗君以「有志竟成」，否則將譏君以「剛愎自用」矣；人情冷煖，千古一轍，顧君勉旃。

以坦白誠摯待人，而能免人之誤會者；蓋君能以委婉出之。他日處社會上，吾知君之必能遊刃有餘矣。
成

應用社會科學院

倪汝為
湖北天門　經濟學

回首四年韶光，盡消在斗室磬窗，有時感覺它度日如年，有時感覺它在床頭繞了幾圈。於輪盤式的生活中，調之以無名湖畔的風月，細嚼之，酸中有甜，甜中有酸。

張訓達
江蘇江寗　經濟學

先生性狷介，沈靜篤學。雖終日伏案亦不覺頭酸。蓋吾經濟學系之佳材生也。身細而長，望之蹻蹻然，亭亭然也。人或擬之為孤竹君子欣許其常，但未知將來少君之數亦為二否也。
勉餘

劉　長　林	姚　貽　恩	周　天　沂
江蘇上海　經濟學	福建晉江　經濟學	福建閩侯　經濟學

"以銅爲鑑
可正衣冠
以人爲鑑
可明得失"

傳者傳也；大吹其牛以告天下後世也。非易事也！傳斯人也，不難也。頭髮青也，面白不蓄鬚也，眼睛亮也，鼻子高也。慷慨好義也，拔刀相助也，無故加之而不怒也，剛柔相濟也。習經濟與政治也；高談闊論也，能文章也。浩歌也，沉吟也，……鏘然而雷也，倏然而雨也。地盤小也，莫廢話也。傳者誰，晉江姚貽恩也。傳之者誰，衡陽夏斧心也。

"一語一默
從容中道"

費致浚
河北大興　經濟學

致浚近年越發魁梧了。觀著整肅的步伐，莊嚴的姿勢，和藹的態度，超絕的個性，底確稱得起「望之儼然，卽之也溫」的端人雅士。他會繪畫，書法也不錯，有時還要填幾首小詞，但决不像名士們的醉醺無用。

他主修經濟，成績斐然；研究幣制鹽政，尤有心得。盼望他畢業以後，再到「東海之濱」去釣兩年魚，豈不作成整個的管仲也哉！是爲傳。

鄭騫

徐作鈺
湖北安陸　經濟學

二年前舞台上底人物，誰不知名，如今玫瑰雙頰，依然鮮豔，教授皮包，却還提着，但是徐公貝買深藏，謙下自持，眞是"好漢不說當年勇"了。

我和作鈺在中學就是"老老熟人"，互相磋磨砥礪底時候很多；近年他於主修經濟之餘，又潛心法制，外加文學，美術，勤勉懇懇，多所心得。在中學畢業時候，小傳就是我恭製的，彷彿說過他有什麼"見賢思齊"的美德，四年來看他步步不落伍，總算下走推批命理，應驗不爽。

初白

張信德
浙江鄞縣　經濟學

余與君同學十載，深悉君之爲人，蓋一聰致活潑，英俊有爲之青年也。平日讀書，不必孳孳案頭，而每試輒列前茅，精英文文學，言著均極流暢，在滙文中學時，曾以英文第一名嘉獎畢業。然君非無病呻吟之文學家，乃一富有辦事能力之實行家也，曾見無論如何難辦之事，至君手卽迎刃而解，其手腕之敏捷，誠堪欽佩。君見我國工商業之不振，思有以整頓之，故在校攻經濟學，四年以來，心得甚富，行將出校以服務社會矣，拭目以觀其成績可耳！

之澗

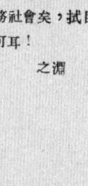

高　　煜
山西汾陽　經濟學

常聞人言，晉人多矮，而余所最奇者又以晉人之高為姓者，每為矮人；惟高君耀光方不負其賜也，君非特體材與高姓相稱也，即其他各事，亦莫不然，茲為數行，臚述於後：

攻學經濟，志在解決中國民生；

忠懇為行，欲矯狡詐頹敗世風；

誠信犧牲，是他交友唯一南針；

智德體羣，有那樣不適其高姓？

陳　顯　光
廣東東莞　經濟學

他身材短小，人皆以「小孩」呼他，但他有孩童之心而具聰敏之智，待人接物，謙遜和藹，如深山之玉，識之者，方知其真寶也。

約西

潘　景　煌
福建南安　經濟學

君性爽直，有幹才，待人接物，胥出至誠，故人多樂與之交。專攻經濟，旁及政治，而於銀行一門，造詣尤深，將來出其所學，貢諸社會，誠未可限量也。

賓文

周崇慶
福建惠安　經濟學

來自福建,高材生也。
姿貌似梅蘭芳。
「學善易,爲惡難」;
言無忌,行似駛帆。
腿如觸電,身似駛帆。
五踏步跳上了水塔;六
瓶 Alkaline 趕不了酸氣。
「愛情可以創造;友誼只是
喫醋」。
"Chase" 頗用全力,
惜浪費方面,占十之八九,
致未多成就耳。
　　　　　　　崖蘭

張駿勳
河北灤縣　經濟學

北方人叫「老鄉」就是
同鄉的意思,既是叫「老
鄉」必然同省同縣,甚或同
里同村,內中含有極親熱的
意義。張君是唐山人,但
山南海北來的,人人都叫
他「老鄉」,真令人莫名其
妙。

他爲人極慷慨,極和氣
,很以「今之古人」自命。
這就是叫「老鄉」的原故嗎
?他還真有酷以古人的一點
,就是靖節的「讀書不求甚
解」。

他的志向很大,將來決
不肯妄食人間烟火,從他自
己說的「西服一穿滿口洋話
他知道我喫幾碗乾飯」一句
話,是可以預卜他後今的成
就了。
　　　　　　　　麥

李德榮
河北武縣　經濟學

論年紀說,德榮是我們
一九三零班底老弟;不過若
論思想能力說,恐怕他倒要
跑在老大哥們前邊。他爲人
短小精幹,性情既撲實,又
直率,是一位最好交不過的
朋友;而他那磊落的胸襟,
高遠的懷抱更使他有一種拔
俗的風度。他喜歡清談:說
起話來諧趣橫生;有時與二
三至友言情說理,援古證今
,每至感嘆交集,潛然淚下
,我常說:「小李裹陽太熱
是他過人的地方;也是他一
生喫苦的苗頭兒」這或許能
使他對於人生的觀察再冷靜
些。
　　　　　　　伯江

陳雲章
福建閩侯　經濟學

"才能非他，辛勞與勤懇而已"

朱聿勛
河北天津　經濟學

君懇摯簡易，爲朋輩所愛敬。爲學主致用，不尚玄談。初修政治，繼攻經濟；喜治會計，滙兌，國外貿易等學，皆有深造。異日騰達，可預卜也。

致中

卓宜來
福建閩侯　經濟學

「老大哥」的容貌，雖沒生得香草名花樣的嫣妍，却真具有茂林修竹般的清雅。

他的品格，本來莊嚴的與古宮殿相似，偏又和藹的同佛如來一般。

他的智力比得七寶樓臺，色色皆備。

他的思想彷彿萬里江海，滔滔無窮。

他讀書好像乖小兒聽故事，悅意精心，鑿根追底。

他作事如同大將軍上戰場，大刀闊斧，所向無前。

「老大哥」不是他的別號，是他的尊稱；因爲愛戴他，崇敬他，人們才叫他「老大哥」。

瑤

吳沆業　　　　**夏宗英**　　　　**何　麟**
浙江杭縣　經濟學　貴州貴陽　經濟學　廣東中山　經濟學

在燕京這秀媚的湖山裏，有時在紅袑翠袖的姊妹行中間，發現了威廉這樣的一位人物，使我們底生活更覺得浪漫，生動！威廉是我們朋友中間的一位俠客：他性情底豪爽，慷慨，愛管閒事，我們祇能向太史公游俠列傳裏找他的對手；而他遇事的機智，對於小姐們底溫文，使我們想到歐洲中古的騎士。

有的人或許以爲他這人有點剛愎，不好虛和，那最好請他讀下面另外一個朋友對他的批評：——

"A true friend who unbosoms freely, advises justly assists readily, adventures boldly, takes all patiently, defends courageousley, and continues a friend unchangeably."

威廉是安分的人生享樂者；同時也是銳利的人生觀察者，所以他底譚鋒既富諧趣；有時還含有顛撲不破的真理，去歲年刊選民錄中他佔了 tremendous talker 一席，足見我們底同學還能賞識這位天才的「說客」。

汝梅

我到燕京便和宗英締交，相處四年如一日。他的性情爽直，遇人以誠，視朋友底事情同自己的事情，所以，和他相交的，沒有一個不和他成爲至友的。

宗英主修政治。有些人說：他那人太老實了，學政治，恐怕不大適宜。我却以「誠實是最好的政策」宗英是不是這樣想呢？

慶青

"與君子游如長日
加益而不自知也"

73

劉 鶱
湖南長沙　經濟學

余問學凡七校，求一英雄叱咤，具奇瑰氣者，終未嘗得。有之，自劉君始。君狀貌溫晉，若可親。然爾其人不自振拔，雖交，亦必去之。爾其人或將暴塞，雖暫，亦必直呵。君誠吾儕中之畏友也。君昔嘗投筆從戎，凡數歷風霜。每率健兒，冒彈雨，而制敵於無所措手足，身受創痕，至今猶存。其勇也可知。一自倦戰歸來，其於世界之大勢，軍政之消長，人物之成毀，恆歷歷如數家珍。而學問所得，更足以資其參證。蓋君又所謂能悟解其學者也，吾以是又重君之才。

斯多德

莊 恭
江蘇武進　政治學

幽燕自昔多奇士，恭天慕之，遂有冀北之行，壯哉！四載芸窗，庚午之夏，厥爲魁學士衣錦之期矣！因喜而爲文頌曰：
汝惟精進，宜取諸鄰；
乘風破浪，循海求新；
道以致用，厥在福民；
亦寬亦猛，乘政之鈞。
予之言此，實以恭天既專攻夫政治，猶欲遠涉重洋，更求深造，以期新中國之政論也。呼！恭天之願，抑宏矣哉！君毘陵人，名莃，字恭天，精英法日語，復邃於國學。自其外而觀之，亦有足令人自慚形穢者，蓋衞玠丰神，東山絲竹，君實兼之。昔人云：「有美生人傑」，其君之謂乎！

汶

楊耀庭
河北樂亭　政治學

君雄才善辯，識見卓遠，性尤滑稽。喜交遊，好公益；腦淸血熱，遇事不避艱險。民十七年長旅平同鄉會，往返奔忙，雖風霜冰凍，絕無倦色。慕君始此，與君結交亦始此。後值暗對，輒慨中國外交之腐敗；欲挽狂瀾，又恨才疎短。故擬卒業後去法國，專攻政治外交，以圖深造。彼時鵬飛重洋，他年定卜爲國家瓦木之棟。一旦樽俎折衝，展爾鴻猷，未識矮奴碧眼兒預感膽寒否耶？

梁紹宗

賈希彥　江西南昌　政治學

　　我為胎兒時，外祖母仍續命二十歲的家母讀師範，人說不應該，在贛鄉念歲畢業後中，即時來此，賴師友顧全，得以畢業，但我倒疑應該不應該。

　　膽近政治外交，性近藝術，而絕無長處可說，據說短處說來丟臉，自不說為妙。

　　譬以「自聽之謂聰自視之謂明」一語自警，今既平庸，自不能不努力以覬未來，幸師友繼續教之。

　　　　　　　　希彥自序

陳作樑　廣東潮安　政治學

　　廣東人也像那邊的天氣一樣，始終是熱的。從前我曾羨慕玉麟的文藝熱：經年如一日；而苦於自己的朝來寒雨晚來風；如今又要歎作樑的熱了：不但學問，什麼都是這樣的。

　　現在且說世界的進化，正劈髮花木的生長：初簡而後愈紛。而社會的黑暗，人間的痛苦；古人不能破除。如今知識愈繁雜，人生益艱困；餓孚凍屍，戰場白骨，一年多如一年。作樑素有志願與天賦，既究政治經濟之學，又有這始終一貫的熱，來專心解決此最急切之問題，我們是應該勉勵的。

　　　　　　　　　　澄

錢乃信　廣東東莞　政治學

　　過丙樓課室，時聞玩謔嬉笑之聲，達於戶外，一似中學頑童，迄未更事所為者，必錢君也，然遂以此疑君，則又非深知君者之所為也。君攻政治，所學皆係明理達，融會貫通，固非尋常玩謔嬉笑之徒所能及，即埋頭書案，兀兀窮年者，恐亦未易望其肩背；蓋君深明世故，才捷思精，特慮懷自勉，不欲諉人，託為玩謔嬉笑以自飾也。君雅好音樂，精網球術。初來燕京，或有以不善修飾為君病，然觀其年來，星期暇日，刷鬢薰衣，僕僕風塵於燕平道上，則知今之異昨，得毋謂必有所適而後為之理乎？還以質君，當日知言。

　　　　　　　　　　鼎

姜　千　島
山東平度　政治學

千島曰，"遇人以誠，處事以忠，守正不阿，以建奇功。"
客曰，"堅貞剛毅，固君天秉，社會艱險，理應變通。"
千島曰，"山河易改，生性難移，屈己徇人，吾所不為。"
客曰，"生逢亂世，貴乎韜晦，堅則毀矣，毅則挫矣。"
千島曰，"亂石荊棘，陷塞吾足，無畏直前，衝開血路。"
客曰，"至言侃侃，吾無以難，願率翼辭，為君銘焉。"
銘曰，"學以聚之，問以辨之？寬以居之，仁以行之。"
客為千島至友，嘗為誦以贈之。譜曰，
"皐矣姜子，吾魯塹英，"
"習乎為政，負笈燕京。"
"質疑辨難，以慨以慷，"
"學成璀偉，志發讜謗。"
"固心懷慮，不屈不撓，"
"身如戰士，亦孔之豪。"
"國事敬窯，至此已極，"
"勉哉姜子，奮力急起！"
開慎生

羅　裕　鼎
廣東順德　政治學

"吾嘗終日不食，終夜不寢，以思，無益，不如學也。"
節錄論語一期

謝　文　通
廣東南海　政治學

"遂去不復與言"
屈平

宋漢雲	曾　　特	胡慶育
浙江紹興　政治學	廣東梅縣　政治學	廣東三水　政治

宋漢雲：君字偉章，一具有才幹之青年也，富理智，善辭令，遇事獨具卓見，儕輩有疑難就商之，片言卽决，以故皆以「智多星」呼之，昔王荆公謂：「天變不足畏，人言不足惜，祖宗之法不足守」，君常服膺斯語，自信以自勉；其自我及富於革命精神有如此。君治事，抱定主張，始終不渝，失敗無悔，犧牲不惜；以如斯之精神，之毅力，將來服務於國家，於社會，吾知其必有爲也；吾友勉乎哉！

滌川

曾　特：“淡泊以明志，寧靜以致遠。”

胡慶育：說慶育如說一部廿四史，不知從何處開頭 ； 他是一個身兼數器，堪大堪小的人：講說話足以排難解紛，法律事實，隨便抽讀；你睡在牀上，他能滔滔不斷，和你說兩夜；講文章落筆萬言，不加點竄，而自成綱領；講讀書數行並下，過目都能記憶；講寫字脫胎蘇長公，得力李北海，圓渾天成；講繪事畫山水章法蒼老；設色勻整可觀；末了說到唱戲，白蟒臺祭瀘江句句入神。生平尙有一癖，逛市場到雜貨灘上找小戲嗣，摩挲講究，愛不忍去。

身材雖尪瘦，開大會站主席台上，睥睨一切，旁若無人。臉皮雖不細膩，而雙目烱烱，含有"It"。這人大事羈管不住，小事却能聽從，遇事高談法理，來日方長，不要被人頒布"閱闢法"，失却了小自由才好。

初白

王晉卿　河北臨楡　政治

蔡詠春　福建晉江　政治

孟慶霖　河北樂亭　政治

王君擧止春陽，言語雨潤。正直貫金石，忠誠通神明。長其袍也，少年穩健；西其裝也，步武英挺。爲學勤而敏，書法尤所擅長。在校專攻政治，造詣頗深；對於國事，關心尤切，成敗利鈍，莫不瞭如指掌，斯眞讀書不忘愛國者也。與君同窗十載，朝夕琢磨，益我匪淺！今君卒業之日，正鵬飛萬里之時，東亞干城，舍君其誰？謹誌數語，以示敬慕。

　　　　　　　　　　翼謀

"天設鍛鍊，
　欲啓我眞。
彼作偉業，
　雖賢未純；
力能勝物，
　乃爲大人。
春爾爲我，
　言之諄諄：
健康疾苦，
　憂喜推循，
欣賞生活，
　不湎不磷，
生之試驗，
　於茲備陳。
春爾易哉，
　斯旨是遵。"

　　　　　　鑪茜

孟君是我一位最親敬的朋友。他和我同學前後八年之久，這八年之中，我得自他的高尙人格的陶冶，好學精神的濡染，和言悅色的誘導，笑容可親的規勸，眞是使我罄筆難述。如今他已畢業，要和我「路側臨別但依依」的當兒，略寫幾句，慶祝他的前途：

"霖兄：
　懸的「學校生活」的一幅畫，業已交卷了，而且是着色，佈局，組織，研究得優美，秀麗，我昐望懸那「社會生活」的一幅畫，更要精彩鮮明"。

　　　　　　　　潔民

謝志耘　　　　**談希曾**　　　　**林悅明**
福建閩侯　政治　　江蘇無錫　社會　　廣東鶴山　社會

自易：
"Sail on, sail, on and on, on, on!"
稚思錄第一句

希曾賦性坦白，胸無存儲，所以只要你和他接近，不用「察其眸子」，而他的整個的為人，已浮現在你的腦際了。

希曾對於自己的事情，等閒地便放牠過去；但是對於別人家的事情，却很關心。有時關於我的一點小事，他却絮絮聞個不休，反覆論究，直至學校裏的電燈盡滅，而猶復束燭壞談，從此可見希曾遇人之厚，而自遇之薄了。

慶育

悅明白皙安詳，富於"儀禮"，乍見他操著不老純熟的京話，那運運藹藹勁兒，真當他是一個"闊閣派"，其實一"蓋有大謬不然者"；

他是最夠歐洲時代底騎士味兒的，號角一聲馬蹄得得，他全身戎裝，壯武輝煌地跑過山岩懸崖上，氣概真不可一世。卸下征鞍，同到屋裏，彈彈六弦琴，弄弄五線譜，或者邀着幾位女侶，提着那帶着靈魂的攝影器，花香鳥語裏喫頓野餐，溫柔醖藉，也動人得很。

據他和我說：有志於跋涉山水，作汗漫游，那麼一遇一卷驚險香豔的影片却倒以先覩為快呢！

初白

梁傳琴
山東東平　社會

「大雪滿天地，胡爲杖劍游！欲談心裏事，同上酒家樓」。李白因爲要談心裏事，才跑到黃鶴樓上去。又偏偏的遇見了個崔老先生，留下了首什麽「昔人已乘黃鶴去」的詩。自己的詩意，教人家描寫完了。一肚子的悶氣，只好藉着筆去發洩：「一脚踢翻黃鶴樓，一拳打碎鸚鵡洲……。」神密的徽裏，只向知己者傾吐。恐怕除了他將來的她。那就算是我有資格，替他說幾句話了。

乘性高傲兮，氣概豪爽。

旣俱南方之聰兮，復得北方之强。

以山東綠林的精神，融匯着深刻的思想。

與我同一是可憐虫啊，要追求什麽人生的渺茫。

願攜手同游兮，以宇宙爲家鄉。

願肝胆塗地兮，以犧牲爲心腸。

馬鴻綱

汪德業
廣東番禺　社會

六年前我和德業在中學同學，那時我覺得他是個小孩。如今長成了，身軀還比我魁偉得多；但是我仍然覺得他是個小孩，因爲，他那爛熳的天眞，和蓬勃的朝氣還些須不損地存在着。似他這樣的，眞所謂「不失其赤子之心」者也。

他在燕京學的是社會學，畢業後還打算到上海去學法律。他對於求學，很有恆心，旦夕孳孳，鍥而不舍。假如他能夠本乎他現時已有的根基，賡續地努力下去，則將來成爲東方的社會法學大家，以與西方的滂特相媲美，也自是意中事啊！

慶青

趙承信
廣東新會　社會

「曠爽正直，氣概非凡，

與其誅枭小則有餘，與其謀遠達則不足」。

趙君專攻勞工社會學，赴美之前囑余草爲之傳，余苦無以應，聊就其人格之眞密處描寫幾句，勉君，亦以自勉也。趙君明敏過人，讀言取義知命，吾其必有所爲，來日之事，吾爲趙君默觀。

予

戴雲峯　　　　陳文仙　　　　麥倩曾
福建永春　社會　福建福清　社會　廣東順德　社會

「戴雲峯」這個名字已經是多麽動人地漂亮，——一個活躍的，朝氣勃勃的生命的象徵；一位向上的，奮進的青年的整個故事。

戴君生長福建，現年二十二歲。他的體格品性是稍微關心「校事」的人所知道的，毋庸我來介紹。好在一張陽照可掬的臉，一副懇摯的表情，配着一個雄壯身材，都能夠解釋他的 Personal magnetism 的由來的。

聰明的他，對於主修學門—社會學—的研究的卓越是不用說的。同時，他是本校網球的明星，隊球的中鋒，冰場的健將，……還有呢，他是一個 Beau of the eyes.

志耘

"不以所長者病人
不以所能者傲人"

同窗從未見你生過氣，因你能讓人；從未見你忙過，因你思想敏銳；更從未見你勤過，因你有天賦的聰明。

你似曾把世情看透，一切皆淡然處之；其實你是積極地用熱情來溫沐着冷酷的人生。麥子的哲學是最耐人咀嚼的。

幼尼

劉耀真　廣東中山　社會

「姑婆，你幹麼哭呀？」
「貓－貓把金魚都給吃…吃了！」
「真該打！我替你打牠去！」
「不－不！我也愛…愛貓貓…」
＊　＊　＊
觀衆如堵的球場裏，公正人在嚷着：
「華北女子高級網球比賽第一獎……」
喝采雷鳴的空氣中，一位姑娘姍姍出來，猶抱球拍半遮臉的嬌憨，笑領銀鼎凱旋。細看，不是別人，是姪孫滿堂的"姑婆"！
＊　＊　＊
關於姑婆的"個案研究"太多了。
總之她是這樣一位我們喜歡與共的姑婆。
彷彿她的所在，我們找着什麼似的。她不在，我們感到寂寞。

淡秋

姚菁英　安徽蕪湖　社會

從表面看來，菁英咖是個帶有傻氣的大孩子。末語之前，必先格格地一陣憨笑，使你不由得不跟着解頤。但若是一與她深談，你立刻發現她是個富有經驗，獨具見解，而善於處事的人才。她對於中國的政治和社會，時有深切沉痛的批評，有心人固別有懷抱，大概她是個玩世傲物的東方朔吧？

培志

楊蘊端　廣東中山　社會

我生平最羨慕的，
就是她的雙眸。
並不是秋水般的明媚，
也不是含淚的多愁。
她能識遍了文學界的名流。
我生平最喜悅的，
就是她的言語。
並不是流水般的談論，
也不是津津的含趣。
她要說到那裏作到那裏。
我生平最欽佩的，
就是她的精神。
並不是活潑潑的玩笑，
也不是寂靜的深沉。
她常是百折不撓的殷勤。
我生平最景仰的，
就是她的志氣。
並不是立功異域，
也不是掀天動地。
她要掃盡了社會上的腐氣。
我生平最榮幸的，
就是認識了蘊端。
她的言行學志，
將要繼續綿綿的，
響在我的心弦。

天敏

82

楊　東　仁	張　折　桂	安　光　霞
廣東龍川　社會	河北定縣　社會	山東壽光　數學

楊君在年幼的當兒，卽不幸而輟學。他在南洋和中國的商場中服務，得了許多商業上的學識和經驗。後來因求學心切，進了華中大學，四年前轉到燕大。他主修的，是社會學；特別注意的，是勞工問題。

楊君是自給求學的。他於自給之外，尚能供給他的弟和妹讀書！

君賦性忠厚，爲人率眞。他的待人接物，大有一種懇切誠摯的態度，所以許多的人都喜歡和他交遊。

鎧

遠視他：長長其影，板板其面，者與此人相處，頗不易。

近視他：蘊蓄其人，和煦其笑，老幼均樂與相遊。

聞其每藉春節，在家鄕叩頭必以百數十計，今旣曾親歷其境，肯身受其創，異日改革農村社會，廢除陳舊風俗，舍折桂莫屬也；而況又爲其宿願乎。

幼尼

余深知安君天資顯敏，性情溫和，從君之待人接物，擧止談笑，皆足以流露而表現之。

安君具有研究理學之特才，故最於理化，工於算術，而精於天文。余每詢及日月星宿氣象節令等事，君則興趣懞生，抵掌相談，余常以小天文家呼之。安君好詼諧，多滑稽語，與之談天者，無不破啼爲笑，君又善於服務，勇於幹事，日後對於社會必有不少供獻。

願君繼續努力！祝君前途無限！

齊功亭

山東齊魯大學轉讀畢業同學

趙洪常　　　　　周明三　　　　　高學中
山東泰安　數學　山東臨淄　物理　山西離石　化學

"處處要樹立一界限，事事要斟酌一方寸"。

"勤字所以醫惰，愼字所以醫驕"。

"君子以合道爲朋，小人以合己爲朋"。

藍見東　四川自流井　化學

攻！
衝鋒！
藍見東！
和平奮鬥；
勇猛過武松！
除軍閥，去暴凶！
誓雪國恥平內訌！
鞠躬盡瘁藎國盡忠！
果然是頭似鐵脖似銅！
那怕他鎗林彈雨炮重重！！！
　　　　　　　方士

李從舜　山東濰縣　歷史

李君字子粲，山東濰縣人。性直爽，喜詼諧，聞者莫不捧腹，友人咸以滑稽家稱之。

去歲齊魯大學發生風潮，學校停辦，李君以畢業在卽，不忍中途失學，遂於本歲二月間轉學燕京，以完成其未竟學業。

李君喜讀書，對於西洋史學尤有心得。當其肄業中學時代，成績已爲全班之冠；及升學齊大，功課亦能出人頭地；今來本校，仍復孜孜攻讀，若李君者，誠可謂「好學不倦」者矣！
　　　　　　　叔信

劉學敏　河北深縣　歷史

劉君學敏，字銳卿，河北深縣人。幼賴舅父力得入匯文。卒業後，保送齊魯大學，精研歷史，對教育造詣亦深。君俠義，朋輩困難，莫不慨然相助，無吝色！朋輩過失，婉言相勸，改而後已。同學以君和靄誠懇，咸樂與遊。現來學燕大，將來成績，定可覘也。
　　　　　　　錫菴

呂芝山	陶靜波	王文坦
山東平原　歷史	山東恩縣　數學	山東滋陽　教育

"淡泊以明志，甯靜以致遠"吾契友呂君字秀峯，山東平原縣人，初肄業於齊魯大學，筮教習於濟中。因學校停頓，負笈來此，專攻歷史政治，旁及社會科學。抱不羈之才，懷濟世之志。天性沈毅，善與人交。其處事也，井然有條，絲毫不苟，蓋端莊凝重，不染塵囂。當今學風輕浮之中，誠不可多見之才也。

仲勉

「…富貴不能淫，貧賤不能移，威武不能屈，此之謂大丈夫。」

陶君雪舫，山東恩縣人，余契友也。家貧好讀書：恆作工以自給；雖逢假日不稍懈。其為人也，溫恭恬退，剛毅耐苦，懦儒若不能言者；與人交，淡如水，久而敬之，頗為師友所器重。德州博文畢業後，直升齊魯，主修天算，孜孜如往日一蓋其命途之多舛，有不忍對人言者！旋齊魯停辦，來轉燕京，迭經波折，今屆畢業，爰攫數語以相勉。嗚呼蹉錯之兄弟，顧為陶君所獨嘗也哉？

「十年砥礪今朝成，管他湯鑊與芽荊！萬里鵬程一語贈，許從奮鬥求和平。」

鏞

吾友文坦字履平，山東滋陽縣人。性情誠摯，和靄可親，同學多敬愛之。長運動，重言諾，讀書勤敏過人。喜服務，禮交際，處事井井有條，有社交明星之譽。歷任齊大學生會社重要職員，克盡厥職，雖勞不怨。

君專攻教育心理，策習歷史政治，對自然科學，亦多所研究，將來置身學校，必能循循善誘，誨人不倦也。

墨園

王　永　緒
山東泰安　化　學
"不困在于早慮，不遹在于早豫"。

專修科畢業同學

（1）國文專修

黃振鏞(1)　劉彭彥(1)　羅松禔(1)　王國凱(1)　張玉星(2)　周素安(2)

（2）宗教社會專修

林柏鈞(2)　王時信(2)　李文錦(2)　張放民(3)　張德讓(3)　郭可諫(3)

（3）製革專修

董兆龍(3)　王玉辰(3)　尹致祥(3)　郭文明(3)　吳必正(3)　文慶師(3)

目次

燕大年刊一九三〇

研 究 院

一 九 三 〇 班

一 九 三 一 班

一九三二班

一九三三班

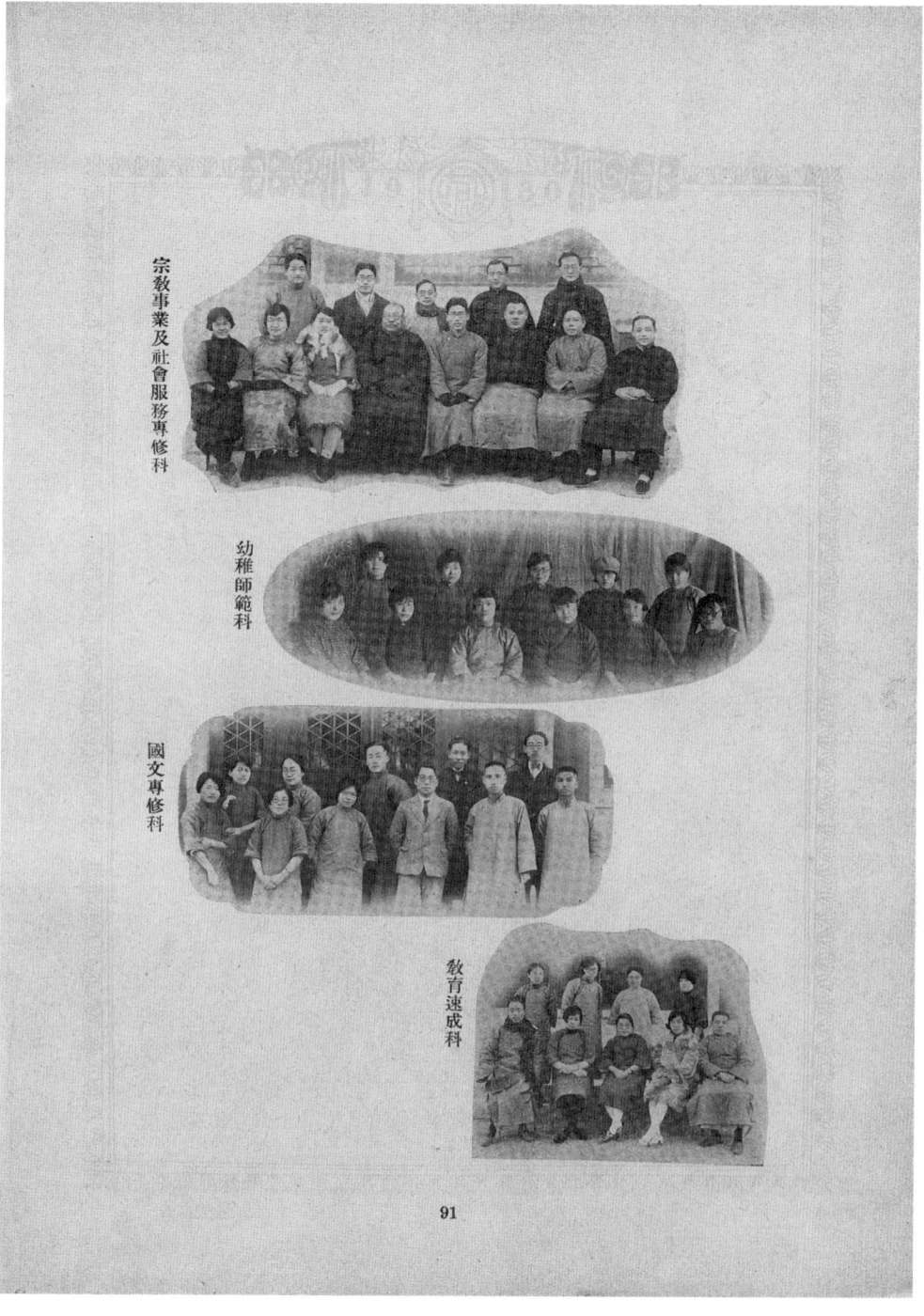

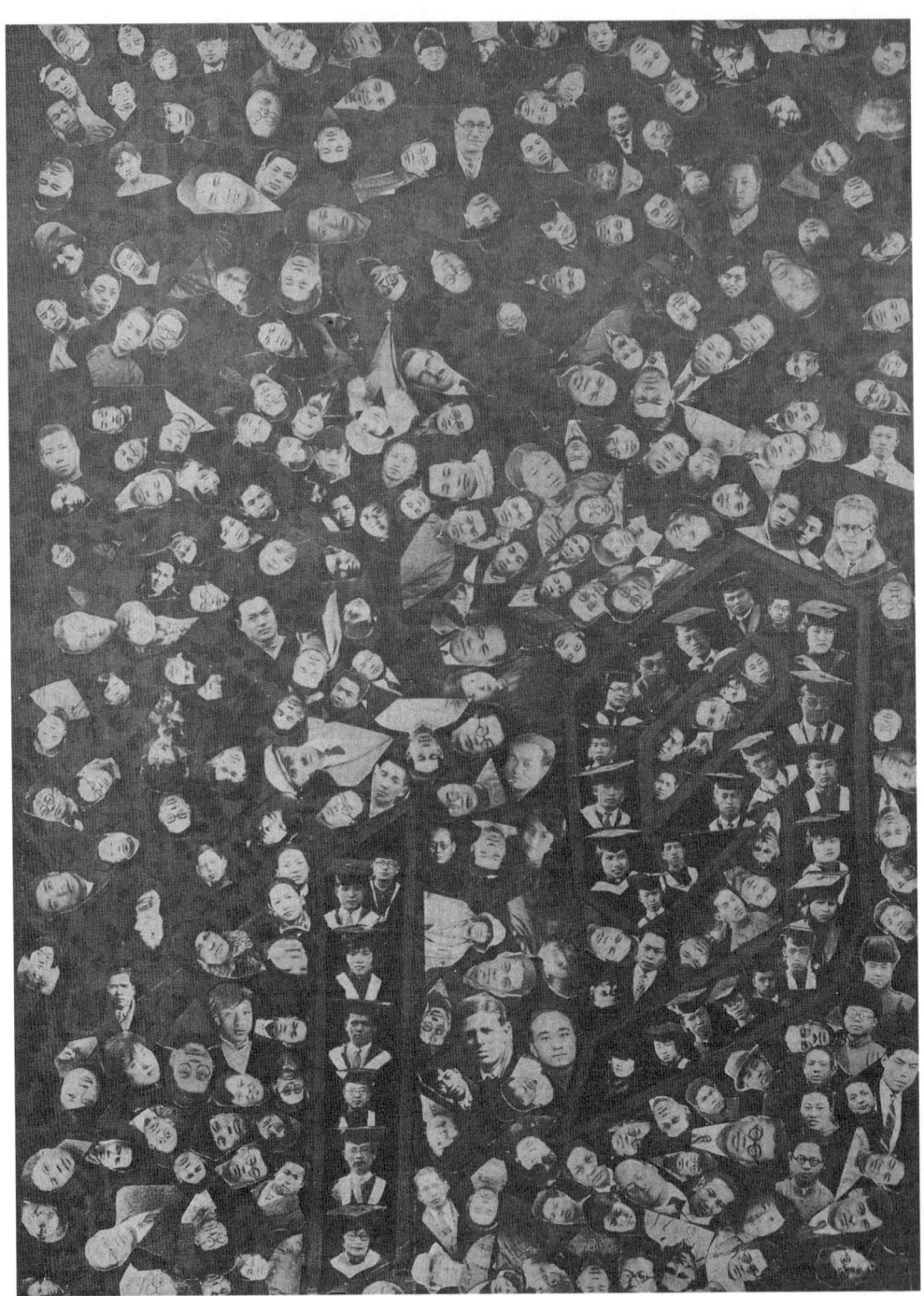

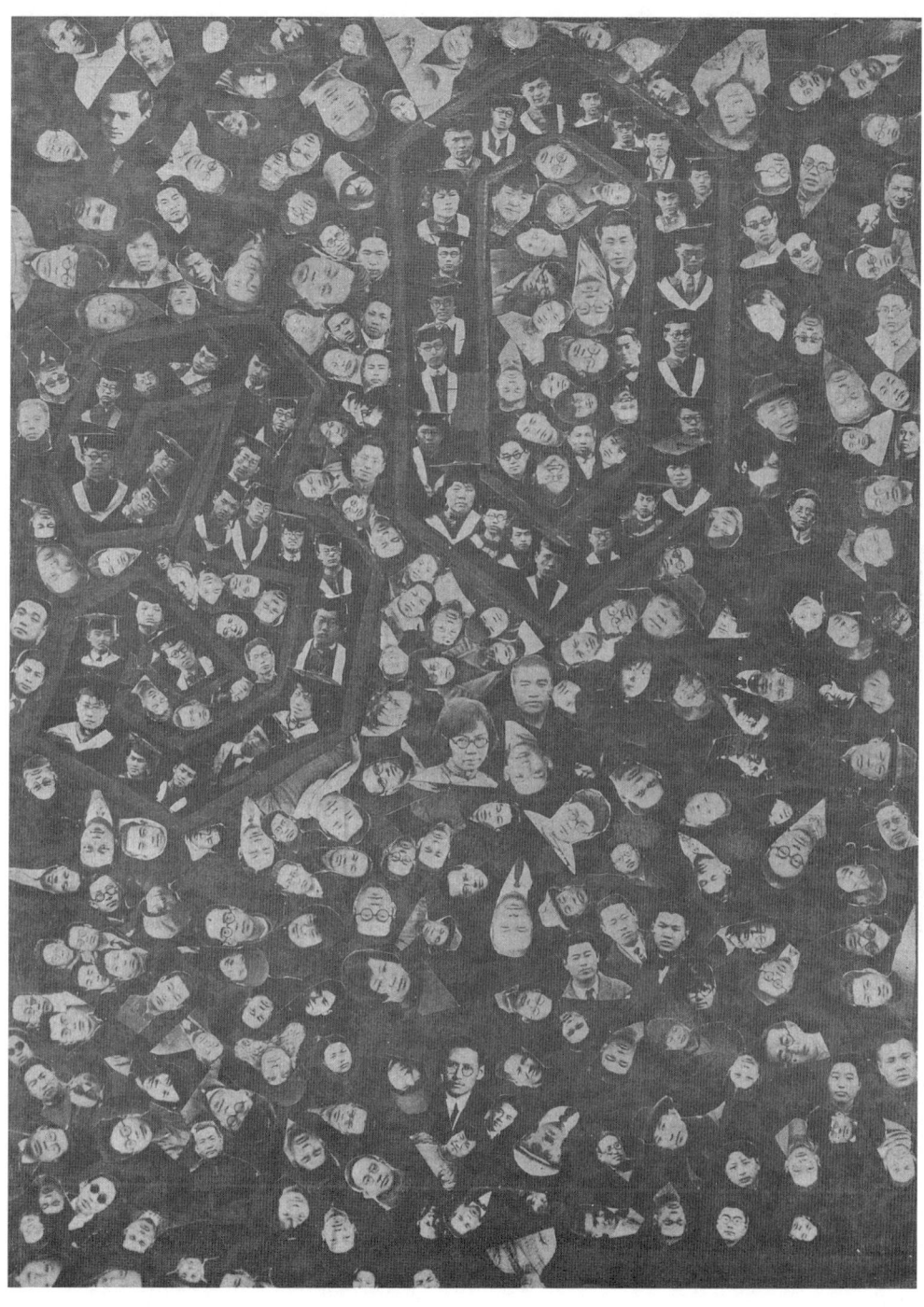

燕大年刊一九三○

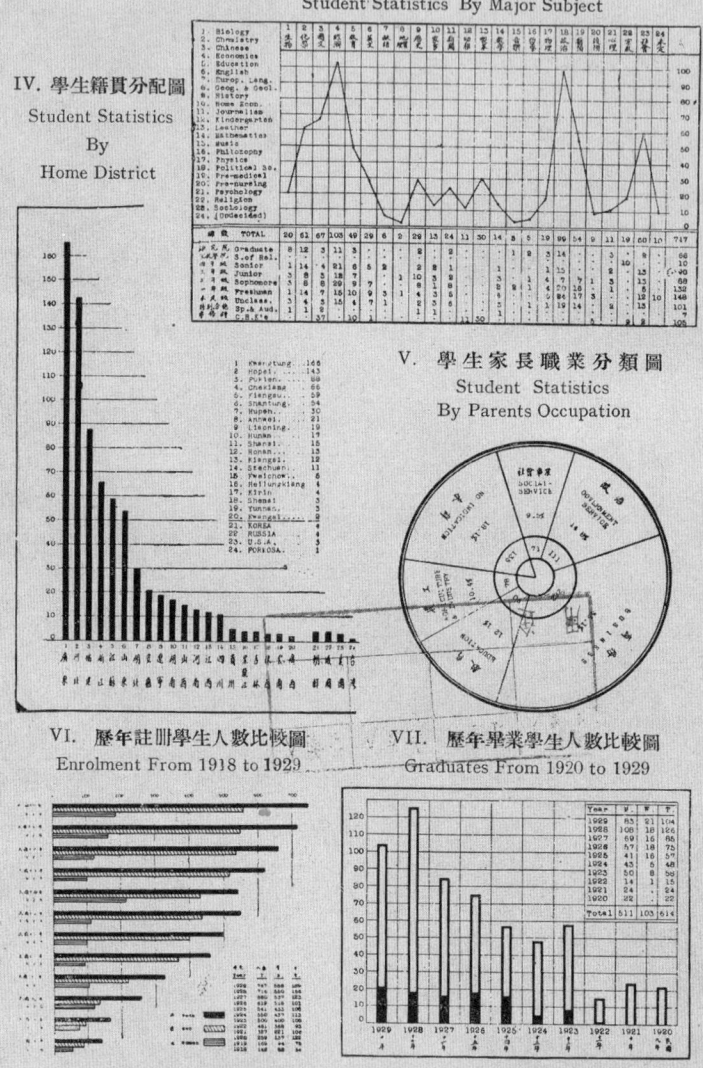

燕大年刊一九三○

這一年　　慶育

這一年，是我們燕大最吉祥的一年，也是最晦氣的一年，總而言之，牠乃是我們燕大最多事的一年。所以，今日拈筆寫來，也自饒有興味。

從時間上的順序說來，本年最值得記載的第一件事，便是落成典禮之舉行。其實說是慶祝校舍之完成，則我們的校舍，並未完成，而且離完成還很遠；說是紀念新校舍之移入，則新校舍之移入，乃是遠在一九二六年的時候，便已實行，所以，這也不過是將已往的若干年勉強當作了我們燕大的發軔期，因而給牠一個結束，一個檢察，並藉此以引起社會的注意，和驅策我們的未來罷了。在舉行這個典禮的十月二十七日，校門外自然是車水馬龍，輪蹄輻輳；禮堂內自然是羣賢雲集，冠履繽紛，這些一切的一切，也都是盡在我們的意中，亦自無勞絮述。在各代表的演說詞當中，給與我們以一種很深刻的印象，至少猶值得我們的回想的有二。一是商啓予先生的話。他說，"燕大雖然是由西國的朋友們捐賷創辦的；但是我們總覺得：對於牠，我們都有一種予以扶持，予以提攜誘掖的義務"。我們希望：他的這種好意，能夠逐漸地傳播於社會。一是張伯苓先生的話。他說："燕大的物質的環境太好了。我們希望燕大的同學不要用書籍將他們自己的眼睛遮住，因而茫然於社會的苦況"。我們希望：他的這種真言，能夠很誠懇地見納於我們的同學。

現在再說到我們自身的活動。在這方面，最先發生的晦氣的一件事情，便是膳務風潮。這個風潮的起因是這樣的：我們燕大學生的飯碗問題，一向是歸我們自己解決的，所以在我們學生會的執行機關當中，便永遠設有一個膳務部——從前叫作飮饌部；而在我們的食堂當中，即一向備有"包飯"與"零吃"的兩種辦法。以後因爲後一種辦法引起了一種大規模的"欠賬不還"的風氣，因而承辦膳務的棹主們，也就感覺到相當的困難。這種風氣，一時雷厲風行，瀰漫全校，繼經膳務部三令五申，力為禁止，始之以勸說，繼之以威迫，而亦未能收效。膳務部出於無奈，便以快刀斬亂蔴的手段，索性將"零吃"的辦法根本廢止。自政策的本身說來，這自然不失為一種"截拾避毒"的治本的政策，可是同學們却因此而感有種種的不便，而怨懟以起。恰巧實行這種新膳務政策的那天，又碰着大雨傾盆泥濘載道；因而一般力持零吃主義的同學們，便要跋踄跋涉，歷盡坎坷，然後方得一飽。到了這步田地，他們便以爲忍無可忍，而提出了對於膳務部的彈劾案。那時膳務部部長徐搚舞正爲了調查監獄的事情而離校南下，代他管理部務的，爲執行委員會主席方一志。因此，方一志便成了徐搚舞的替身鬼，而他蒙受這一切的攻擊。當時反膳務部派的首領，是溫金銘，趙承信，林悅明等。他們一方面在公共的場所——例如丙樓——張貼宣言，以期博得多數同學的同情；一方面上呈代表大會，彈劾方代部長，以期得到法律上的解決，一時聲勢凶凶，漸不可侮。幸而以後膳務部尙如俯順輿情，自動恢復"零吃"；而執行委員會，又復對於方代部長的越法律的行爲（卽不經議會同意，而卽將"零吃"廢止的行爲）予以追認，而這場鬥爭，才以"不分勝負"終。其來也如狂風暴雨，奇聚驚人；而其終也，則如仙子飛昇，不留痕跡，這便是這場風波的特色。

這場風波結束之後，而時光易逝，已屆春初。在這種三陽開泰萬象更新的空氣當中，而我們那種輝煌燦爛的"合組運動"，也就隨着百卉的昭蘇，而復活起來。到底"合組運動"是這樣的一種運動呢？請讀者們不要着急，聽我慢慢道來。原來燕大的學生會，一向是分爲兩個的：一是男生學生會，一是女生學生會。這乃是由於燕大在盔甲廠的時候男女生校舍分立之所致。以後搬到海甸來了，這種組織。當然便失却了牠的物質上的基礎；可是一般富於歷史興味的女同學們，却以之爲盛時膨脹，而不忍對之有所摧殘。所以，中間雖經合組（卽將二學生會合組爲一之意）主義者之力加反對，而這個畸形的組織，却還能夠上藉神靈之呵護，

95

下賴保護古物者之撑持，而苟延殘喘，以至於四年之久。到了本年秋季的末葉，一九三零班，又復首先發難，分向兩學生會，提出"合組"的請求；而校中各法團之通電響應者，又復如雨後春笋一般，後先相繼，至此兩學生會，認為合組時機，業已成熟，遂各簡派全權代表五人，籌商合組事宜。這十個代表會面之後，都以為"兩學生會應無條件地合組"，所以，他們便為了辦事上的方便起見，而將他們自己組成了一個"合組委員會"；同時，還推定胡慶育麥倩曾卓宜來三人，為會章起草委員，以圖合組之及早實現。到了本年春季的末葉，會章起草完竣，並經新的代表大會，以三讀的手續，將其通過。至此，舊的學生會，便隨着牠們自己的喪鐘的響聲，而投身於燕大公墳去了，他年黃土一坏，白楊數樹，也自值到好古的同學們之憑弔。

其餘的在本年內所發生的事情，如雙搖會風潮之起落，韓案之審判與判決之執行，合組後的競選，也都很引起了一般人的注意，而值得我們日後的追思。但以篇幅所限，只得暫從襄置。好在學生會的檔案尚存，週報上的文章可考，他日有心於燕大掌故者，著意搜尋，專心考據，自也不愁其堙沒於無閒。

新的學生會產生之後，本年已將告終，而考期又復臨近，所以，牠的政績，也就只可留待次期的本刊來替牠記錄與表彰了。

我們希望：明年此日，讀者先生們能夠得有一部更光榮更有趣的燕大校史。俗語說得好："後來者居上"，我們的這種希望，也許是不難實現的罷？

燕大學生會職員合影

代表大會

各班代表

研究院	方寶珪	斯頌德	鄭少懷	謝廷式	蔡謙
四年級	麥倩曾	胡慶青	卓宜來	鄭德坤	林培志	陳作樑
	林悅明	劉耀真				
三年級	韓叔信	鄭林莊	田鎬	蒲耀瓊	黃憶萱	陸慶
	關瑞梧	劉獻曾				
二年級	楊繽	潘玉梅	關頌姍	王藹儀	陳本貞	許寶騤
	言雍燾	黃志民	黃振勳	黃振強	王鳳振	王殿文
	薛卓鎔	吳世昌				
一年級	宋玉貞	魏文貞	步春生	劉潔蘭	史國雅	陳玉貴
	陳同方					
國專二年	戴南冠					
國專一年	陸秀如	胡容光				
皮科二年	徐烈					
皮科一年	董兆龍					

各執行委員會

總務委員會
　　主席　　田　鎬　　陸　慶
　　文書部　陸　慶　　王竊儀
　　財務部　趙石湖　　楊昭如
　　交際部　葉恭紹　　田　鎬

日常生活委員會
　　主席　　眷雍燾
　　女生宿膳部　趙繼振　吳犧馨
　　男生舍務部　黃振強　陳玉貴
　　男生膳務部　眷雍燾　樊兆鼎
　　男生軍務部　王殿文　王鳳振
　　體育部　江兆芃　黃志民
　　交通部　林悅明　賀惠瓊
　　娛樂部　朱貴卿　黃憶萱
　　衛生部　孫金鳳　劉獻曾

出版委員會
　　主席　　趙泉澄　　蒲耀瓊
　　年刊部　翁初白　　陸　慶
　　月刊部　趙泉澄　　馬仰曹
　　週刊部　蒲耀瓊　　連士升

服務委員會
　　主席　　葉恭紹　　李遇之
　　平教部　楊繒　　　朱宣慈
　　救濟部　潘玉梅　　葉恭紹
　　調查部　袁永貞　　李遇之

執行委員會理事會
　　主席　　蒲耀瓊　　趙泉澄
　　文書　　眷雍燾
　　委員　　田　鎬　　葉恭紹
　　　　　　李遇之　　陸　慶

志風採社會
陸慶

政治學會

燕京的學生團體門類極多，其勢力亦互有消長。從前同鄉會曾盛極一時，而現在則各學術研究團體越來越多。學會的組織幾於每系均有，各具鮮明的特色，互相標榜。就中以政治學會最佔勢力，掌握學生會大權。社會學會，經濟學會次之。他如文學院的幾個學會大半是文縐縐的；而自然科學院的幾個學會則除掉研究之外與外界絕少聯絡，即他們自己會裏的交際會也很少有人參加。這種因課程的不同而演成的學會個性是越來越分明。我們祇要稍爲注意一下，近一年來各學會努力的方向便能看出。現在我們把牠逐個記述如下：

政治學會　政治學會的會員大多即是學生會的中心人物。合組初成時爲着議法，競選等事在議場上舌辯

國文學會

，在週報上筆戰。友好不阿，親疏無私，他們那種政治家的風采，很博得徐院長的稱譽。會員很喜歡譯書，其次談革命，再次研究如何實行三民主義和做官。

國文學會　國文學會在各學會中要算是最髒，最怪的了。出佈告則駢四儷六，大掉其文，開交際會，則玉泉香山，流連忘返。會中人有的是「髮如蝟毛，面三日不洗」，有的是「西裝革履臨水輒照」。出版定期刊物一種，名叫「睿湖」專載文藝及文學研究的作品。但自去年徵稿以後，杳無消息，不知是何道理。

99

燕大年刊一九三〇

社會學會

社會學會 社會學會師生合作的精神最好。會裏按年級分為四個 Fellowship。這四個 Fellowship 時常開會聚在一塊討論，切磋，外帶吃，喝，玩，笑，所以感情非常之好。對於牆圈外的工作，最近有近村生活費調查，聽說結果很不惡。出版有「社會問題」半月刊一種，內容尚豐富。會裏有飯桶者三：大飯桶林啟武，三飯桶關瑞梧，皆短小精悍。二飯桶鄭成坤不但擅長於吃飯，尤善於唱歌，他的嘴真可算是"得天獨厚"。

歷史學會 這個會沒有多少會員，但精神却很可取。會員所作的祇是考古證今的工作。近郊各古廟荒墳間，時常可以見到他們的踪跡。出版有「歷史學報」一種，銷場據說很大。

歷史學會

教育學會 會中的人物，先生氣很重，差不多都是不苟言笑的君子。夫子之道，恂恂如也，這也無怪其然。他們對於小孩子的勢力很大，成府海淀等處的幾所平民小學統統在他們實習的範圍以內。

教育學會

經濟學會

經濟學會　今年主修經濟的同學最多，因之他們的學會也很興盛。去冬添設了幾個討論班，討論財政，工業，社會主義，農村經濟等問題。春假中又組織了一個唐山旅行團，參觀開灤啓新等工廠。此外每隔幾個禮拜便有一次名人演講，講時總是坐得滿坑滿谷的人。會員大率沈靜好學，不喜聯絡。又因太重經濟的原故，每開交際會，總不預備豐富的茶點，一班老饕對之未免生怨。

新聞學會　這個學會最講交際。校刊上時常見到該會宴請平津新聞界的消息。

宗教學會　會員中不少道貌岸然年高德重之輩。會務是大概不外講經，論道，歌詩，祈禱。

新聞學會

宗教學會

哲學會

哲學會 這會的特色,間於宗教學會和國文學會的中間。就會員們的外貌論,有幾個人永遠是懶洋洋的,有幾個人永遠是污糟糟的,更有幾個人永遠是眼光垂地若有所思的。他們對於研究工作很是格心。什麼哲學問題的講演和討論,外界時常可以聽到。

基督教團契 團契與其他學會不同。牠的成份很雜。共有教職員,學生,工人三種。牠的工作亦分宗教,服務,交際三種,除掉尋常的聯歡會,祈禱禮拜以及平民教育外,他若討論班,查經班,佈道團等等名目繁多。總之團契在各團體中是經費最充足,會員最多,工作最複雜的一個會。

基督教團契

醫預學會

醫預學會　會裏的空氣最協和,會員彼此都很熟悉。其中人材很多,什麽球場健將啊,跳舞名手啊,以至於政治家,買辦家等,應有盡有。至若舊劇大家朱貴彌氏那更是燕京的一個提起來無人不知的大人物。其次美麗公主 A. M. 君也是很 Popular 的。

數學會　數學會裏的會員雖然有不少是主修數學的學生,但主修物理和化學的也不在少數。這個會自從一九二八年復活以後,會務到也蒸蒸日上。

數學會

地理學會　地理學會的年齡最輕。在年刊上有牠的照片登出，這還是今年的新事。古人曾說"後生可畏"，牠的前途真未可限量呢。

地理學會

物理學會　某次物理學會開交際會，在事先做了一個極好看的 Notice 用鏡框裝起，掛在M樓門口，不意被人隨手偷去。於是主席大着其急，立刻出了一個 Notic 去尋找 Notice而這個尋找 Notice 的 Notice 又被人偷走。從此以後，物理學會再也不敢把好看的 Notice 張貼出來了。

物理學會

製革學會　會員們對於會務都十分熱心。籌欵開會，進行不遺餘力。他們所要作的不外以下幾項：研究製革原理和方法，調查皮革來源及銷場，聯絡製革學員的感情，以期將來在皮匠界收得呼應之妙。

製革學會

104

化學會

化學會 有一天我碰見由化學會裏走出來的兩個人物：一個的衣裳被什麼[酸]燒了有十七八個小洞；一個的身上直在發散某種藥味。一個說"蚱蜢！我請你看電影去。"一個說"禮拜五！你去好啦。我今天不高興作葡萄乾。"一個說"什麼？我偏要你去。"一個說"我偏不去。"於是兩人揪在一起打架。

家政學會 有許多人很巴結家政學系的同學。某偵探家看著覺得奇怪，遂費心偵查了一回。結果報告如下："有許多學家政的同學時常親手作好些美味的羹肴果餌等，開小交際會請

家政學會

客享用……"

生物學會 會裏最大的工作為採集標本。每逢春秋兩季便整隊到西山各處日夜搜羅。餓了便找些野草燒飯吃，倦了便鋪床毯子睡覺。這種童子軍式的野外生活，會員極喜歡參加。

生物學會

105

音樂隊

研究音樂的團體，現在有三個：

歌詠團

1. 音樂隊　隊中會拉梵亞玲的居多數，會按鋼琴的屬次多數，會吹喇叭的僅林君悅明一人而已。每逢學校開游藝會，隊員必有多人被請幫腔。
2. 歌詠團　凡願練習唱歌的均可自由加入，因此團員甚多。常借課室樓作集會地點。每當夜靜，風送歌聲，南院同學特饒耳福。
3. 歌詩班　班員都是經過精密的選擇而來的。每逢舉行正式禮拜他們須穿一定的黑道袍，排班進教堂立在一角，依琴聲的高低而唱讚美詩。

歌詩班

燕大年刊一九三〇

女 生 棒 球 隊

黃憶萱　楊月英　朱宣慈　朱麗來　盧祺英
廖素琴　嚴穆　佘慧貞

男 生 棒 球 隊

聶士芬(指導)　熊華超　魏尤金　金振東　何憲成　姚榮立　湯晉　魏博理　聶光地
李溫和(隊長)　熊榮超　陳耀慈(幹事)　顏我清　韋植庭　桂一勝　林炳垣

女 生 籃 球 隊

(第一排) 葉恭紹　劉文漢　崔桂珍　朱麗來　楊月英　(第二排) 狄潤君　薛　正　鄺文偉　嚴　楞

男 生 籃 球 隊

溫金銘　薛卓鎔　林啓武　譚希曾
伍子俊　德偉士　林藻勇　馬萬森(隊長)　魏尤金　樊兆聯(幹事)

108

女 生 網 球 隊

盧祺英　劉耀眞　吳毓馨

男 生 網 球 隊

錢乃信(隊長)　魏尤金　朱木祥　高惠民　李保眞　戴雲峯

燕大年刊一九三〇

女 生 隊 球 隊

(第一排) 盧祺英　朱宣慈　朱麗來　楊月英　廖素琴　(第二排) 曲季瑛　黃憶萱　殷楞　佘慧貞

男 生 隊 球 隊

(第一排)郭諟庭　沈祖蔭(幹事)　林紹文　李縵池　楊天孚　林啓武(隊長)　(第二排)黃憲儒(指導)　譚景鬱
湯德臣　陳廣藻　鄭德坤　(第三排)吳沈業　夏日華　溫金銘　林藻勇　林藻印

冰球隊

卞美年　魏榮立　熊華超　顏我清(隊長)　魏尤金　湯晉　魏博理　侯路義(指揮)　高登
余宗武(幹事)　　熊榮超

田徑隊

薛卓鐸(幹事)　桂一勝　魏尤金　林啓武　任乾　熊華超　何憲成　王殿文　高登　張鏡袞　博晨光(指導)
黃志民　殳勝民　夏宗英　王玉振(隊長)　王大倫　李連捷　謝志耘　惲思

足 球 隊

綽號	姓名
飛天大聖	梁燦章
鎮三山	黃振勳
小溫侯	鄭德昆
沒遮攔	何鑑成
神行太保	桂一勝
混江龍	任兌
豹子頭	韋植庭
毛頭星	黃振強
急先鋒	黃振聲
打虎將	李溫和
插翅虎	張鏡寰
轟天雷（隊長）	王殿文
百勝將	黃志民
小旋風	王大倫

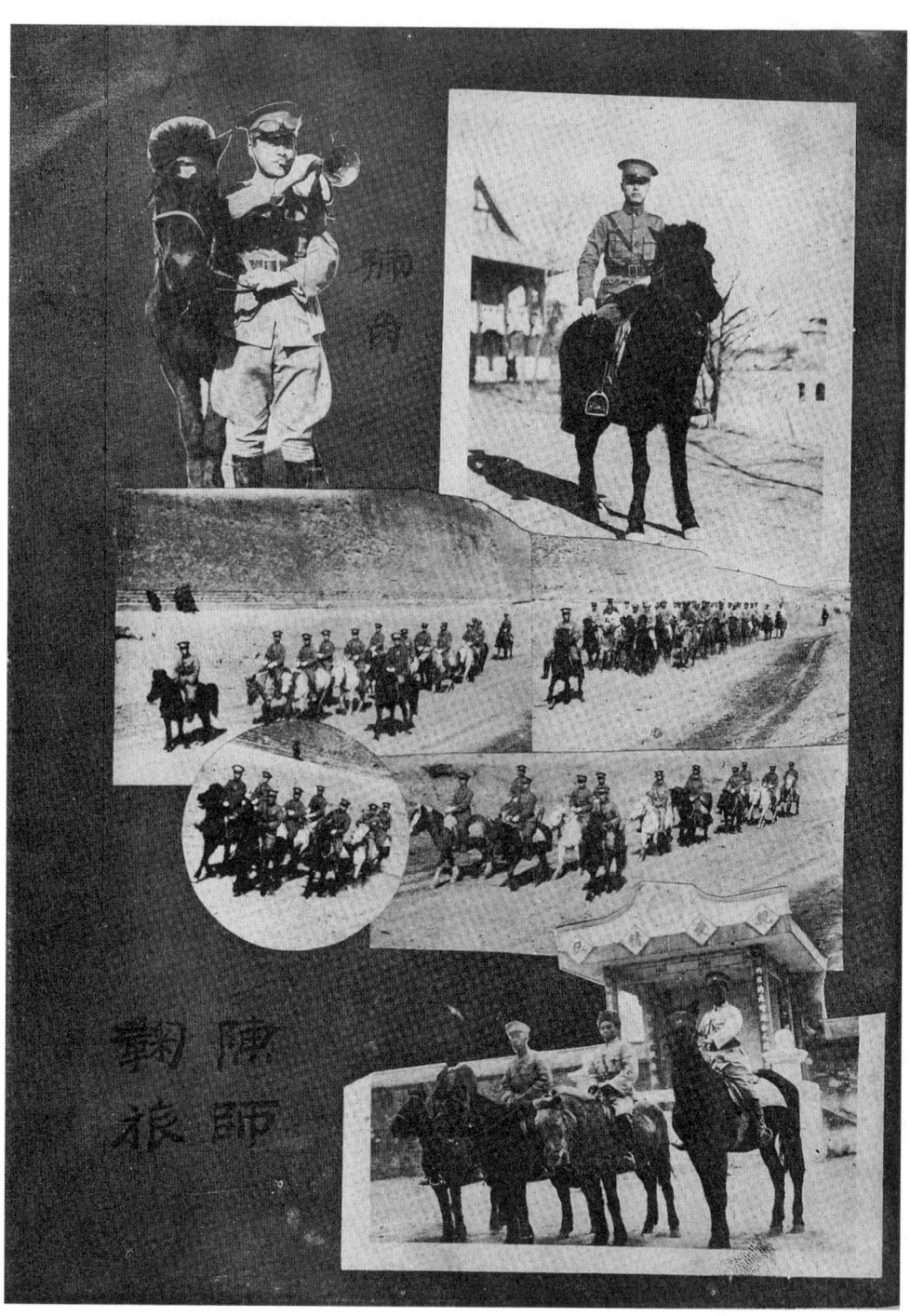

119

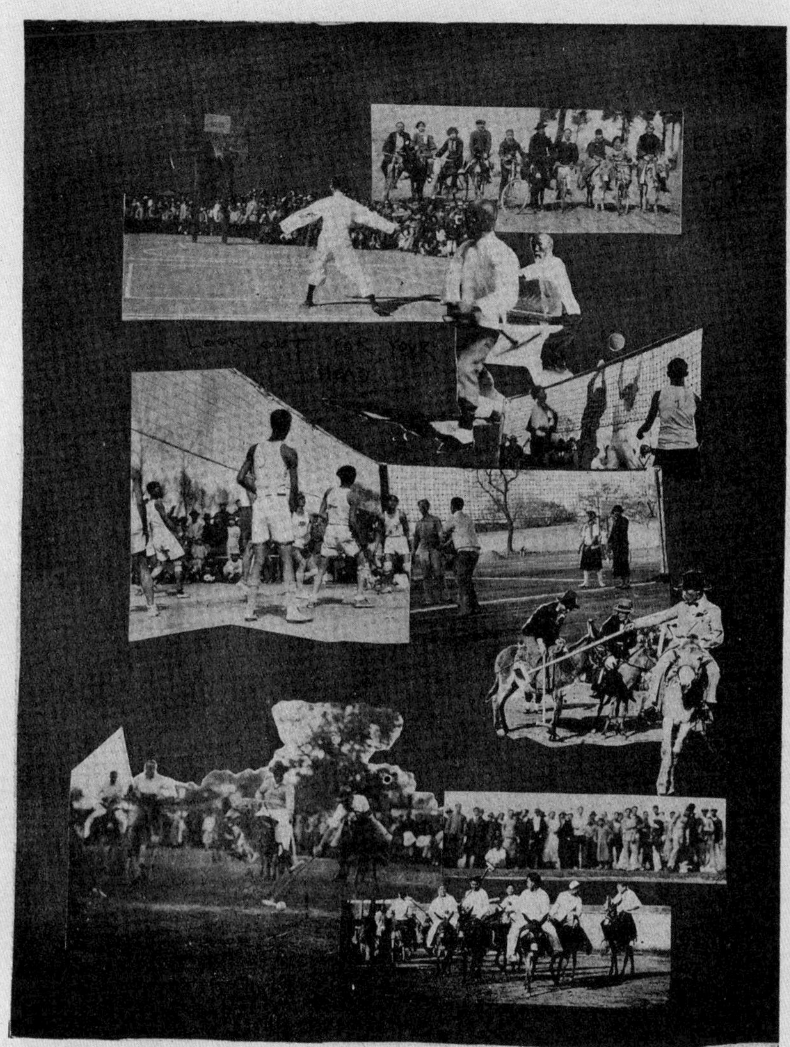

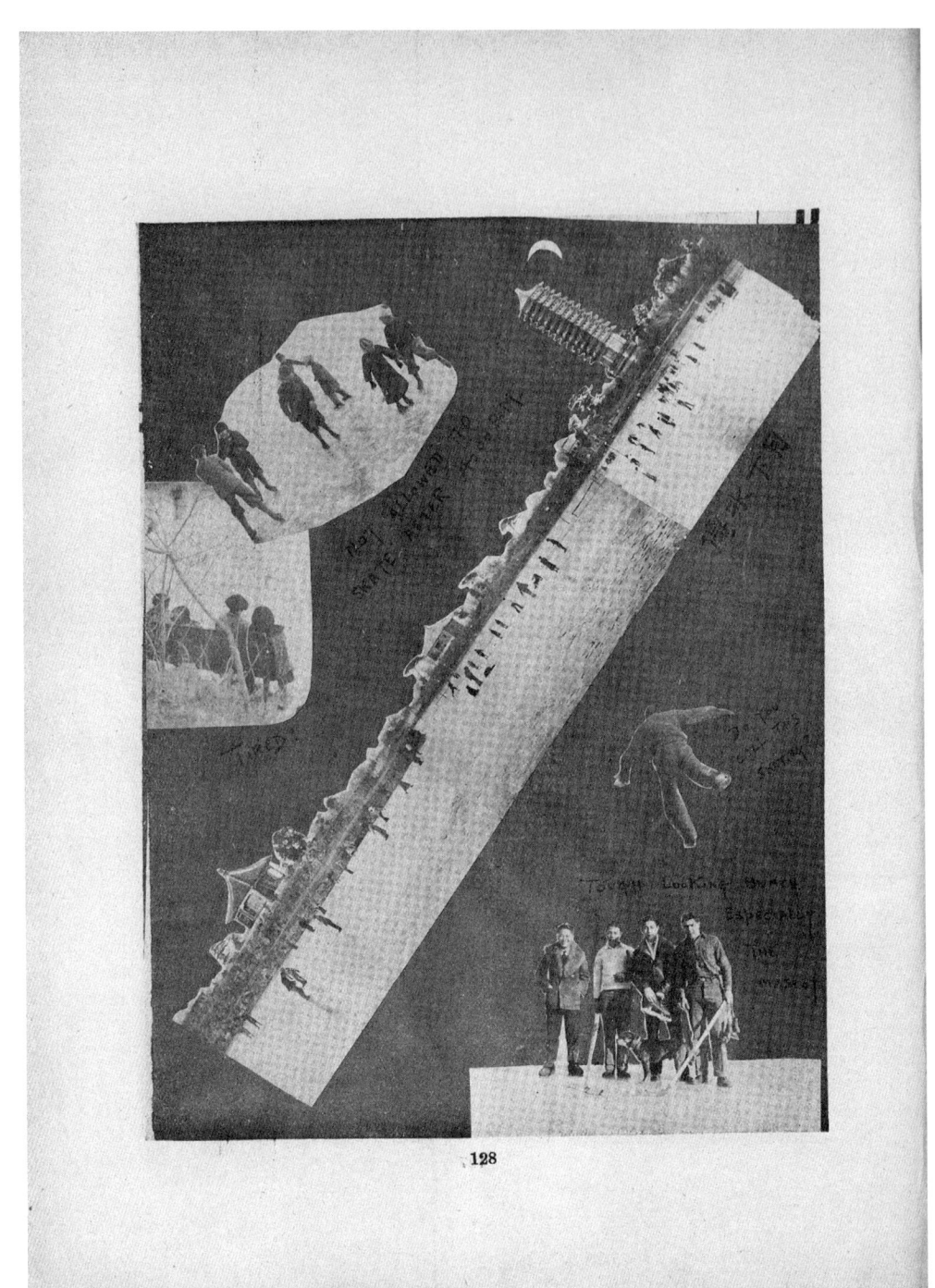

生活

燕大年刊一九三〇

The Formal Opening of
YENCHING UNIVERSITY
PEPING, CHINA

September 27 to October 1
1929

Program
Information

燕京大學
落成典禮

新址落成典禮彙記

唫 佳

我們的學校，從城裏搬到海甸，約有三年光景了。按說喬遷之初便應當與高朵烈地徧請親戚朋友來參觀才是，但我們沈默了三年之久，這是什麼原故呢？因為前幾年軍事頻興，交通阻隔，我們遠道的貴客不容易來臨，所以我們靜靜地等着機會。自從北伐成功，全國統一，交通恢復了原狀，於是我們便決定在一九二九年九月二十七日起到十月一日止，五天之中，作為本校校舍落成典禮之期，徧邀遠道近路的朋友來參觀。

落成典禮時期還沒來到，學校裏已早在預備。外面各報都登着落成典禮的時間，本校校刊和學生自治會的過報又都出落成典禮的特刊。各教授居宅，都洒掃整理，騰出幾間清雅的客房，獻待佳賓。學生宿舍也是同樣的忙碌，預備招待各地的校友。二十七日起，果然遠道的來賓和校友都紛紛地來了。各教授及他們的眷屬們，穿戴得齊齊整整，有進城到車站去歡迎佳賓的，有在校門前等候的，來賓一到，馬上就有人送他們到早已定好的教授居宅去休息，並在那天下午在校務長住宅開茶會歡迎他們。

學校裏為的要把整個內容赤裸裸地表現在來賓面前，所以從二十八日起，陸續地把學校的各方面都顯示出來。那天上午請來賓參觀校園校舍，教授和同學們領導着來賓，一隊一隊的往各處參觀，途中相遇的人，面上都露出一種不可言喻的喜悅和滿意，迎接來賓的汽車不斷地在校園內往來駛騁，忙得招待員們，招呼了這個，又去應酬那個，現出十三分的殷勤興周到。

那天下午，在女生球場舉行運動會，觀者密密層層地繞了不知多少圈。全校的來賓與東道主，大概像永似的，都流到那個地方去了；有坐的，有站的。後來的只好在觀眾的頭縫裏張望。開會時間一到，先由樂隊雄壯地奏起樂來，接着表演美國拳術，女生籃球比賽，國技表演，網球比賽，末了教職員們乘驢打 Polo，到六點來鐘，運動項目才算完畢，賓主盡興面散。來賓們都看的眉飛色舞，尤其是那些遠渡重洋而來的西國來賓，一看見國技表演，更是驚異叫絕。

同學們看見學校當局，這樣熱烈地歡迎來賓，他們也按捺來，要退還他們的本事。學生會就在那天晚上，在大禮堂舉行歡迎來賓遊藝會，禮堂點綴得極其輝煌典雅，把禮堂中最好的坐位，都給來賓們預備下，招待員們笑容可掬地，引着賓客入了坐，接着教職員和同學們私人約來的親友，都紛紛繹而來，原來可容二千來人的禮堂，至此也有人滿之患了。會的內容有音樂，武術，跳舞，末了表演本校畢業生熊佛西先生的傑作「一片愛國心」，演員們極為出力，表演得沈痛盡致，把劇中父母子女各人的愛國思想委婉地傳出。遊藝完畢，更備茶點，以享來賓。

二十九日，正是個星期日，在這日，我們舉行了一些宗教的儀式。

三十日星期一，上午九時舉行總理紀念週，十時半舉行校友返校儀式，午後四時，清華大學校長邀請本校全體教授及中外來賓與其眷屬在清華工字廳茶敍，由他們的全體教授作陪。我們的來賓無會不到，所以弄得終日倦憊，真有應接不暇之勢。當日晚上，本校又有戲劇表演以娛來賓，由同學們担任表演。中文劇田漢的「咖啡店之夜」，英文劇 Twelve Pound Look。這兩個劇是在本校中英文戲劇比賽會獲第一的，演員們半年前便預備好了，所以演得更為純熟動人。末了又邀請劇界大王梅蘭芳君來校演奏太眞外傳，所以觀眾越

132

聚地擁擠，大禮堂的樓上樓下，弄得水洩不通，幾乎連特別給來賓預備的佳座都佔去了。

十月一日，是正式落成典禮的好日子，上午宣讀本校教員和歷年畢業同學作的論文，下午在大禮堂舉行落成典禮的儀式，到會者約二千人，有本大學董事會會員，女部管理委員會會員，哈佛燕京社基委員會代表，本大學設立者託事部代表，教育部代表，國外各大學代表，國內各國立私立大學代表，地方行政長官，國內外各學術團體代表，各公使館代表，及其他來賓與本校師生等。各代表各來賓在這幾天裏的深切觀察，對於本校有整個的了解和認識，所以無論是捐助本校的，或是其他來賓，在他們的演說詞中，充滿了讚美與鼓舞，希望我們能達到成為國際學術機關的目的。設立者託事部代表華爾納先生，將校鑰授與校長吳雷川先生，表明燕京大學從此以後，完全屬於中國人統治了，可以整個的中國化了。捐助者好施而不矜的態度，真足令人佩服。此外各機關各校友，有來賀電的，有贈送禮物的，不可勝數。我們在這種榮寵之下，應當怎樣小心翼翼地來策勵自己呢，這個空前的落成典禮盛日，應當怎樣來榮耀他呢。

133

儀式進行次序

(一)導師員 (二)文學院本學位學生男生女生 (三)自然科學院兩受學位男生女生 (四)應用社會科學院師之令男女生 (五)碩士學位男生女生 (六)各學院院長 (甲為理)(乙)教育行政長官 (丙)副教授 (戊)教授 (己)校長 (庚)來賓 (辛)(甲)榮譽文博士 (乙)榮譽名博士

(一)進行校歌
(二)雄哉哉燕京大學
(副歌)燕京燕京事業浩瀚
(三)具師道麥如摯如切
問當國旗
頌告
畢業式演說
教育長官訓詞
樂
與文憑·院畢業生學位
授與碩士學位

介紹員 黃熙棠
理科學院畢業生學位
介紹員 裘紹員

大學校長 司徒雷登先生
法學院長 司徒雷登博士
文學院長 陸志韋博士
女校理学院 冰心女士
代表
大會主席 顧頡剛博士

報告學校獎勵贈品
畢業生代表致別辭
奏國樂
儀式退席奏樂
(來賓暨本屆畢業同學原位待大會秘書員及畢業生退席後推隨)

畢業儀式之前前後後

雷雨

畢業儀式於一般候補士為絕巨之盛典，大抵舉行於考後五日，在授憑之先，級中人又有所謂公宴與班日之舉。公宴例行于晚間，中西餐無定，食堂四壁周繞級徽級旗級卉，席上蠟炬晃耀，彩紙紛披，雍雍一堂，談笑雜遝，互為臨別贈言，蓋極抱勝地不常盛筵難再之感。亦有於此時出精緻小冊，遍倩同曹題序或簽署行名字於其上者。會間往往有相聲，譚話，報告，嘲戲，必至午夜始散。至早間之訓言，以廁勖勤於禱祈之中，參預者甚少。翌日午後，例為演禮，雖屬登場傀儡，而往指手畫腳，步亦步，趨亦趨，作領憑姿式者頗衆。晚間班日之招待會，主旨在話別，劇舞數節，祇求代表班風，不期其冗長贅絮。說班史亦列為一項，說者彷彿持弦疊板，譭謂仁貴跨海征東，貶中寓褒，褒中寓貶，僅博譁笑而已。畢業日儀式最備。待位生大都破曉即起，整治容粧，城中賓客相望於道，鳴喑倉皇，人聲鼎沸，即各樓齋夫亦盡衣新號掛，徘徊門側，滿堆笑容，若喜娘之候待送嫁。十時，鐘聲連動，而方冠道袍之沓集于丙樓者，由三年級之馬靴前導，重步徐行，迤邐以入於禮堂。此時各羽士驚喜交集，其面部表情亦極不同。庚午行列中，以羅裕錦鼻架大鏡，步伐最為莊嚴；鄭溱雙目下垂，眉宇最為沉痛，鄭德坤跳擲嘻笑，仍不失天真；談希曾囧囧四顧，最不老實；溫金銘着短褲，行時故遲其步，防大腿之揚露；林悅明衣領鬆散，態度最為浪漫；至女同學如卞文哲，李禍鸝等，以別針密綴髮帽間，蓋恐鞠躬時之掀落；麥倩曾袍長委地，上下樓階，極為困難；劉耀真帽大衣肥，人隱其中，幾不可辨。行列入堂，軍樂大作，隆重之極。待位生中亦有一二敝屣方帽，微服列來賓席以示富貴浮雲之慨者。儀式中報告及訓辭以及院長之申請書，不過虛應故事。最可觀者，惟授憑之俄頃。此俄頃包括授文憑，罩披肩，掉帽穗三大端；而以向校長一折罄為禮畢。會終，行列自樂聲中步出，至目的地一鬨而散。羣持空筒向註冊部索羊皮紙以實之。是時恆見儒儒華首，曳杖蹣跚，呼其子弟之名撫肩獎慰有加者，間或昂首撚鬚，睥睨豪視於衆；一二科舉思想稍重者，尚不免目為中進士，大增門楣之光。來人中識與不識，道喜之聲戚不絕口。西國敎授笑面相迎，握手示『康哥來酒』；如與稍審識，恆堅蠁往其居茶點，殷勤間離校行止，若贈以照片一幀，則立可陳置于璧爐架上。是日午後，襆被離校。老趙常三亦來歡送。湖上盛日最多，此則又為年逢歲過之一幕也。

138

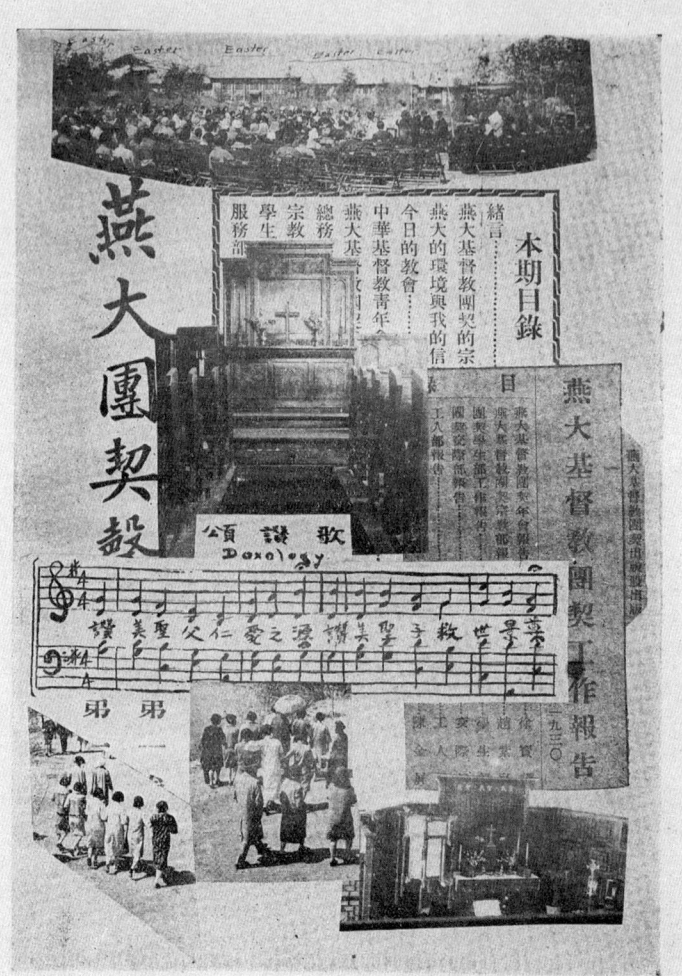

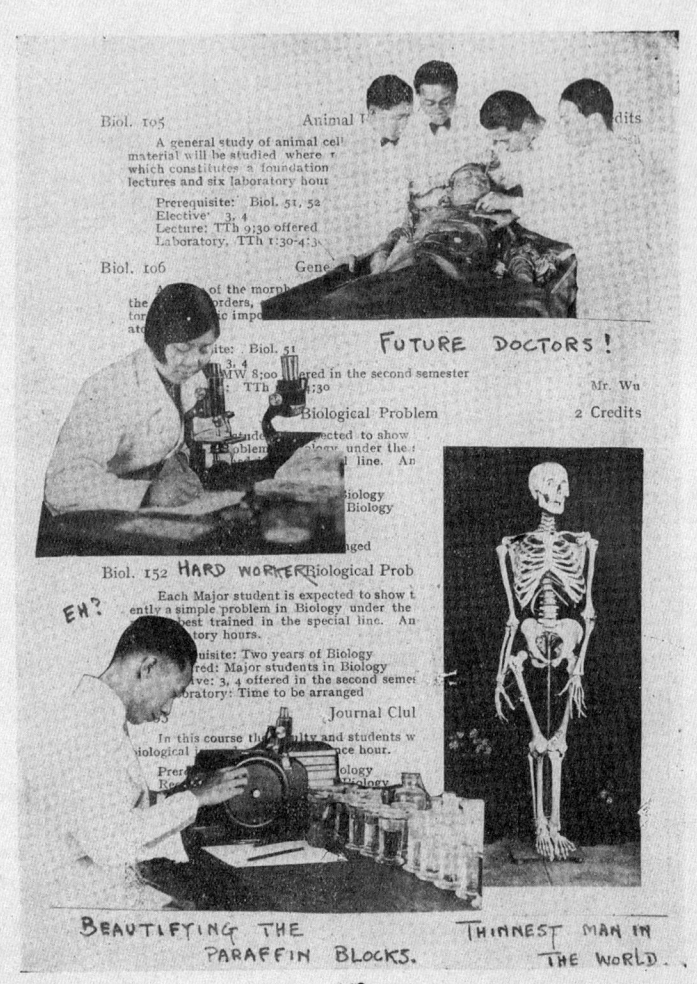

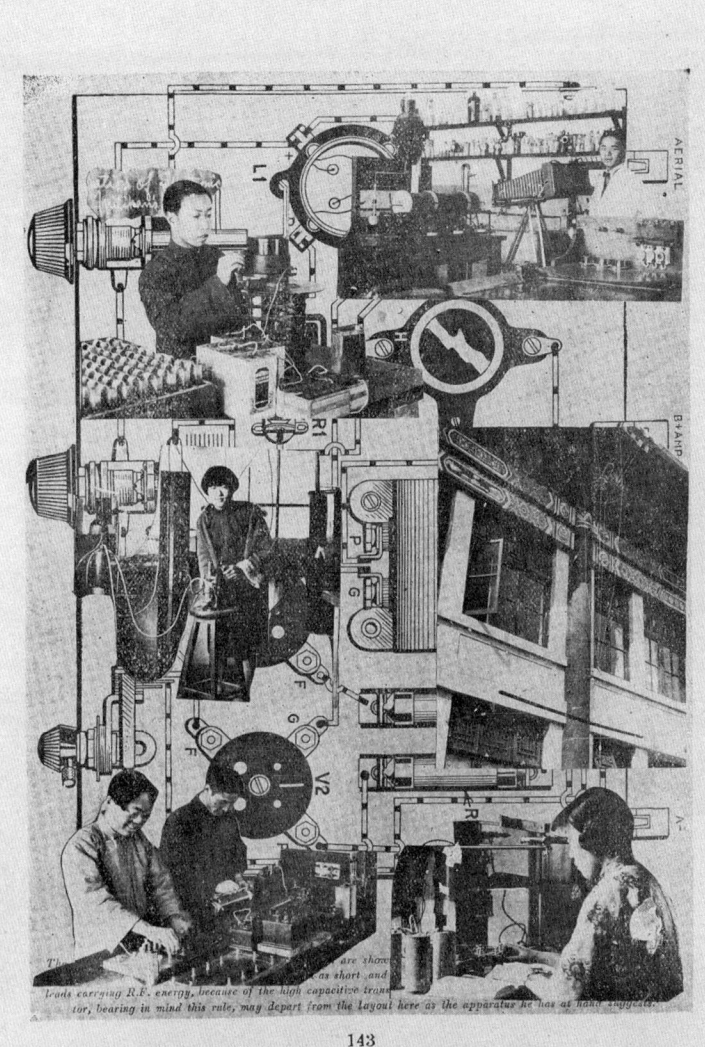

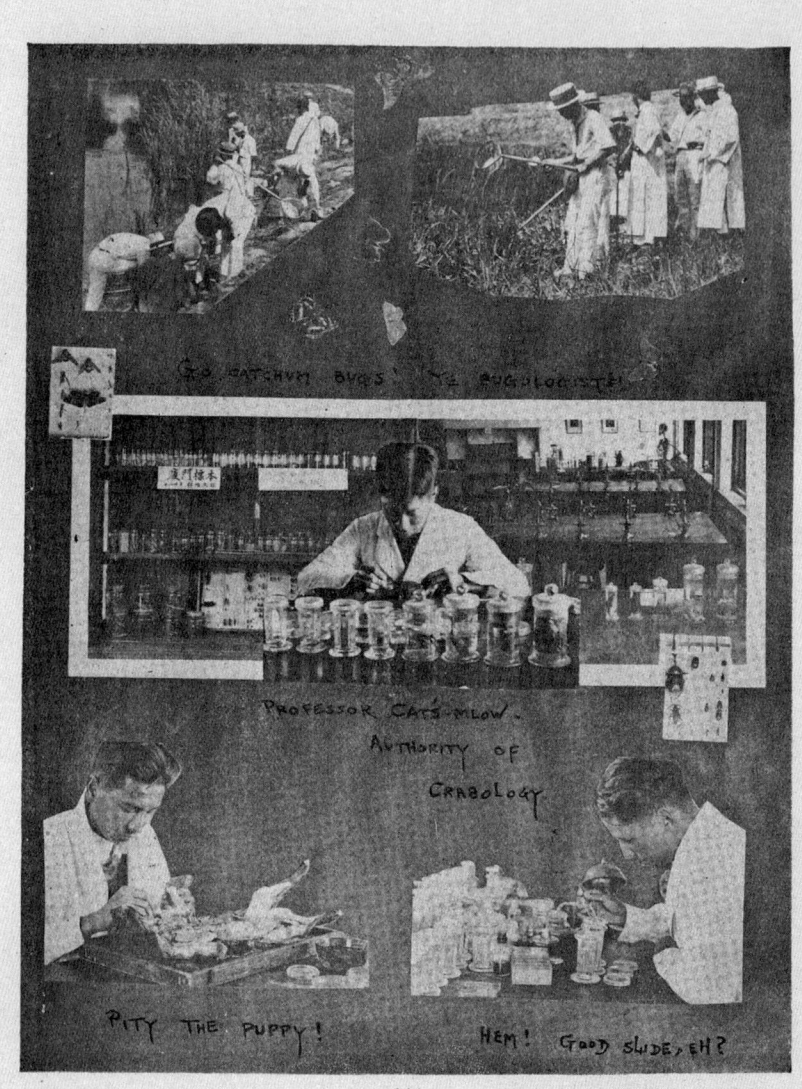

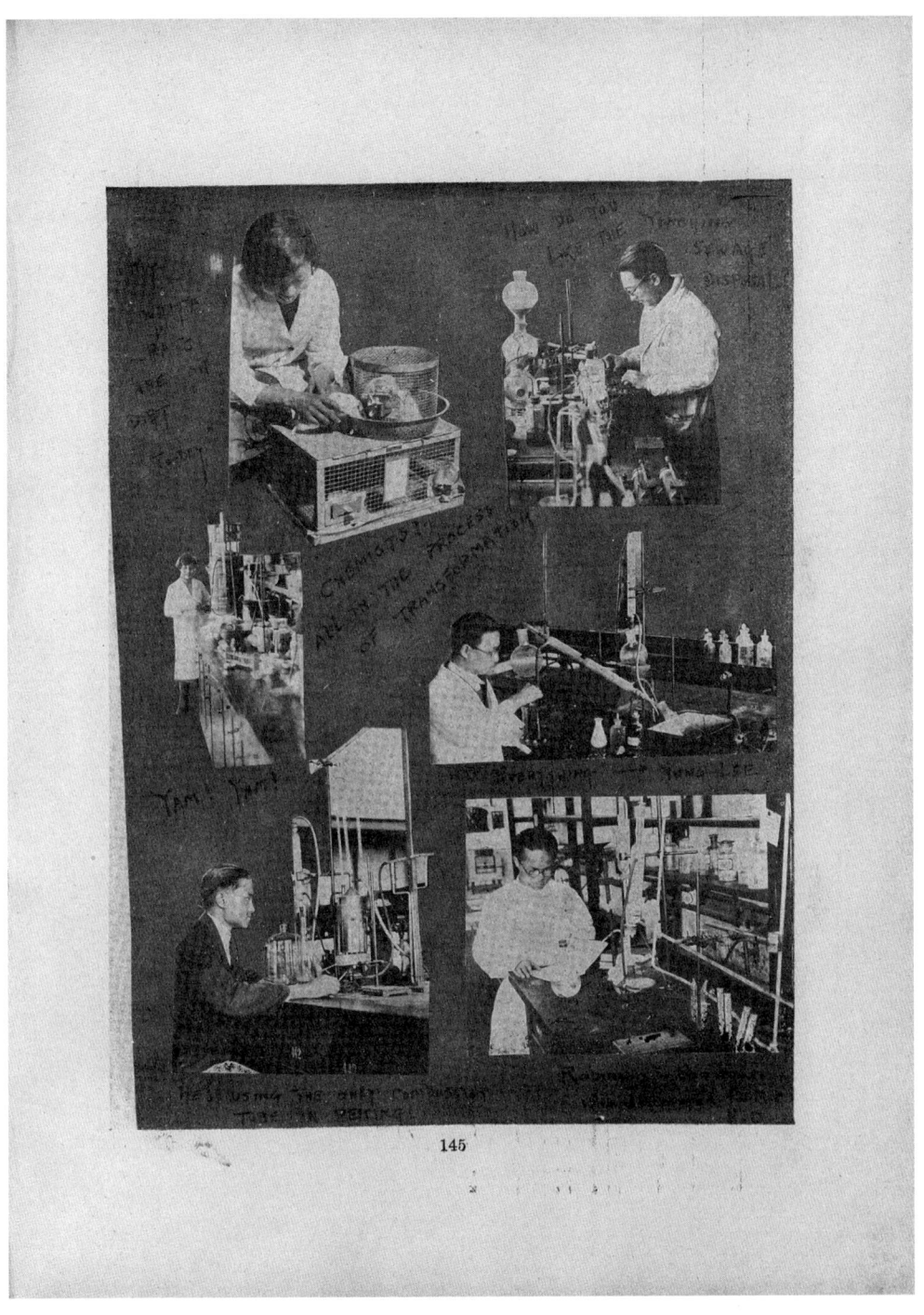

楓湖瑣話（一）

微明

己巳秋，路氏亭觀成於楓湖島上，壁飾金璫，廊迴翠宇，綺疏青瑣，雲氣仙靈；下有複道，通小院，窈深繚曲，煥若神居，啓窗下視，若臨無地。每值風清月白，泛舟偶過，彷彿羽衣霓裳，行止其間，尤足生幽幻之趣。

湖上最宜春雨後，湖水澄明，遠巒聳翠，濃林如洗，青苟入畫，而初晴時之一種泥土氣，尤似蘇州盤門外田野零露之稻花香，翳鼻令人神爽，永陰集「薄暮歸來逢小雨，旋住，輕寒院宇靜無人，誰把如絲情緒寫，多謝，土香風軟月黃昏，」蓋道此也。

盛甲廠時期，來湖上者，多燕趙之士，悲歌慷慨，隱寓鼎穆之習。及遷新址，薰風北漸，輪蹄似水，鈎輈格磔，所遇皆是，互恃聲勢，結爲鄉會，或以粥粥督燎原之野火，或以當當破慶節之好夢，及後桑梓觀念，列爲厲化，一二明達之士，復力籌策源地之不足睥睨，聞者興起，瞪域盡混矣。

冬日烈烈，飆風發發，足球揚威體育中心，校際篝之餘勇可賈，班際鬥釁時而起。已巳十一月，三一班竟以一言失口，大興戎端。三〇余宗武組織行營，矮田聽司掌密勿，討伐小醜爲名，倚老賣老是實，究恐爲後世所笑，乃遣陳宗仁乞師協廷，迎回崔之義吳世鐸，陳師鞠旅，武義瓊瓊，不意轍亂旗靡，望風退走。一九三三，食指初動，反者蝟起。於是有許寶騫之一九三二檄文，其法以女軍鼓吹，所謂「要血搏沙，看英雄拼命，輕呼淺笑，有美人憐才，攻入兩球，賜以美人一笑」是也。當時各班揚幕而起，丙樓響師者甚衆，鳳鸞頻驚，方隅多難。據某幕言，通電及命令，縣洋洋灑灑，實皆假借巾幗，以激勵鬚眉，如劉耀眞之運輸主任，關瑞梧之犒軍專員，江兆芝之吶喊司令，實袴未就職；其接事者僅鄭文偉一人，被聘開球，足動球移；虛應故事而已。

湖上少年雖多長髮鬖鬖，佚麗映人，亦有勞無寸隙，而致頭如蓬葆者。胡慶青耽意馬說，修學著書，兀兀窮年，不暇修剪。許寶騫非至極長不除治，每理畢，在穠人前必踡躅斂步，不敢仰視，蓋久苦于起鬨者之多也。

戊辰冬日，南院同窗，競御短袍，裁裁僅能蔽膝，復故挈其下襬。已巳重興長垂及踵者，某郡旣爲之倡，逐時者翕然從之。雖夾領小袖，固仿其舊，而撫地翩翩，別有風式，究以不適于課室作業，迄未能短期普遍，然毛繩準馬掛及絲絨坎肩之罩袍外者，則極推陳出新之能事。

自趙澄偶用雪花膏以防面皮分裂之說，衆皆憂心京京，不敢忽怒。愛膚者日調臙氏霜，夜調鷄蛋白勤護。女同窗善自塗澤，脂麤之具，鉛黛最豐，三卉香膏，柯提鷥粉，以及蜜培根白油，開披夷朱脂，皆足爲柳眉梅額生色。開放佳節，鏡籢外陳，好事少年，每竊抹唇膏眉螺，雅步纖腰，引人嘔嘆。

「鋒頭」二字，不知何典。或謂起于毛遂之脫頴，然亦作「鳳頭」，則疑係源自宋玉，葢湖上宮闕崇麗，披襫以當大王之雄風者，比比皆是。顧出者雖多，而人殊其途：曰正出鳳頭，班會主席合組代表等是，此輩行能高妙，得時則駕，老馬識途，足以負重致遠，曰反出鳳頭，草野之人，閉門養性，不治榮名，然其殊行絕才，早爲一湖模楷，雖投閒置散，而雅負儁望；曰苦出鳳頭，秩序委辦，膳務部長是，一劇之演，一琴之奏，皆須低首下心，遜人玉諾，若女主角貌不中式，須婉詞使他就，鋼琴家楊腹預習，須股勤辦糖菓，至於飲饌之掌理人，莫不視爲畏途，午睬歸來，飢腸轆轆，甫坐擧箸，隔座叱咤，皿有蠅翼，趨取以示庖人，葢鳳頭雖具，而苦難言喻；曰到出鳳頭，未有奇節，不爲人重，一時之叱怒作，案前之盤碟裂，食堂之罷工成，法院之判詞揭，於是人相稱道，爭識荊州矣。此種風頭，無論其爲反正苦倒，然其出願已償，略迹原心，不無可稱。

鄺文偉，闊頭珊，趙蕪薆，吳新珉，善理臂娜。闊鍵譜最熟，且極謹慎；趙亦雅韵抑揚，音譜無奪；吳較靈早來湖上，初以每演奏必海式其衣，眩曜靡麗，復能隨鋸按拍，爲人所不習，頗負時譽；己已鄺至，于繁音和奏外，獨以清越諧婉辨，知音之士，觀影時聆其妙奏，莫不激賞。

新裝女飾，裸露入時，單純色線，尤合天然之美。在長旗袍未普遍時，御襪爲最可觀之一部分，夏日固絲不厭薄，以圖涼爽；隆冬則寬寬爭難，足貽石家莊凍肉之誚。西歐女鞋單長可蔽膝，極具風采，而用者寥寥。大都御用淺絳色絲織品，而有縫綫條者。己已戴賽姊妹來湖上，傳來淞浦時樣，于長統綿襪之外，更御絕短之襪。盧淑翠，盧麒英，吳佩球效之，襪統祇及踝，附以彩緣，雖怪而麗。羅復以米黃色者，罩粉白之長襪上，尤掩映調和；庚午入夏，球場傳來裸足裝，初及膝，繼及脛，終曁及踵，摸行者始尙少，及六月中浣，某元老派慨然慕之，此風途不爲球同志所專美矣。

張彛民以北魏之古拙遒挺，融清人趙撝叔之圓渾，自視歉然，書不多見；及爲舊劇團寫海報子，始爲識者所稱稱稱道。胡慶青書名，爲其文章經濟所掩，用筆胎息北海，秀腴神勁，極爲雖能。或謂其鋒芒觝棱，過于流露，實未得窺其墨不溢筆，筆不帶墨之妙。許寶騤飽洪藹藉，字極端謹，秀才雅貌，蓋不虛也。田聽聞爲行書，婉約豐妍，得智永筆法爲多。羅裕鼎書楷韶媚，初好爲蠅頭綠小詩詞自喜，及後力趨峻拔，益增精妙，惜自從事畢業論文後，埋首李文忠函札中，委件皆輓却矣。

卓宜來工西洋繪法，設色精麗，而寓意深刻；戊辰年刊學校生活及文藝之欄面，極有生色。近復出中古之室，而潛心現代點研，造詣正不可限。賈希彥爲漫畫，突梯滑稽，于校影劇之穿揷，頗博得一般人之喧譟；繪時裝男婦，雖曲綫過度，形容太甚，然茶會廣告之糕點漫塗，頗使過居川大嚼者之三尺涎油然而生。

關瑞梧，張堯民旣以丹鉛馳聲滬上，仿極深研幾，孳孳不輟。關出名家陳少鹿之門，寫意生動，刻好爲松，繼作藤花。金勤伯花卉善于襯貼，點色風華。胡慶青爲山水，筆意幽閑，不類其人。傅思敏亦精繪事，古妍可喜。李東谷臨饋元人筆墨，酷似子久，善仕女，清逸有韻，自言不以疊碧裳紅，取悅于尋常鑑賞。

己巳冬，舊劇公演凡二次。首次戲碼有張克丞之鴻鸞禧，惲枚之起解，楊肯彭陳玉貴之寶蓮燈，朱桂卿張堯民郭德浩之黃鶴樓，上座頗不惡。歲杪復有第二次公演，大禮堂上下至七時已無隙地。楊肯彭之六月雪，扮相清麗，其「未開言」一大段二黃慢板，悲抑柔婉，感人甚深，至「實可恨」處，更臻精妙，而「要明寬除非是」一段散板，拔沙爍金，尤見眞采。薛卓鎔飾禁大娘，做作稍有過火，惟台下人緣極好，掌聲雷動。張克丞史悠鑫之烏龍院，以鳳紀關係，删略頗多，張之閻雪嬌，刻意摹小翠花，目波澄鮮，色授魂與，惜擲鞋及挪椅時，稍欠自然；史飾張文遠，佻躂情怠，恰合身分，幾段四平，亦悠揚合度。慶頂珠以陳玉貴飾蕭恩，惲枚飾桂英，薛卓鎔飾教師爺。陳扮相蒼老，台步大方，自口亦斬截不苟；惲宜于唱工劇，如起解金鎖記宇宙鋒，確所擅長，桂英掌舵捧茶諸作工，未免稍滯；薛道白神情尙好，惜有時尖團字咬不準，如「漁稅銀子」讀爲「怡碎銀子」，「獅子大張口」讀爲「司子大贓可」，蓋薛皖人而久居津埠者也。得意緣由教鏢說破至惡錢下山，張堯民之狄雲鸞，扮得娉婷嬝娜，如好女子，道白念詞，純熟淸晰歷歷可聽，幾段南梆子亦不惡；朱桂卿之虞琨杰，扮相英武，定揚「落魄江湖二十年」四句，尤見瀟洒；楊肯彭之玉霞，穩重端莊，惜道白咬字，有時未能正碻，惟惡錢時旣碍于山寨關防之嚴，復戀母女之情，又顧及琨杰與雲鸞之愛，表做入神，極博衆采。舊劇公演凡數次，此爲最盛。迄後內部意見漸趨分歧，庚午春演員有數次扮唱，以戲碼關係，亦不若前此之盛，遂如廣陵散矣。

戊辰前後，一時如雨後春筍之成府飯館，如燕北館，燕林春，興隆館，綉英，先後以生意蕭條而歇業。嶺南以女當爐之饌客，且價格昂貴，雞絨魚翅紅燒鯉魚均售至八角餘，而味敗遠不如前，至庚午春幾歇閑。其車水馬龍，絡繹不絕者，僅常三之長順和而已。常三之看饌，溜肝尖，回鍋叉燒肉加白菜塊；蝦子紅燒玉蘭，尙可口。而一般顧客，爭以縵子肉軟炸里几爲美食；實則縵子肉薀以最劣之花椒大料，臨時薰味，而軟炸里几旣多糊粉，肉之薄膜，復不去淨。蓋課畢肌腸雷鳴，僅知吒咤匯促，雖莫不飲食，而狂饕之餘，固鮮能知味也。

湖上教職員燕居之所，皆爽塏精潔。與姊妹樓營衡對宇者，有聾賁閻臣之渠渠夏屋在焉。其中玉蘭居檻，金壁飾璠，閨房周通，門闥洞開，陳設之具，多爲東方珍玩，而壇甃塗色，渥彩調和，晚間映以華燭精耀

149

，藻繡淪連，尤怡心目。

鄭鬱永陰集刊行，湖上之好倚聲者，爭相研誦。其詞清則蕆麗，如木蘭花之「春楓換盡春顏色，落日西風秋惡惡，萬花開處碧如油，百草枯時紅似血。」虞美人之「明朝雨霽青天好，便上榆關道，飄零已慣不傷神，只覗秋風珍惜浣衣人。」皆哀婉感嘆，別有懷抱之語。許寶騤爲小令，上法南唐；與鄢華唱和極多。己巳立冬日近暮，二人同車歸城，道及去年今日，適與吳與某女史，共乘入都，彈指間女史已歸幽冥，白楊蕭蕭，北邱蠹蠹，唏噓之餘，各爲虞美人以志之。許作尤凄惻不堪卒誦。

湖上凮以考試繁苛著，大抵以必修科目及各系基本課程爲甚，隨班舉行，月有定期，別于大考，謂之"太絲特"。其選揀題目，亦視教授而殊。王克私先生好爲運用思想之研考，答案中若迹及中國之文藝復興，必不致落第。徐淑希先生好從交涉事件入手，且多以隔年舊題夾用。黃憩儒先生喜以大題目包括小題目，順條答對，即無舛誤。李炳華先生題目每較答案爲獨長。劉兆蕙先生題目向不油印，錄粉板上，字大而扁，似極驚人，及定神細加分析，亦極易易。吳路義先生試問挑剔繁細，若於動詞變化稍一沉吟，雖至時終，亦難完卷。包貴思先生時有一二題專從小處着眼，以見生徒之用心，如抓住此點，曲曲道出，苟能脈絡井然，即可大受讚許。謝迪克先生有菩薩之稱，題目極宏闊，最能使答者藏拙，卷中若多沉痛悲慨之議論，尤可特邀青眼。比年以來，斤斤分數之計較，固已爲人所不屑，第湖上之"瑞釉"二字，實如髮繫干鈞，一"點"之微，足以斷徑方軺而有餘。積念旣深，騆至方入課場，便覺草木皆兵，教授雖皆督視甚弛，而瞬目旁座，捨己之短，取人之長，終極懦懦。一般受試者，平日言笑晏晏，考關當前，匍匐畎久，神色多沮；南院尙有某某數同窗，慣以廢食著稱，蓋愈苦矣。

午間一時與晚餐後，爲各樓院電話最忙之時。此種通話，計包括通知開會，籌辦公事，商借書籍，與夫醫酌約會等項，皆隻言片語，便可匆匆畢事。至若愛務成熟，精益求精，問暖噓寒，亦大有用；其於未通話時，則迫不及待，低通話後，又諱莫如深，極絮絮明叨之能事，熟諳校故者，多留躑去之，以成人之美，而好事者在院中輙搖其腋使顚邐攫，不能成聲，在樓中則一二躧踆於門側，或矮爲進容，半合其目，端立養神，若平市巷口之便衣探警然。

遼寧蘇汝梅鄭溱藏西文典籍甚豐，選備之佳，爲校圖書館所弗逮，如道頓之雪萊釋傳，曼士菲爾書翰，<u>亞述西蒙詩集</u>，俱爲湖上孤本。蘇於中文詩詞亦防求甚精，所藏蘇陸詩及六十一家詞，皆手自補治，躬加題帖。造其居，但見萬卷綺錯，如入湎海。李振東藏英文文學批評書亦多。趙澄筧陳海內文壇，散文，小說，雜誌筆記及美術圖案，攝影年鑑，蘆列清晰，友好借閱，展轉流散，絕不爲忤。胡慶青涉獵廣博，於政治經濟中西名帙及當時禁本，罔不購備，同儕日來訪問，寬得偕作，以資參考，而爲月卷季文斯章取義之助。

林悅明以社會學眼光取攝校內外景物生活，脂脣實業以及襦衣坐罪者流，皆爲之拍映放大，懸諸室中。

150

凡湖上季節盛會，奔走駭汗，惟恐後人；而湖光塔影，朝暾暮靄，以及院中姊妹，蹴鞠燕樂，亦靡敢來鏡底。趙澄倡唯美論，製攝一意以藝術性為本，於人體則主曲線裸，於自然則取荒江敗柳，寒鴉噪晚之景，於日常生活，雖雞毛蒜皮，不以為瑣屑。庚午歸寧節與林設連合個展於飾綺樓，琳瑯滿室，美不勝收。趙之"青春"，尤引起一般好奇心理，又有某掌櫃者，初亦以愛美者自居，及後視映片為奇貨，候時高價，且於年終投機懸年卡月份牌諸副業，志在售與西國教友，無足稱述矣。

湖上卞懿嘉教授主講莎氏比亞時，樂府劇導演極佳，如馬柯伯，李爾王，愷撒大將諸劇，典麗喬皇，莫與比京。自戊辰夏卞歸英倫，遂成絕響。其見於各英文班文學會者，大都因陋就簡。僅庚午初夏趙蘿蕤吳新珉于兆敏在朗潤園之真景扮演，差強人意。新劇，張菊英曾演過一片愛國心，表情拙劣，頗無足稱。魏淑貞重演之，稍勝一籌。其後徐作鈺，王世宜演一隻馬蜂，開男女同演之先例。徐事後獨津津樂道其當場擁抱之幸遇。嗣瞎了一隻眼睛，醉了，及蟋蟀，均經公演。蟋蟀係徐作鈺，王秀英等飾演，為週刊籌款，以觸當局忌，禁之於北平。戊辰而後，可憐的悲伽及咖啡店之一夜大流行。悲伽盧淑犖，卞美年，吳沈棨等演於先，蒲耀瘦，羅蕙華，夏雲演於後；咖啡店劉啓泰，謝爲杰演於三〇班會，關瑞梧鄭林莊復演之以爲開幕典禮之點綴，此劇對話冗長突兀晦澀，本極不近人情，然關飾侍女，以純熟之京語，怨慕泣訴，極屬自然；餘如倉俗酒客，佻躂少年，演來亦均絲絲入扣。

湖上紳媛雖於「吾黨所宗」之詠，生疎不習，而「雷夢娜」及「今晚你寂寞嗎」兩曲，均甚嫻熟，以其最低度，亦足解「悶」。兩情相悅，譜以唱和，雖係美國式之「窈窕淑女，君子好逑」，而其傾訴「展轉反側，寤寐思服」之思，則三百篇與五線譜固異曲而同工也。惟周南風人之寄興，大抵文章爾雅，幽默沉潛，而湖上之歌士，雖入浴如廁，亦引吭高呼，聲如破竹，此其別也。

湖上自南風北漸，習俗日靡。楚楚西服，橐橐革履，丙樓圖館，所遇皆是。若蹵甲廠之青鞋布襪，佟府夾道之糊屨素裙，俯仰之間，已為陳迹，乃以兩足之御，竟耗貧家一月之糧，雖不為多，亦可驚矣。已巳後，男同窗競採購千祥出品，鞋項由扁闊又趨於偏尖式，鞋底固以靱線，或加鐵角，堅緻而大方，年可二三雙，冬夏不易。女同窗華履以帶搭扣踝骨上者，式已陳舊，新流行高跟淺緣，無扣無帶，單純之褐黑色，或鑲金銀小花於首端，俱輕盈曼麗；亦有着淺青蓮紫平底鞋者，挖皮爲花，扣帶縱橫，配以同色之襪，斜斜有武士風。隆冬西美紐約詩家谷所流行之麂靴，塵蔽膩暖，已漸為謝媛所採用；又有絨裏高腰皮鞋，極類氈靴，健銳可長；最普遍者，仍推小棉鞋，鞋係黑絨卽北人所謂囘子絨所製，亦名毛窩兒，須自替樓裁前，於後跟留小豁便於提穿，輕暖熨貼，樸實可喜。或謂湖上數年來今不承古，百事更張，惟小棉鞋以適足和膚，巍然獨存，闗垂湖運之隆替者，正不可以其徵瑣而忽之也。

自丙字樓成湖上講授中心，上下課時，肩摩踵接，儼如平市護國寺之廟會。一般逐時少年，乘機湊典，徘徊瞻戀，謂之「接駕」。有時忽逢盼睞，便置留連，雖萬目睽睽，道短說長，亦談笑追陪，引爲榮幸。假節之日，身懷八角毛錢踩票趸趆校門以「查車」者，亦不尠見，至其任務爲何，則不足爲外人道也。

「燕京女子大學」之名，僅見於佟府夾道時代。及同遷來湖上，便僅曰「女校」。兩校行政統一後，又改呼極滑稽之「女部」。及男女學生自治會合組後，女部之名，於談話之間，漸認爲不適，則稱"女同學方面"，或逕稱「女方」。

每晚九時半各院門卽掩其一扇，鐘鳴十下，門燈隨熄，稍遲雙扉卽緊閉，而內甫亦加活鍵，示禁出入。己巳仲冬，三院某女史夜歸偶晏，在狂風中呼近門之郭羅，時郭已寢，羅潛啓之。翌晨該院試署舍監伍教士來向戴龔姊妹盤詰，咸答以暗陳中未知伊誰，伍亦莫得而窮究之。

孫敬亭魁梧奇偉，善國術，十八般武器，樣樣精嫻，人以其孔武，莫敢與之「動手」。其薦同室王士俊，睡疎瘦如削，亦有膂力，時與孫在湖濱對刀步戰，光芒如練，觀者舌噤。劉青萍叶納運氣，純係內功。嘗在滙文小廚房飽食後垂手貼牆立，三五人以長板凳猛衝其腹，劉巍立不動，擊之者已眯眯然，劉神色如故。女同窗習武術者，昔有黃振球，劉錦毅。劉時與徐叟角技於姊妹樓，擒摩鍛鍊，頗有可觀。劉去後遂無聞矣。

常三爺以舊式會計法自恃，闊步高談，自詡其熟諳顧客心理。三亦誠老於校故，來者之「用功」抑「愛玩」，「老實」抑「好鬧」，及可賒與否，彼一目卽了然於胸中，無待刺探。至於見有約女友來食者，則讓單間，報貴菜，高呼「盛大碗飯」「檢熱花捲兒」，尤極便辟側媚之能事。

己巳秋，附刊改週報，吳世昌署名「燕京布衣」，時爲讜論，深以湖上之靡衣渝食爲非，惻惻閣閻，痛快而沈著。吳浙人，恬漠不役耳目，潛心學問，泂泂如也。聞者以其言近情遠，頗知警惕。實則湖上汰侈之著，雖自土曜日曜日各戲園影院之濟濟蹌蹌與夫冰場茶會中之鮮衣韻飾觀之，誠覺適當，然聲色追求以補救單調，形容新楚以聲筋禮儀，固悶足深怪。且每晚圖書館之終始興學者尙不乏人，而藏修勝境之名早爲瀚海所馳騖，則燕大之機，尙未足言危也。

唐崇基惲思本皆工胡琴，自舊劇公演後，乃大「露」。惲枚唱起解，唐操胡琴，惲操二胡，弓子同起同落，相得益彰。唐之胡琴佳妙處在於善聯。惲之胡琴曾問難於穆譏芬，而拉時挽白袖口，目定口閉，則酷似二片，佳妙處在於善斷。唐最能徹托，以從調之變化，指音旣潤且響；惲則於西皮二簧之青彩落中眼不落板或落中眼拖到板時，補腔毫不疎忽，蓋能使唱者省一牛氣力也。

跳舞之風，盛行於滬瀆，平門則僅創始於六國及北京兩飯店。庚午春初，西南城各逆旅咸改禮堂爲舞場，華北且備舞伴，然因陋就簡，喧囂不可久留。湖上姊妹樓與路氏亭非皆非適可之地，一般有舞癖者，乃驚集於鮑嘉樂寓邸，爲準社交之舞。考湖上男女同舞，實由江浙第一食堂懸歡時張厚琪與張桂卿之舞爲鑑鴇，然不過當場湊趣,未足言風氣。至己巳冬,始漸盛;男士中顏我清矞然露角,姿步並佳;方寶珪,劉猷曾,聶光坵等平市舞場,時有其蹤跡;卞美年,吳沆蓁,馬家騮,亦倚能周旋;至陳嘉峯,聞樂起,僅能作態週旋而已。名媛中盧淑犖擅長瓦露滋,有時爲鷺林舞以打趣;郭婉瑩之布盧絲綱熱;吳夏娃爲狐步舞,亦堪嬉美。

第一宿舍前本有小橋。橋下水溜,客歲疎鑿,與湖引通,一泓深黛如碧,水聲潺潺,涼夜風髯,踞石小坐,翛然沁人。湖口小丘疊立,雜植芳草,尤有幽趣。

拂曉自第一院饗堂營帷外望,西山霧影,忽開忽合,翳漫眾壑間,洵稱奇觀。近午嵐氣漸澄,臥佛碧雲兩刹下,密樹平鋪,深澗突疊,淺碧園靑,縱目成勝,近瞰玉泉萬壽,佳木阡阡,排雲殿疊立天際,秋宵寂靜,月下遙視,崇台閒館,門闌洞開,彷彿有物。

侯樹彤,周乃賽,張文德,留校最久,望高德劭,謂之湖上三老。侯寧河人,潛心政治,十年未嘗間斷,蕭條高寄,僅與吳其玉相契好;張初治化學,築習近代史,後改業皮,已巳後卜居南門泳簷,熟於校故,每述及當日灤文大學預科及盛甲廠之盛,唏噓如白頭宮人述天寶遺事。三人外復有劉義光者,攻外交學,築精法語,襟度弘厚,養志湖上,亦彌久矣。

153

隽語零拾

燕京有三不易：註冊的手續，開會的秩序，服務底頭緒。

她們總是什麼"奶奶"什麼"爺"不像我們"老羊""老馬"的亂叫。

一個極討厭的稱呼：返校日底"姑奶奶。"

一腦袋 Credits 和 Ratio

丙樓，圖書館，聖人樓，一個個油頭滑髮幹什麼？

聽說今晚的主席不是她。

和他怎麼樣了？

到李大夫屋去補假

老馬！洗臉房怎麼沒熱水啦？

過兩天給你，忙什麼？

喂！週刊上有人罵你。

王先生，二院。

他在門口把腿等酸了。

年刊部截止期限又延長一個禮拜。

聽說明天才放一個鐘頭。

他以為北平底街道一律如王府井那樣平。

愁眉苦臉的成衣匠發現他到城裏跳舞去了。

掐指一算：流年"費"字不利，本年夏令恐怕姑而要減"費"，繼而要曬"費"，忽然要又有攤"費"，並且一兄弟可要直言，就是閒下花錢吃頓飯，還會出來兩個膳務部敢"費"。

154

最近四十個同學綽號表

綽號者，外號也。三四個人，五六個人，七八個人，課餘飯後，弄了些因陋就簡的糖菓，天津豆，大花生，湊和起來，有說有笑，忽然某一位做出一件事，或是在某一個時候關了個笑話，或是他的談話儀容，落出了一點色彩，於是"起鬨心理"發作了，大家的笑謔調侃，都集中於這一位，綽號出來了，越想越對，越看越像，本人自己聽了，也要忍俊不禁。一傳十，十傳百；於是這位就以綽號行了。甚至有知其綽而不知其名者，而本人也因其綽而膾炙人口，傳譽四方，雖若干時之後，仍是故老相傳，津津樂道。啊喲！豈不盛哉。

這千把人的小社會裏，終朝耳聲斯醫，更是個綽號的大產地了。種類之多，來源之廣，着實可驚。有些人專會給人起綽號，有些人專被人起外號，諸位請隨便打聽幾個，便可知起的多麼輕巧而缺德。不過為十三分慎重起見，我們還裏祇選了四十個，這四十個以俗不傷雅，譴而不虐為限，並且還以提起來大家都耳熟能詳，而這些被調侃的人都是專在人前晃來晃去的角兒或是某一種 type 底代表人物為合格。至於綽號的來源，恕不解釋，諸位打聽也好，揣摩也好，我想就是去問本人，他要滿不在乎的話，也會很慷慨陳詞地告訴諸位的。

計開：

鴨梨雷定邦；　　鷄子兒趙繼振；　　黃油黃憶萱；　　麵包馬家驥；
姑婆劉耀真；　　假洋鬼子或 Hoover 胡慶育；　　大將軍林藻勇；
小妹妹沈祖徽；　掌櫃周周振勇；　翁科長翁初白；　林大姐林培志；
吳二爺吳汝乾；　少爺梁治耀；　　吳大頭吳之淵；　秀才許寶騤；
姑子周亞伯；　　和尙李堯林；　　眼房徐擁舜；　　日本大兵鄭林莊；
機器人樊兆鼎；　陸睡仙陸慶；　　Joker 王鳳振；　Gran'ma 姚菁英；
勃斯祁登惲思；　蘇三盧淑馨；　　饅頭譚級就；　　白梨葉恭紹
丸子李溫和；　　猴子何貞懿；　　耗子湯晉；　　　Donkey 劉歡曾；
龍睛魚王家松；　水壺關瑞梧；　　冰桶王承詩；　　飯桶林啓武；
秤錘王平元；　　秤桿王懿芳；　　老五薛卓鎔；　　報紙吳沆業；　梅蘭芳沈膺。

155

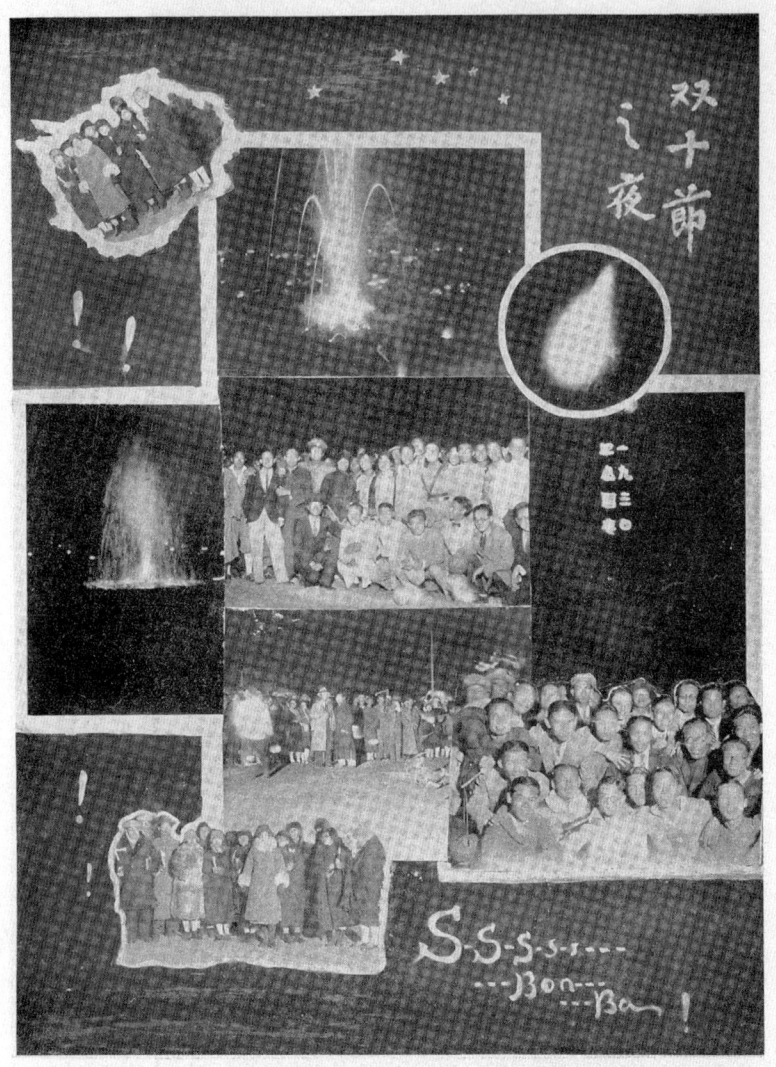

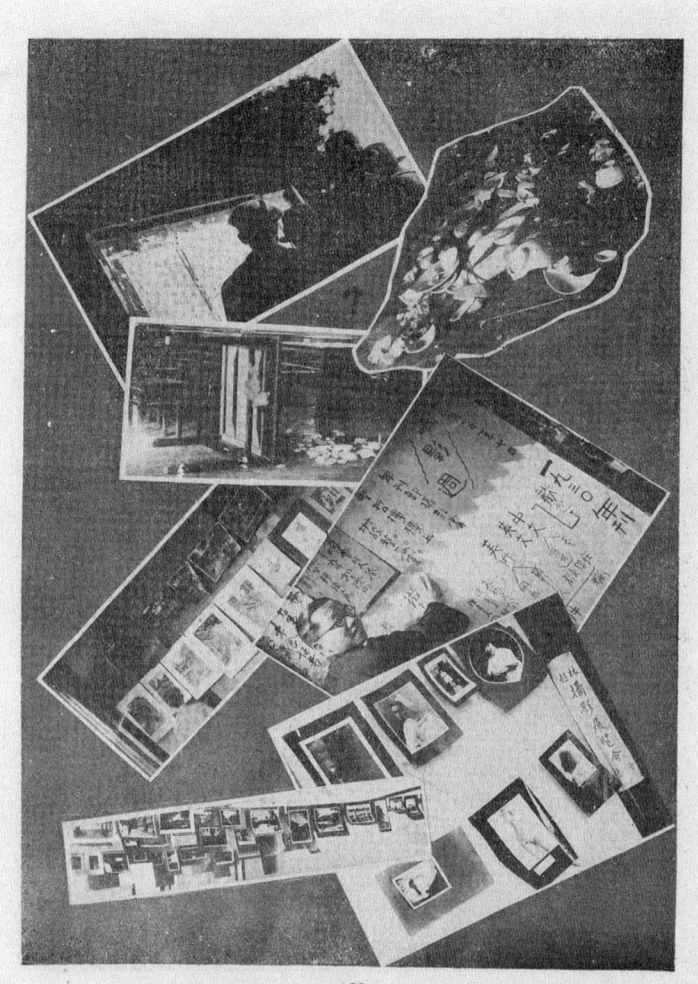

楓湖續話（二）

微明

庚午歲始，有所謂三案者踵發於湖上：曰飛腿案，曰零吃案，曰合組案。飛腿案發生於圖書館，兩造爲政治系之某主修及司［保留架］之張某，始以寫號之微嫌，終成告書之大釁，一言不合，某飛腿中張之藍布裰，張卻急珍護此九寸圓膚之跡，脫衣逕大執委會檢斷，某飛腿後旋自悔，不料越三日竟有停學一年之令，蓋李衙仁鈞愓之結果，張胸部之塞黎克思氏骨，確曾受相當之壓迫也。自治會要人乃四出代爲緩頰，當時議論龐雜，多以處罰爲過苛；一九三〇因有閒接之凌辱，及爲同盤共濟起見，響應南開，天津滙文兩同學會，及貴州旅燕同鄉會，足球隊，政治學會，謀大舉。交涉結果，和事老馬季明慨當以慷，允爲疏通，而原傷主於呻吟中，俞代懇從輕發落，遂以［隨時察看以觀後效］八字文章收回成命。後某語人［此小不忍竟使我成大名］，蓋亦所謂倒出風頭中之過來人也。

零食案之起或謂與合組案之娟婊派有蛛絲馬跡可尋，或謂除黨派之背景外，尙與卽將捲土重來之某領系有關係，實則動機純由於包飯之加價，及零食取銷後一般人之不便；加以正擾擴中，適逢雨雪滂沱，於是怨聲載道，膳務部乃成衆矢之的，至其維持堂紀整飭膳務之婆心，亦幾無人領略。某夕復有號稱二百廿六人之鉛印刊物發見於各樓，除聲述零食案之始末外，對於自治會某常道，大肆攻擊；且［查］及其班務，喩之爲大聖。而某常道亦以［一身猴孤］反唇相譏。代表大會韓主席怫然不悅，連夜以泥鉑涌制筆法秉筆爲三千字之告全堂食客書，嘉言孔彰，衆始翕然。旋零食亦通過，包月力求廉，一場爭糾，始煙雲散。然食堂中侍役之鹽汗交流，碗碟之五聲六律，亦已於昔日恢復矣。

俊峯園在蔣家胡同，旋更杏花村，復更燕英春，三易其名，而主人不改。土曜日曜饞時供應炸醬麵水餃子，其寬汁醬碗綠無浮油，柴韶作料，亦不苟製，一般準敎授，咸讃之若鶩。

出版委員會刊物計分年月周三種。年刊係一堂大雜耍，以表演生活，賣弄家私爲主，舖張揚厲，未能免俗，然於抗譴缺憾，亦不隱飾。月刊原爲各種學術之觀摩集會，而以編者之傾向關係，漸成文藝出版物，及戴南冠陸慶主其事，延攬名流至五十二人之多，雖不語在野負責之原理，爲此滑稽之組班，實則每期稿件之新頴豐富，尙爲向未曾有。周刊原以評陳校政，已已後漸成私人洩怨之物，養成一般幸災樂禍心理；每星期四午後，膳堂盥室之中，交椸鬭述，興奮之情，令人失笑；及合組實現，兩期專號，精采不少；迄，編者力趨審愼，提高刊格，漸可觀矣。

胡慶靑方一志有強度之照鏡癖，蓋爲悅己者容也，胡深自喜其豐度之巖秀，未嘗以膚色之黯淡爲憾，讚

166

書作字，攬鏡頻頻，聞人譽其富有「儀體」，視如溫襲。方維裘逸氣，引鏡端相，小牛角梳須臾不能去手。偶造人居，見不備鏡，悵悵躊躇託故辭出，卽被強留，亦木立若訥。

庚午花朝前有陝賑之舉。委員會組織嚴密，演劇前於各樓角路隅遍貼標語，如所謂「祇見愛人笑，不見災民哭！」「八枚銅元，可得一妻」等，觸目警心，極中肯綮。是舉爾演義務劇，以厚籌賑歎。首次在校內，爲舊劇股所担承，惟以張克丞，懌枚均病，李鳳姐，蘇三臨時由任鳳侶及北平名票懌李侯代，故有一齣牛之稿。二次開明遂全易爲富連成班底，外請名票寒雲主人，紅豆館主，包丹亭，而轟以郝壽臣蕭長華王少樓王幼卿等，寒雲主人時在沽上，介弟袁克相親往延請，欣然允諾。主人飾害頭刺湯湯勤一角，當今無匹。陸炳原定王鳳卿，相得尤彰。益以郝王之法門寺大審，紅豆及包之鎖麟州，蕭長華之連陞三級，葉盛章之巧連環，已爛然可觀；及鳳卿以病辭，復易連貫，登高一呼，戲碼愈硬。是夕樓上下超過千座，八時後加發稟票亦瞬卽售罄。馬季明，張鴻鈞，周亞伯，袁克相，黃憶萱，闞禹梧，藩耀夔，分任導座，卓宜來，高玥，方一志，金舞侯，周彬佐調聚驗票之職；而梁治耀奔走前後台，李遇之指揮添小凳，尤惹人注意。大學汽車處復遍佈紅條職員於門首，帳蓬式之大戴重櫛比列於街口。三年來平市百業蕭條，自晼華渡美，菊界更增寥落。是夕衣香鬢影，車水馬龍，戒嚴特許延長，金吾以示不禁。散後門前士女喧閙，燈炬晃耀，輪駕紛紜，流塵四合，至人不得顧，車不得旋，迄今追憶，蓋絕好一回舊京繁華夢也。

湖上教授多揮毫珠玉靳情吟朖者：俞平伯先生辭致贍蔚，酷喜倚聲；其立春日喜晴調寄浣溪沙云，「昨夜風恬夢不驚，今朝初日上簾旌，牛庭殘雪映微明。漸覺敝裘塡暖客，却看寒鳥又呼晴，匆匆春意隔年生。」又蝶戀花西郊晚歸云，「林野蕭蕭依夢度，已隔來蹊，殘日顰回處。燈火天街黃欲暮，流塵還傍鈿車路。燕覓重闌鵶覓樹，冷柳疏桃，留得輕腴注。眼底荒城犧土土，冥冥暝色疑天曙。」俊上清剛，令人醵往。罷兑之先生博綜史籍，閒亦賦詩自遣。其庚午初春書所見有句云，「高聲稀逢游女侶，冷潮誰費買書錢，春明景物須留記，政恐他時要鄭箋。」蕭疏淡遠，眞塙一唱三嘆。

各院系課目繁雜，程度之高下，生徒之多寡，亦極參差。若柏基根先生之舊約文學，罷兑之先生之社會風俗史，黃子通先生之哲學，雖選習無幾人，而同聚讚於長案上，儼然講學之風，不待教授之點名查到，鰮鰮過慮。黃冬日衣皮袍，外罩洋大氅，在振鈴前挈書急趨講室，雙目烱烱，危坐以待，授課時旁搜遠紹，別有風趣。俞平伯先生小說班，若全到齊，座位卽虞不敷，人多氣墊，冬日氣管蕭蒸，中人欲嘔。初級地理堂選者衆多，昔均目爲取得自然科學學分之捷徑，敎師之昏庸，敎材之窳敗，在所不計。敎授中有和善易與者，如許地山先生課室中時聞閧堂大笑之聲。至吳路義之法文班，則全貫肅殺之氣，蓋敎授之風骨稜然，有以致之，大抵課程之中，以必修英文爲最煩劇，近年整頓發音，尤煞費唇舌。必修中文，有所謂國故與名著之分，天下一篇，兀兀弗休。春長晝午，瞌几假寢者多，名爲「獻座兒」。課堂中若有異性制裁，儀容每較修整。周亞伯衣履玩好，摹做紳士，課間戴墨晶鏡，挈小煙壺，出鼻煙頻嗅，且以讓人，亦湖上數年來之所未有也。

出校友門北度數十武，有虹橋，橋下水自玉泉斜迂掛甲屯蔚秀園，過橋勢漸散緩，導入朗潤，亂倚叢翠，清流延迴。近顏氏家廟一帶，石瀨平曠，幾可褰衣而涉。初夏夜寂，縱涉溪涘，遠望西北，萬山倚伏，闃青漾碧，明月正懸峯頂，俯視石平如礪，水漫流石面，匀如鋪縠，潋亦有聲，不意瀟湘千里遠，咫尺竟得之也。

庚午以前，春秋佳日，例有開放宿舍之舉。雖以觀摩生活揚櫫，實則蓋時粧點鶯多，粉飾承平，不足以言郅治也。其交互參觀之目的，人各不同。有調查辯之某好事者，既無佳侶可盤桓，復乏糖菓為供應，憤而窮一日之精力，為書目之答問。據言女同齋對圖書館信仰皎深，除敎科書籍外，自備課外讀物尚鮮，筆記簿則分門別目，纍纍盈篋，袴膝繕鑒潔。蓋課室之中，男士往往游目鴻鵠，結果僅具斷簡零篇之如是我聞；而女同齋既座近丈席，復有聞必錄，雖不必連「言至此微笑」而書之，要亦絕非摯爾操觚者所能匹儔也。

湖上體育，偏重個人發展，尤以比年為甚，識者雖洞悉其弊，而趨向使然，莫由矯之也。自戊辰後，湄江及閩粤各姣來者漸多，率抱蓋世之能，貢驚人之技，黃志民其皎皎者也。黃于短跑及徜徉圉不佳；馬萬森于鉛球標槍亦曾艷聲華北；王玉振高欄冒奪平魁；惲思之三級跳遠獨步平津；假人魏尤錦，黛維斯頁笈湖上，亦有盛名；高惠民網球，四年來曠視惟一，迄無敵手。

隊球一道，吾國迭次全運，皆由華南執牛耳，遠東日菲困亦瞠乎其後。林啓武，湯德承自黃文澄南去後，在湖上成為一時翹楚，林精悍敏活，發球拋突，極準；湯人穩〔高湯〕，軀幹頎長，猛烈無匹，其「關門」之蹺速，令人叫絕。二人均占第一綫，競賽者見之即先氣沮，至對疊時亦「祇有招架之功並無還手之力」而已。

博習各國文字，蓋足為治學者之負鑰；若於交際時操音流利，尤有左右逢源之樂。湖上之兼擅法語者，實繁有徒。方寶娃曾任曇花一現之法文文學會主席，發音疾徐合節，益以聲屑吐舌，極類巴黎洋場中之藝人。史悠鑫通德法語，並諧班意文字源流，冬日冠高冠，披黑色斗蓬御金邊鏡，持短杖，凝目徐行，與人言，態度揚謙，蓋一純粹歐洲中古之小封建堅主，江千島澄靜端居，德文根柢甚好，蘇汝梅鄭溱於英法語外，復多力於臘丁，以為潜心古典文學之梯階。比年中日關係，干鈎一髮，政治系漸知注意日本文字，不復信「三個月小成」之說，智者畫讀夜誦，有造詣甚深者，蓋亦為日後折衝樽俎時，不致格格不入計也。

戊辰春暮夏初，以自治會舊劇股演雙搖會而發生監察部與娛樂部因小醸大之趣潮。此事以表面言，決為當事人之不慣爭注，然其中穿插之妙，角色之齊，即盡壚尋雙搖會之喜劇成分，尚未能盡其滑稽復滑稽之大觀也。初，舊劇股以疊次公演，備蒙校內中西人士之贊許，更為醫觀衆之企望起見，雖不封箱亦每角雙齣，而以反串雙搖會列入大軸，復散發兩種以上之戲子，為反串之定義甚詳，而於搖會之綠起，尤能水銀瀉地，

168

無孔不入。詛演之前一日還報出版,竟赫然有敬告舊劇股一文刊出,爲文者係小言,胡慶育之別署也。胡於舊劇夙有相當愛好,復以行文力求雅馴起見,對該股態度極純摯,統識以該劇情詞蕪穢,股法更換而已。不料監察部吳沆業應時而出,行文娛樂部,訓止該劇之扮演;舊劇股遂於丙樓張貼通告,謂即改爲鴻鸞禧,如是本可風平浪靜,一般觀察,亦深以該股之態度爲然。孰意娛樂部當局,竟認爲示弱於人,乃於次晨大張布告,堅持仍須搖會,對監部大加詆誶,一若該部之「管不着」者。監部關於此事,本未作公告,蓋恐於其售惟爲些須影響,今娛部旣已宣白,監部乃爲職責上之聲明,大意以該部倘必欲公演,則實際上亦無法強止,果有法治尊嚴計,不能不有所聲明,此不齊監部已「自動落水」;而娛部猶認爲未是,一面張貼布告,謂將調查反動份子,以至理之方法,一網打盡,而儆效尤,一面復對於監部當局之某私行,提出彈劾;晚間演劇時,在搖會之前,該部副長於在場「指揮」外,復登台用公意投票法,經觀衆齊聲呼演而後開場,蓋手續上務求合法。然監部雖自動落水,而亦未抱石沉冢,再期週刊出版,竟爲長篇沉痛之告同學書;而胡慶育、李德榮、蘇靜觀等,亦站在不同的立場上,對於娛部及該劇惋惜萬分。時距肇事之日,將及一周,爭辯高潮已過,在舊劇股同學旣向以課暇提倡高尙娛樂爲旨趣,故對因一劇之訛而牽動各方,實未爲所料及;在娛部當局,以當時感情驅使,環境限制,亦不得不出於「私力的救濟」;在監部方面,固屬操之過急,然亦係責難旁貸之干預;經胡慶育以解鈴人資格,竭力調停,各方旋即諒解,煥然冰釋,然不幸「一網打盡」四字竟爲湖上牛調侃式之示威語矣。

男女部自治會合組之經過,以及憲法草案之往返磋商,其艱難締造,有非文字所可罄述者。然亦係時勢推移之所促成,蓋合組前一年以來兩會政治之荒蕪,幾致人人視爲畏途,無此舉不足以振斯精神,而新耳目,事實者是,頁不誣也。五月十三日晚第一屆代議士集於丙樓 103,欣欣均有喜色。四年級陳作櫻被公推爲代表大會主席,副主席爲麥倩曾,文書則爲謝廷士。首要議案厥爲通過會章與提定執委人選,當日會場空氣曾一度頁好,據某熟諳政治者言,此屆執委之「力死得」其既定蓋遠在提選之牛月以前。上下其手者之說項吹拂,極屬可驚,大致以某筆政之代人奔走最高問鼎爲最銳念,某秀才之活動範圍爲最廣汎,其間「諒解」「居奇」「同意」之方式綦多,倘非「鐵證」一物,所能道其詳盡,蓋僧多粥少,而人不免患得患失之心,然其土之希求,亦不過思博得虛名之炫奪,未可遽與今日之稅政相提並論也。

碩士學士學位之博得,論文爲其主要條件。論文蓋爲芸窗苦讀之結晶品,主修者取此以明其慘澹經營之心跡。若於宴會或校車中遇此輩學位之候補員,最好啓吻先問其「夕色寺」之題目爲何,蓋一最時髦最應景之談話資料也。據言此輩作品,雖均稱「夕色寺」,而寺各不同;有自學年之始,即移寓圖書館,終日喘息薄喉,埋身書壕,不遑暇食者;有着手調查,訪蕃詢問,飽受惡趣,無恆安處者。辛勤之餘,其寺皆收集新穎體製完備,以之付梓,實較一般出版物爲優。然亦有整理他家學說,直接括取,不下斷語,不抒己見者;

169

如某主修關於戰後之某組織，選用二十五本參考書，三份講義，兩册筆記，一宵之功，洋洋數千言草就，付諸打字機，「成衣顯色」，愈爍然可觀；聞交入後，某領系奇目爲賊詳得體，允執厥中之作，即其例也。每學年例有所謂論文交大綱期，交論文與學系期，交論文與院長期，實皆告朔餼羊，鮮有定期不悞者。

註册部爲畢業試後衆目睽睽之地，蓋一般候補士之分數全彙集於彼，一有問題，即焦頭爛額，狼狽不堪也。此數日部中收發電話之忙，彷彿警區之過大火警，而傳訊之小長嫄發出尤夥。候補之心本已懸懸，一接此諫，無不變色。庚午級同曹共惡作劇，每以言其黨義得「愛夫」最易置信，亦有偶爾誤會而引起紛擾者；如姚菁英總計多一學分，而註册部算其少一學分；葉恭紹有課目須查詢，而誤傳葉紹隆；羅裕鼎已考過，而顧隨先生忘將分數交送即旋里皆是也。此數日中，有搏搏終日，岌岌自危，至廢寢食，亦有考畢即領取校友徽章，馳赴城中預刻學士頭銜仿宋字名剌者。

幽燕近大漠，風沙最苦人。每值二三月，黃塵蔽天，偶一啓戶，几席污積。湖上無春，數日風定，綠草漸長，卽是初夏；輕服乍成，男女忻怡；達園，朗潤園，高麗園，圓明園，頤和園，時有辟克尼克之舉，乘興而往，傾筐而歸；鄉民於此時攀轤擱雁，喧笑而登，錐鞍鑾破散，騫行踴躍，不以爲忤；盛夏鳥殘花瘦，大比既終，咸襆被旋里，留校者游心亦倦，午夜雲窘，浮瓜沉李，納涼廊上，松風吹暖，藕月依人，此時默寂，最動歸思；轉瞬梧桐墜葉，學課復始，舊雨重逢，中心如醉，大都兢兢適應新環境，孜孜修讀，雖重陽落帽，亦不登高，芳菊舒英，亦不外驚；及天地不通，閉塞成冬，楓湖寒流清泚，凝成具體冰揚，銀燈櫛列，喜棚高搭，男女滑馳，彷彿上電；足球盛行，競賽時聞，長嘯洋洋，無有龃龉，及凱旋歸來，助興者簞壺相迎，拉拉高呼，儼然生番逆緣；聖誕新年，俱屬佳節，禮堂觀賀，新進之才，每於此時，以一舞一劇，嶄然露角，開始爲人稔道；歲聿云暮，再值季考，卻伏擋廉，短期緊張，一周既過，又如星散；舊曆雖殘，而大除夕校車鳴嗜，載入城中度歲者多；取暖樓中，觀雪亦樂，六花溜溜，萬頃堆瓊，璀璨動心，應接不暇；楓湖四時不同，晝夜各異，然凍雪壓簷，敲裝暖客，何答訛訛，樂在其中也。

湖上歲歲繁華，而以己巳秋日至庚午春夏爲盛，當時視爲固然，及俯仰之間，已成陳迹，乃覺興高采烈之事，正不易得，念同曹呷唔僾宇，裘葛數更，往事重重，何堪回首，臨岐折柳，驚慄奚如，他年雲程溯海，羈旅徐惶，偶得當日紀念藏修游息之斷簡零篇，摩挲而憶識之，蓋亦足釋采葛采蕭之懷，而此日之苦涼山色瀲灩湖光，儘添無限嗚噓也。

徽以惰鍾淺學，甚竊之材，溟跡湖上，摭拾話柄，經營於心，久而成習，不必伸紙眈毫，然後發揮，蓋薄暮危樓之上，五更臥被之中，耳食目睹，皆有所遇，風雨之夕，故人不來，秉燭濡毫，拉雜題記，初未嘗欲以示人也。憶永陵有句曰：

瞳瞳旭日山光紫，風暖波紋細；
臨風小立意躊躇，
又是一年春色滿平湖。
海棠花落深深院，靜裏看雙燕；
人間萬事總堪驚，
生怕舊時天氣舊心情。

永陰撲藻麗星，辭高一座，數行抒寄，足罄幽懷，謹以終吾輩糕矣。

東風第一枝
沽河上送別初白
寶 騤

雨暗江村，
雲合海樹，
蒼茫一片秋晚；
漫天煙色淒迷，
拍漵水聲咽斷；
將離情緒，
便無語，惘縈餘戀；
但悄認隔岸風燈，
點點對人零亂。

今夜醉玉杯酒滿，
明日趁錦帆風遠；
共君倦客天涯，
說甚恨深恨淺，
只應相憶，
兩地裏闋干吟遍；
繞夢魂，紅老楓湖，
寂寞舊家池館。

What I Overheard

One day in October, shortly after the school opened, I heard two people talking in the Tower on the hill west of the President's House when I was passing by. Their conversation was so interesting that I think it would be a shame to keep it all to myself. The Yenchinian will serve as a broadcast.

"............................"

"Yes, I find the college life is quite different from that of high school. The campus is so big. The students and the faculty are all scattered in different places. It is not easy to know one another. Whenever and wherever I go I find many, many people I don't know."

"No doubt you new students do not feel at home. Even I who have been here three years still do not know all the people on the campus. But never mind, you will get acquainted with us by and by."

"I'll tell you something funny. I always have a hard time to find out whether a person is a professor or a fellow student. In high school I could differentiate between them right away."

"I have a trick to find it out. Most of the students are far more stylish than the professors. The former often appear in wide long trousers, showy ties and handkerchiefs, well-combed and oily hair. On a sunny day, the reflection from their heads is enough to make you close your eyes. Most of the professors, if not all, do not spend as much time and money on making up as the students do. Of course, they have to support their wives and children and cannot spend all their income on clothes. On the other hand, the students are consumers. When they are in need of money they just ask their parents for it."

"Is that so? I never thought of it. Is it always reliable to find out whether a person is a professor or a student by his clothing?"

"Every law has exceptions. My principle will work only nine out of ten times. I should not be surprised if you were misled sometimes. But remember, I don't mean the professors are less tidy, they are only not so stylish."

"Say, then how about women? I think the professors are as stylish as the students."

"Y-e-s! But there is this difference. All the women teachers, except two, have long hair. One of the two has short hair and the other is letting her hair grow."

"That's interesting. By the way, I want to ask you who some people are. Yesterday I saw a foreign lady who looked quite dignified. But what attracted my attention was that each of her arms were deviating 35° from her body when she was walking."

"Did she wear glasses?"

"No."

"That must be Miss Stahl, our music teacher. Although she looks dignified, she is quite friendly if you know her better."

"One of my Chinese teachers catches my attention. In the middle of his gown (大襟縫) there is an opening about four or five inches long. At first I thought the tailor must have forgotten to sew that part or the stitches had been loosened. But to my surprise, it is the opening of a pocket in which he puts pieces of chalk. Before writing, he always puts his hand into the pocket to take out some chalk. He never uses the chalk on the blackboard. Is it the rule of the school that the professors should bring chalk with them?"

"No, not at all. Perhaps his own chalk is better than that of the school. It is Mr. Li Ching Hsi (黎錦熙) you are talking about."

"Is he a brother of Mr. Li Ching Huei (黎錦暉)?"

"I am not sure whether he is a brother or cousin of Mr. Li Ching Huei."

"Another teacher of mine likes to scratch his hair with the smallest finger of his left hand. I noticed he scratched more than ten times during a single class period."

"That is Mr. Chow Tso-jen (周作人). Both Li and Chow are men of letters. They are too famous to need my introduction. Certainly you know them.. Did you go to the picnic in The Summer Palace? Oh, yes, I saw you there. Do you remember the chairman of the entertainment before the lunch?"

"Y-e-s. His way of talking was not common. His words were not uttered in a smooth tone. A few of them came out at a time, than after the interval of one or two seconds, another group of words came. He talked like a telegraph operator sending out a message; his tappings might be combined into certain groups, some light ones and some heavy ones. It is also like the gurgling of water from a small-mouthed and long-necked bottle."

"He talked with a great deal of force though. He is a classmate of mine. You will like him better when you know him. He takes part in activities and is a person who will shoulder responsibility."

By this time, the bell rang and I went to my class with the idea in my mind what a naughty new student we had.

"Flunk=Proof"
Subscribe To=day!!!

We all know how students, bright as well as dull, diligent as well as lazy, suffer under the tyranny of examinations. To them the examination week is a "Reign of Terror". Do you ever realize how unfair it is to see the students pay a large amount of money to the school and get nothing else than mental and physical distress in return? Even more unbearable is it to see them get F after hours of "express train" and "night train".

We therefore, for the sake of humanity and justice have published a book to bring them salvation. "Flunk-Proof", newly published, is the net result of years of research by a large group of well-known psychologists, physiologists, and politicians, (especially diplomats). This book is designed for students in general, but is especially written for those to whom Flunk is a possibility.

You will know its value from the follow specimen pages:—

Chapter III
In the Class-Room

If you go to the class unprepared and are afraid of being caught by the teacher, the best thing for you to do is to apply tactics (先發制人). Before the professor has a chance to ask you, you ask him questions. It is advisable to have several students cooperate. You then take turns in asking questions, otherwise the professor will think you are the only "ass". One question is put to him right after another so that he is deprived of every opportunity of asking you himself. Even though when you understand (not know) your lesson perfectly well, you can pretend to have questions. The safest way to while away the long period is to have an argument between you and the teacher, or among yourselves. The more points on which you disagree, the more time it takes to settle the question and consequently the less will be the danger of being caught • • • •

Chapter X

To avoid spending much unnecessary time and energy in reading through all your lessons before the exam, you can know the questions beforehand by hypnotizing the teacher. You might ask him as much as you want; then prepare well that particular part of the work............

If you think the former method too unkind to the teacher, there is another more scientific one. It is a well-known fact that nourishment is taken into the body through the blood. Similarly if you burn your notes (not the books which are too expensive) mix the ashes with ten ounces of water and drink it, after three or four hours (according to how strong digestive organs you have) the information of the notes is digested and will be absorbed into the blood through the circulatory system, the information will be carried to the brain and laid there. By this ingenious method, you know your lessons perfectly well only after five minutes' work (burning and mixing). The digestion, circulation, and absorption will take care of themselves. High efficiency is what the modern world requires most • • • •

Chapter XI

If you cannot answer a particular question, you may try to ask the teacher. "I don't quite understand your question. Do you mean............(you give certain hints)?" In case several of you give different hints to the same question, you, from the way the teacher answers and his facial expressions, probably can guess how to answer that question. But the students should bear in mind that this method is not always reliable for some teachers are too smart to be caught. (Perhaps they have had experience with this trick when they were students.) They simply refuse to say anything after they give you the exam questions.

Subscribe to "Flunk-Proof" To-day!!!
The Fancy Book Store
1000 "Hu Shuo" Hutung, "Pa Tao" Street.

(Please Mention The Yenchinian)

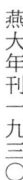

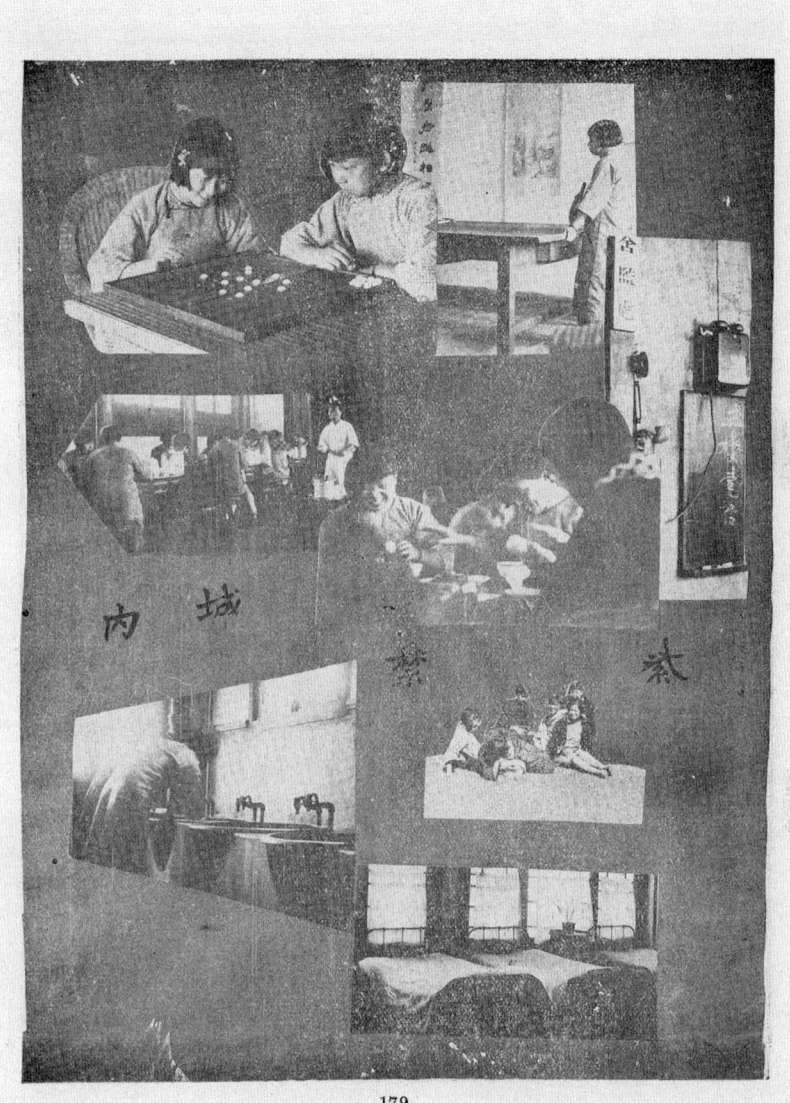

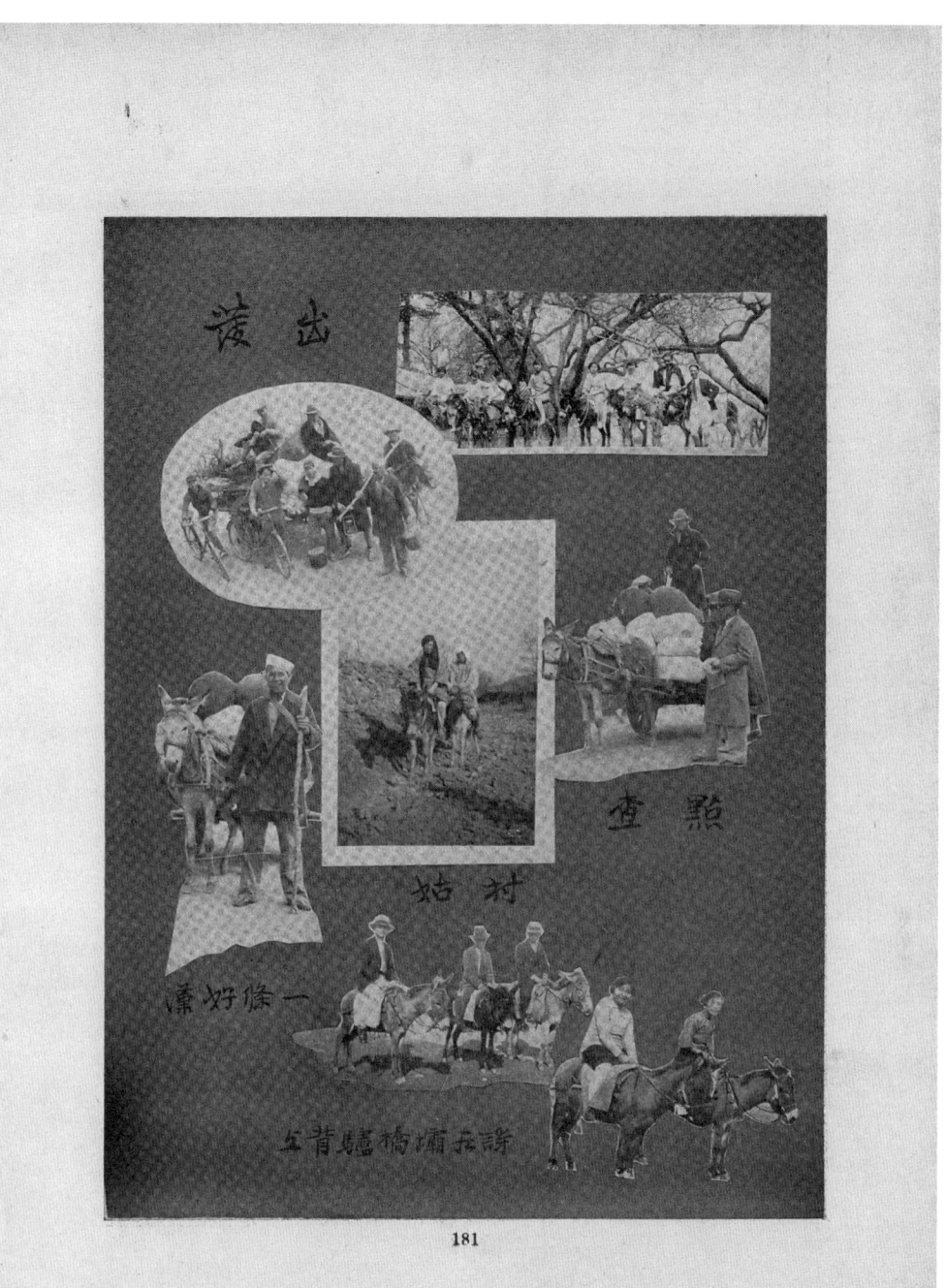

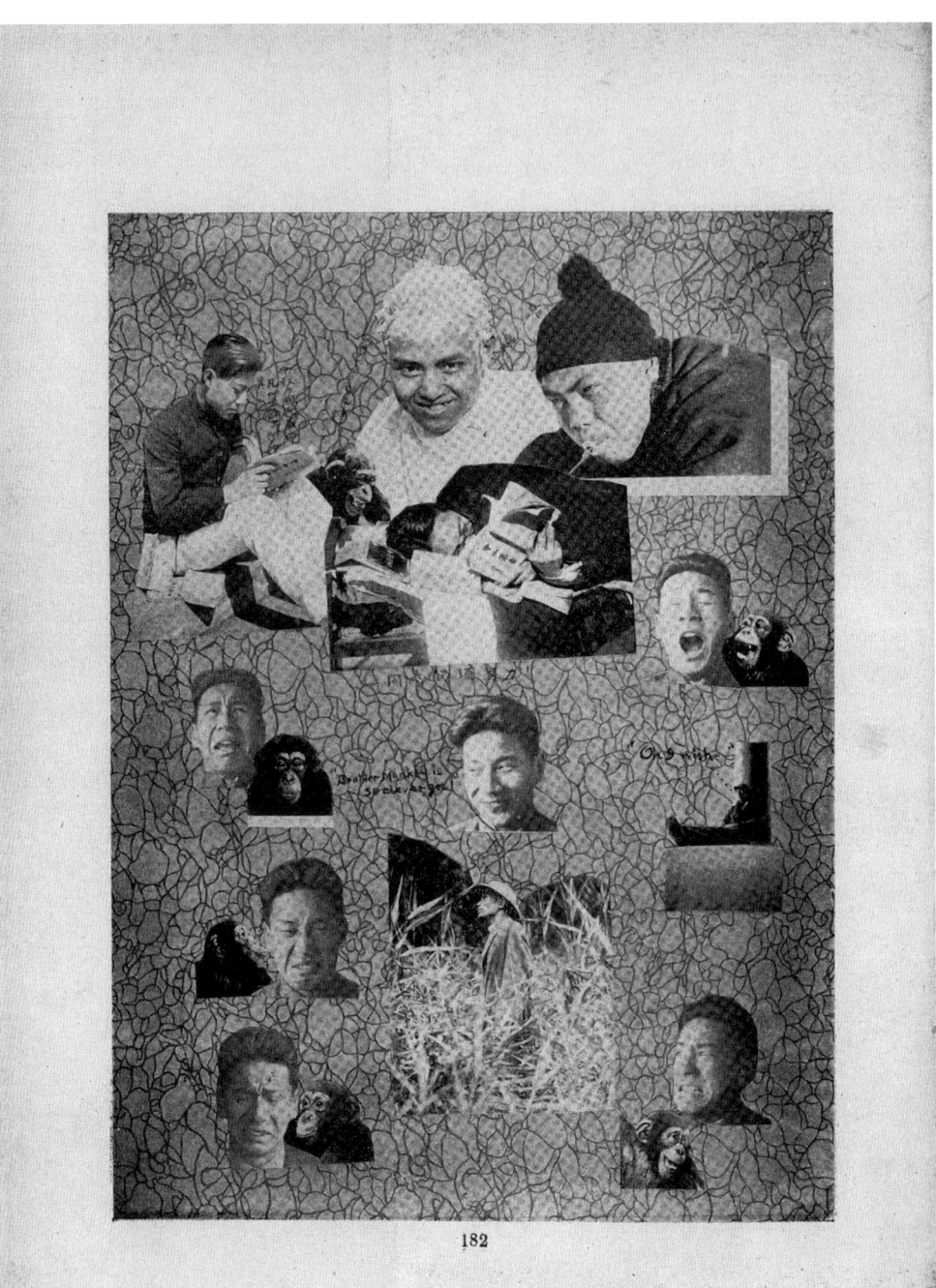

燕大年刊一九三〇

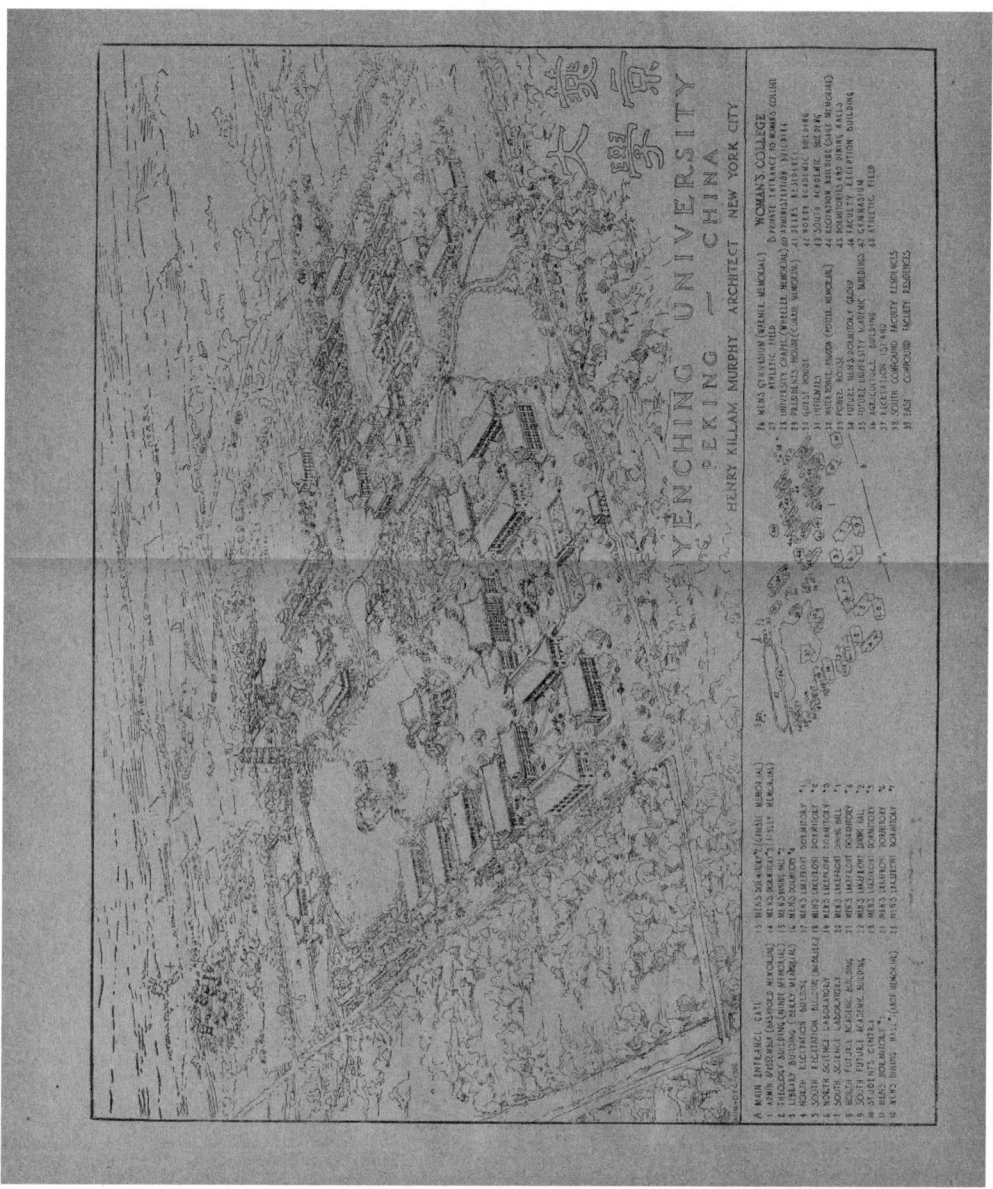

燕京大學校地考
許地山

我校佔有舊睿王園，佟府村，米家墳，及暢春園底一小部分。校內主要的建築多在睿王園舊址。睿王園卽明末米萬鍾底勺園。校裏底湖就是萬鍾當日所濬底勺海或文永陂，故我校最初的地主實爲米氏。米氏勺園爲明末清初北方名園之一，其景物多爲詩人所吟詠，可惜如今所存者只有文水陂上定舫底基址和幾棵松樹而已。

明史，康熙二十三年李開泰編纂底宛平縣志，和李鴻章等纂修底畿輔通志都有米萬鍾底略傳。萬鍾原籍關中，落籍宛平，字友石，號仲詔，明萬歷二十二年進士從知縣歷官至江西按察使。天啓五年，仲詔爲魏忠賢黨倪文煥所劾，因而削籍。崇禎初年，仲詔復起爲太僕少卿策理光祿寺寺丞事，卒於官。仲詔是當代一位大書畫家，與臨邑邢侗，晉江張瑞圖，華亭董其昌齊名，時人稱他們爲 '邢，張，米，董，' 又稱爲 '南董北米。' 他底著作有澄澹堂文集十二卷，澄澹堂詩集十二卷，易集四卷，石史十六卷，象緯兵鈐四卷，篆隸考譌二卷。李開泰宛平縣志卷五，米萬鍾底小傳載，"公生平嗜石，人稱友石先生，著有澄澹堂文集十二卷，詩集十二卷，易集四卷，兵鈐十二卷，右史十六卷，及他著逃甚富，行於世。"（右史或是石史之誤刻。）

萬鍾底兒子米壽都，字吉士，明貢生，官江蘇沐陽縣，著有吉士詩集。壽都子米漢雯，字紫來，清順治十八年進士，初官建昌縣知縣，康熙十八年授編修，著有漫園詩集，始存集，宛平縣志，等書。

米氏祖孫底著作，我曾向北平書坊徵索，都得不着了。萬鍾底詩文集在清代各藏書家底幾種重要的目錄裏也沒有。王崇簡序吉士詩集有一句話說，"甲申之變，煙颺雲散，追歸其新詩而舊著一無存者。"（見大清畿輔書徵卷一）這話很可注意，因爲米萬鍾底園寓湛園，就在北平西苑附近，或說近西長安門，甲申底變成，那一帶地方受害最深，壽都底詩稿既蕩然無存，仲詔底著作也許是在同一命運之下散失了。看來仲詔底著作，縱然世有傳本，也不致於很多。

畿輔先哲傳（二十文學）米漢雯傳裏說壽都 "……父萬鍾，官太僕時，築勺園於海淀，招四方賓客，日夕賡詠，極一時之盛。嘗繪園中景爲鐙，都下號曰 '米家鐙'，題詠成帙。壽都親侍左右，日與諸名士相酬倡，遂以詩名" 又當時米氏底友人中有蒙陰公鼐者，爲勺園作了一篇記，改過許多次然後脫稿。這篇記和米家鐙底題詠必能給我們園裏一個詳細的敍述，可惜都見不着了。

雖然如此，我們還可以從旁的書籍找出勺園當時底景况。現在將關於勺園底記載從羣書中抄錄下來。

記得最簡單的爲長安客話：

"北淀有園一區，水曹郎米萬鍾，仲詔，新築也。曰勺園，又曰風烟里。中有曰色空天，曰太一葉，曰松坨，曰翠葆樹，曰林於藻。都人稱曰米家園。"

所謂北淀就是北海淀。'海淀'這個名字想是米萬鍾底朋友們給換底，現在本校南邊底娘娘廟，有一座明隆慶六年立底碑，碑文中有'北海店'底名稱。原來海淀在元朝就叫海店，（見近人陳宗藩先生著燕都叢考第一編，二四頁，所引元王惲中堂事記）大概在崇禎以後才改爲現在的名字。

圖書集成，考工典，第一百十八，園林部彙考之七，引察所記清華園說：

"海淀清華園，戚畹李侯之別業也。淀之水濫觴一勺，都人米仲詔濬之，築爲勺園，李乃構園於上流，而工制有加。米顏之曰清華。"

雍正十三年唐執玉等編纂底畿輔通志（卷五十三古蹟）載：

"勺園在宛平縣北。天府廣記'米太僕勺園，園僅百畝，一望盡水。長堤，大橋，幽亭，曲榭。路盡則舟，舟窮則廊；高柳掩之，一望彌際。'米太僕，明米萬鍾仲詔也。"

康熙二十三年李開泰宛平縣志（卷一古蹟）載清華園說：

"......明武清侯李國戚園之。......今上闢而新之爲御苑。旁爲米太僕勺園，百畝耳，望之等深，步之等遠。水，石，舟，橋，堂，樓，亭樹，各有意致，遂與李園競勝。"

李武清侯底清華園於清康熙時改建爲暢春園，今依水流的趨向考察，我校水道從暢春園東牆外東北注入，正當其傍之下游，故此地爲勺園故址無疑。又勺園位於西勺東雄之間，查嗣瑮詩：

"東雄西勺地較寬，米園絕有好林巒。

只因身住風烟里，畫個朝參一笑看。"

東雄不詳，西勺卽蒦兜橋（或作 兜橋。）

此橋今名筆斗橋，在校友門牆南十餘步。

日下舊聞考（卷九十九）載"王嘉謨薊邱集，蔣葵長安客話，諸書所載有東雄杙，西勺橋，皆附近丹稜片之地。"丹稜片，依日下舊聞考（卷七十八）載"暢春園宮門之南有菱也，俗呼菱角泡子者，相傳卽丹稜片水，其源自萬泉莊北流而來。"

帝京景物略（卷五，海淀二）載：

"......米太僕勺園百畝耳，望之等深，步焉則等遠。入路，柳敷行，亂石數梁。路而蘭，陂焉。陂上，橋高於屋。橋上，望園一方，皆水，水皆蓮。蓮皆以白。堂樓亭樹，數可八九，達可得四。覆者皆柳也。蘿者皆松。列者皆槐，筍者皆石及竹。水之，使不得徑也。橋而闢道之，使不得舟也。"

184

堂室無通戶；左右無歧徑；蹬必以堰。取道必堰之外廊。其取道也，板而檻，七之；樹根槎枒，二之；砌上下折，一之。客從橋上指，了了也。下橋而北，園始門焉。入門，客憮然矣。意所暢，窮日。目所畅，窮趾。朝光在樹，疑中疑夕，東西迷也。最後一堂，忽啓北窗，稻畦千頃，急視，幸日乃未曛。"

仲詔游歷南方，雅好江南山水，建築勺園，爲底是寄寓他對於那裏底風景底追憶。所以明王思任題勺園詩跋：

"總辭帝里入風煙，處處亭臺鏡裏天。

夢到江南深樹底，吳兒歌板放秋船。"

仲詔自作勺園詩也有"先生亦動蓴鱸思，得句寧無賦小山"之句。

他想南中底蓴鱸，蓮花，和碧水，所以勺園底景物都以含着南方意味有名。

仲詔性喜奇石，有米顛底遺風，頤和園裏樂壽堂前那塊青芝岫大石，便是他命人從房山縣一個山裏鑿下來要放在勺園底，那石非常重大，仲詔費了許多金錢，才運到瓦窑，他底財力枯竭了，便不能再運，直到他死後，那石還運不到勺園。到清乾隆時代，高宗才把那石移到頤和園，安置在現在的地點。

日下舊聞考（卷八十四）載，乾隆十六年御製青芝岫詩序："米萬鍾大石記云，房山有石長三丈，廣七尺，色青而潤，欲致之勺園，僅達瓦鄉，工力竭而止。今其石仿在，命移置萬壽山之樂壽堂，名之曰青芝岫，而系以詩。"

勺園底佈景，除帝京景物略所載以外，燕都游覽志也有點記載：

"勺園徑曰風烟里。入徑，亂石磊砢，高柳蔭之。南有陂。陂上橋曰纓雲，集子瞻書。下橋爲屏牆。牆上石曰雀濱，勒黃山谷書。折而北爲文水陂。跨水有齋，曰定舫。舫高皐，題曰松風水月。阜斯爲橋，曰逶迤梁，主人所自書也。踰梁而北，爲松堂，吳文仲篆。堂前怪石蹲焉，栝子松倚之。其右爲曲廊，有屋如舫，曰太乙葉。遇遭皆白蓮花。東南有竹，有碑曰林於澡，有高樓湧竹林中，曰翠葆樓，鄒迪光書。下樓北行爲槎枒渡，亦主人自書。又北爲水樓。最後一堂，北窗一拓，則稻畦千頃，不復有綠垣焉。"

依這篇記載，當時園底正門當在現時校務長住宅東邊，這園門底遺址現在還可以找得出來。現在的農科花園便是當日底風烟里，纓雲橋當在現在建築中底小學校舍後面，那裏東西有兩行柏樹，南北相隔約五六丈沒有樹，大概就是橋址。橋北便是正門，帝京景物略所記底便是設想游人從那橋下望，可以了望全園風景。景物略作於崇禎，作者與仲詔爲同時人物，故所記無疑是親見底。文水陂當在博雅塔前面底湖，同學們名它爲「無名湖」底便是，定舫底基址現尙完好。舫西高皐，我們叫他做「島」底便是。現在建築中底「島亭」

便是當時的松風水月。勺海堂當在第三和第二宿舍之間。現在底寧德樓，丙樓，和施德樓底北部都是當日底白蓮池，太乙葉，林於澤都在這一部分。在丙樓底北邊，現在臥著兩對石聯："夾鏡光徹風四面，垂虹影界水中央，"和"畫舫平臨蘋岸闊，飛樓俯瞰柳陰多。"這四句或者是翠葆樓或其附近建築底遺物。勺園建立還沒有淀北，朗潤，圓明，諸園，所以"在園最後一堂，拓北窗一望盡是稻田。"

明葉向高評海淀當時兩個名園說："李園壯麗，米園曲折。李園不酸，米園不俗。"無怪一入清朝兩個園都為皇室所有。李氏清華園既改為暢春園，而勺園也改名為洪雅園。依清初底志書，勺園底名稱仍然存在，也沒載明屬於何人，所以我們可以斷定直到雍正年間，勺園還是米氏底產業。清乾隆時代底著作日下舊聞考（卷七十九）有「今其園不可考」底話，但與這書同時代底著作，宸垣識略却載著："洪雅園即明米萬鍾勺園，今為鄭親王邸第。"考鄭親王是清顯祖底第三子莊親王舒爾哈齊底第六子濟爾哈朗底封號。清爾朗底第四子輔國公巴爾塔底曾孫經納亨亦道封鄭親王。

這園俗名墨爾根園。墨爾根，或巴爾塔底音訛。但巴爾塔於順治十二年封三等輔國將軍，康熙七年降為二等奉國將軍，八年復授三等輔國將軍，十六年緣事革退，十九年卒於軍中，乾隆十七年追封為簡親王。故墨爾根園底名字是不是由鄭親王底兒子巴爾塔而來，還有考究底必要。又我底蒙藏學朋友于道泉君對我說「墨爾根」是蒙古語「尊師」，「學士」，或「雅人」底意思。這是蒙古人對於學者底一種尊稱。如果依照這樣說法，也許墨爾根便是洪雅底意譯。乾隆以後，洪雅園曾一度入於和珅之手。和珅敗後，園遂為睿親王所有，故自嘉慶以後，海淀人便叫它做睿王花園。我們圖書館新得底那幅西郊地圖是嘉慶年間底東西，所以也寫洪雅園為睿王花園。這園與圓明園，暢春園，等，於咸豐末年同遭英法軍底焚燬，此後遂成一片荒蕪的葦塘，直到我校遷它為校址，舊日底勺園才有現在的景象。

博雅塔西邊底小廟現在只存一座大門。從門額上「重修慈濟寺」底字意看，那寺或者是一個觀音寺。可惜所有的志書都沒記載它底來歷，也許是勺園裏底私廟。博雅塔東邊底發電所和連阜後面底運動場原是成府村底當鋪胡同，是我們知道底。成府明朝作陳府。聽說「成」是成親王，但「陳」是誰，還待考據。

聖哲樓南面為清四川巡撫怀愛底墳墓。女生宿舍前面兩座石碑都是康熙年間所立，從前立在杭墳前，因建宿舍，移置現在的地點。杭愛滿洲人，為征西川時有功的將官。佟府也是由清朝國戚佟國維家而得名。佟府村底西邊，現在校南門底大道為從前的御道。那條御道是從南向西北轉底。在御道旁邊，暢春園底恩慕寺與恩佑寺東邊，現在本校圖牆裏，為集賢院，俗誤作吉祥院 。（本校圖書館所藏西郊地圖作「集感院」或為集賢院之誤。）這院大概是屬於暢春園底一所外館，用來招待皇帝底賓客底，康熙朝底耶穌會士或者就住在那裏。

燕南園底北邊原是一座圓明園花匠所建底花神祠。現在還存著兩座石碑，是乾隆年間立底。米家墳也在

186

燕南園裡。今年夏天，因為建築教員住舍掘出米萬鍾底父親米鏏泉底墓誌。李開泰底宛平縣志(卷一墳墓)也載"米太僕萬鍾墓在海淀,"如果我們踏查一下，一定可以在燕南園找出我們學校最初的主人底墳墓。個將軍園底歷史我知道底很少，只知園底東邊原是明朝太監底墳墓，現在還有幾塊墓碑臥在那裏。至於燕東園底來歷更無可考。但這些都不關緊要，缺掉史乘也可以。

關於勺園底詩很多，如果把它們集起來也是燕京校史上一種有趣的資料。最重要的還是能夠得米氏一門的著作，如能得到，我們對於校址底過去就明白多了。

現在且選錄幾首關於勺園底詩作為結尾。

　　　　　幽築藕花間，
　　　　　　荆扉日日開。
　　　　　竹多宜作徑，
　　　　　松老恰成關。
　　　　　堤橫春嵐護，
　　　　　廊回碧水環。
　　　　　高樓明月夜，
　　　　　莞爾對西山。
　　　　　　　　(葉向高過米仲詔勺園)

　　　　　勺園一勺五湖波，
　　　　　　渾畫山雲滴露多。
　　　　　宅在濠中人在濮，
　　　　　舟藏壑裏路藏河。
　　　　　鷺鷀晚食分殘瀨，
　　　　　菱芡新妝妬舊荷。
　　　　　已見寓公諸品具，
　　　　　只饒春雨寄蓍囊。
　　　　　　　　(王思任米仲詔招飲勺園)

　　　　＊ ＊ ＊ ＊ ＊ ＊

　　　　　聞說園林勝，
　　　　　　雖忙也愛游。

到門惟見水，
　入室盡疑舟。
　　蘋爲凌香霧，
　　蕈疊映綺流。
　藕花猶自好，
　露下不知秋。
　　　　　（袁中道七夕集米仲詔勺園）
　　＊　＊　＊　＊　＊　＊
客意多生結搆間，
　主人真自悟清閒。
亭臺到處皆臨水；
　屋宇雖多不礙山。
敵海淀因番覆勝；
　用丹穀使往來環。
再三游賞仍迷惑，
　園記雖成數改刪。
　　＊　＊　＊　＊　＊　＊
十尺丹樓映綠蘿，
　橋經，路緯，織如梭。
花邊溪靜人依鷺；
　牆外舟迴竹動波。
俗套盡除松樹壁；
　家兒解唱柳枝歌。
憐余學圃徐老，
　只學山椒與水渦。
　　　　　　（公鼐勺園）
　　＊　＊　＊　＊　＊
竹鮮月好陰个个。

蕭碧寫窗夢思破。
美人不來秋入吟，
雲際一鴻聲遠墮。

（米萬鍾勻圜碧寀寀懷友）

（這篇拙作裹頭有幾處是全希賢先生指點底，順便在此謝謝他。地山）

念奴嬌

津沽感舊

寶 瑛

郊原試馬，
正秋風向晚，秋思蕭索，
幾點疏燈搖客夢，
夾道長楊愁織。
綺閣飛紅，
平橋亙翠，
重過如相識；
樓空人去，
十年歡笑陳迹！

不耐客裏黃昏，
涼䙁聲咽，
寫無邊悽惻；
漸看煙雲籠樹杪，
遠接天容曛黑。
料得今宵，
花陰月影，
透一簾寒碧，
也應無寐，
悄聽窗外蛩泣。

190

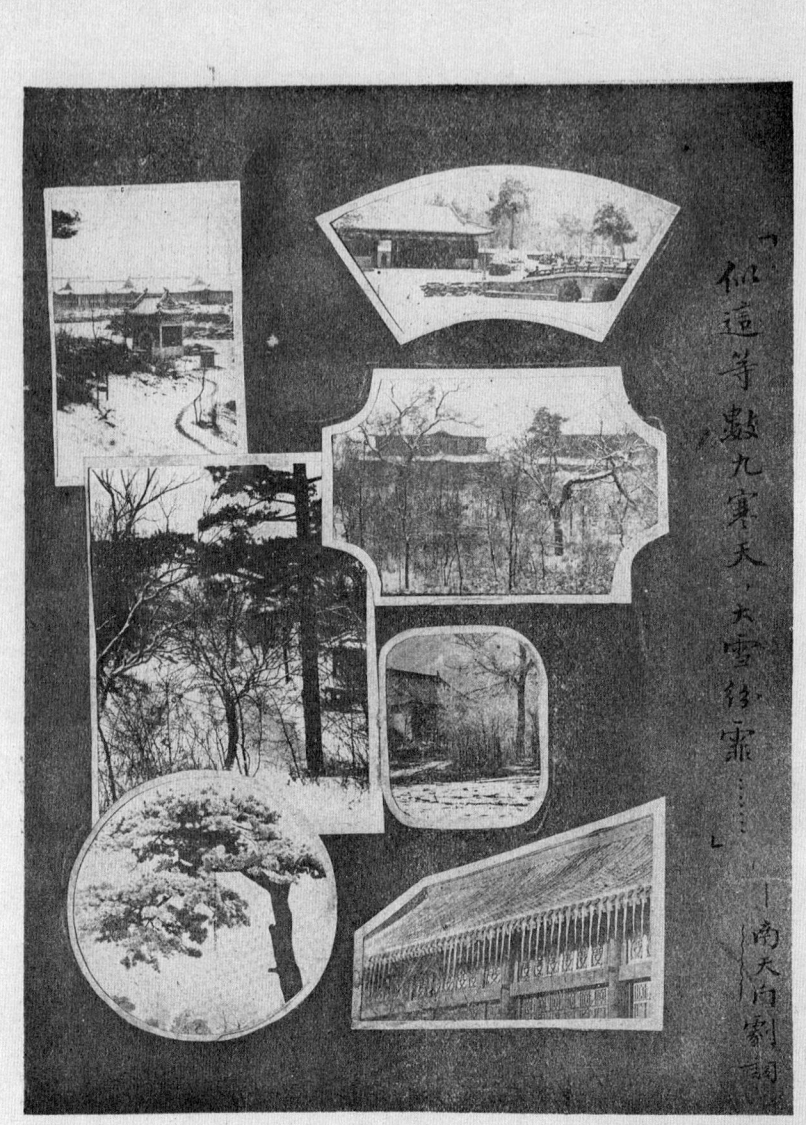

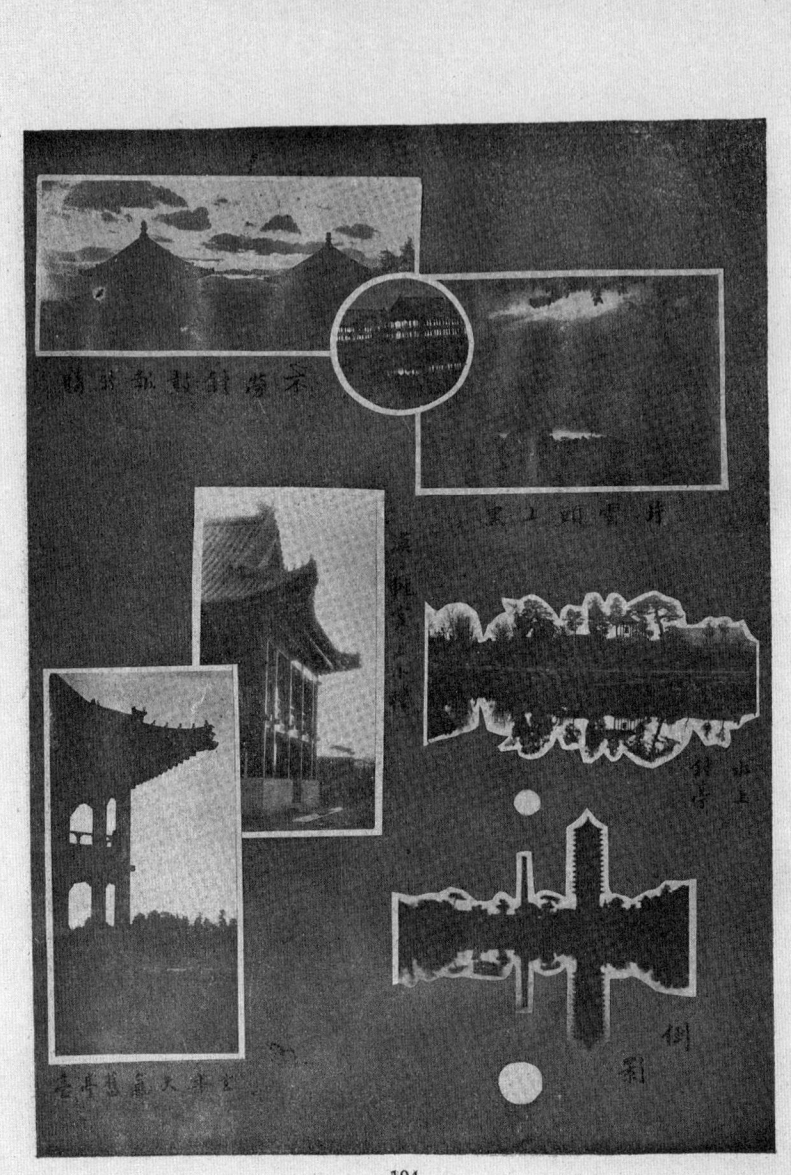

Farewell To Yenching

Farewell to Yenching

Farewell To Yenching
Po-Chiang

It is reckoned a matter of courtesy that friends should part with good wishes and complimentary remarks. But in the present case the mutual affection is so deep and the sadness occasioned by the forced separation so heartfelt that customary phrases of leave-taking die on my lips as I try to utter them. I can say I love Yenching as fervently as any of its graduates and wish her a most glorious future. But what have all these avowals to do with the burden of my heart?

I am indebted to Yenching for my intellectual and spiritual progress. The days I spent in Yenching will be forever the happiest of my life. I owe to her some of the noblest thoughts and most refined feelings that I am capable of. The beautiful scenery of the campus—the lake of pellucid water; the ample lawn sweeping in smooth luxuriance down to the mossy rustic bridge near the Alumni Gate; the pines and maples on the little island; the stone boat; the narrow, glistening path along the lakeside with arching greenery of yews and willows; the musings I indulged in; the friends I made; the familiar faces I met every day, the charming and somewhat prudish damsels I dreamed of and timidly tried to speak to—all these and every thing else connected with the name of Yenching make such an impact upon my soul that their memory will never cease to haunt me until the end of my pilgrimage on earth. And in my later life, when I have drifted far away from the scene of these sweet memories they will not fail, I believe, to produce upon me the effects of Tintern Abbey on Wordsworth:—

> "These beauteous forms,
> Through a long absence, have not been to me
> As is a landscape to a blind man's eye:
> But oft, in lonely rooms, and 'mid the din
> Of towns and cities, I have owed to them,
> In hours of weariness, sensations sweet,
> Felt in the blood, and felt along the heart;
> And passing even into my purer mind,
> With tranquil restoration: feelings too
> Of unremembered pleasure: such, perhaps,
> As have no slight or trivial influence
> On that best portion of a good man's life,"

Alas! what inutterable grief must laden my heart when I am compelled to leave the old affectionate friend; this sweet nursing Mother of a University that has meant so much to me!! Words are too weak! Tears are superfluous! It seems that only an unbroken silence befits my woe!

However, there is no banquet whose partakers do not soon scatter. The grief consequent upon the separation of friends is as old as human life; and mine would not be so insupportable had it not been deepened by some sad apprehensions that I feel over my friend's uncertain fate. So if I say anything, I must break the common rule of leave-taking and offer my friend a little sincere advice.

Our life in Yenching, fascinating as it is, has rather a benumbing influence.

In a word we may be carelessly passing our time in a fool's paradise when we ought to be busily preparing ourselves against a long, terrible journey over an endless desert! And considering the urgent call China has for us all, I can imagine no greater calamity for our country, as well as for ourselves, than our persisting in a life so enchanting yet so pathetic!

With these words I bid you farewell. In your recollection of later years may you find me sincere, but not ungrateful.

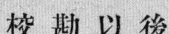

校勘以後

寒來暑往，年刊總從軋軋的機聲裏救出，我們除感佩一班師長同學和愛讀年刊的朋友們對我們的容忍和期待外，還附謝在年刊編纂時期中對我們熱誠指助的幾位：

司徒先生暑假剛由美國回來，從協和醫院拔完牙到校，就碰到年刊部和他要錢；他在長途跋涉之後，健康沒全恢復時，懇懇切切的約同蔡一諤先生和我們斟酌綜核，並且用高昂的價錢，訂了許多的書，還說了好些為力不周的話，這種厚意，眞是可以欽感．

全紹文先生和買賣家的拉攏勁兒眞夠，這次一提招廣告，大家底目光全注意到他，什麼中文合同，英文合同，彷彿派義務包籃票似的，大批給他送了去，全先生還是來者不拒，想盡了方法替我們鼓吹接洽，一招就是全面，並且還個個都是儲款以待，在全先生方面，純粹是替大家幫忙，不求爲人所知，我們也深知道替全先生表揚，徒然給他添麻煩，所以全先生究竟運用了些什麼妙術，我們代他暫守秘密．

柏基根先生最關心于我們的西文文藝作品，他曾在火傘高張的炎曩天氣裏，極精細地釐正一切稿件，並且陸續的給與我們許多珍貴的意見．

此外指導和鼓勵我們的朋友很多，我們都沒有忘記，這一本刊物，不是二十來個細謹而墨守的年刊匠底薇弱的肩膀所能擔荷起來，都是師友們合作的工事，大家的鮮艷的意見，和集中的力量的產品．

在校勘以後，我們深覺得是如此．

200

廣告

燕大年刊一九三〇

上海商務印書館

編譯 學校課本　華英辭典
小說雜誌　中西圖書
婦女用書　兒童讀物

發售 中西文具　印刷用品
原版四書　教育用品
畫片畫冊　幻燈影片

精製 標本模型　各種圖版
兒童玩具　理化器械
墨筆賤扇　賽磁徽章

承印 中西書報　五彩圖畫
屏聯堂幅　學校年刊
股券章程　名片簿冊

自來水筆
本館監製者有「進步牌」「民國牌」「和平牌」「統一牌」「公民牌」三種本館經理者有「派克」「華德門」「希寶福」等多種他如自來水筆活動鉛筆禮筆及案頭等座等花色繁多均有發售

照相器具
德國「蔡司伊康」鏡箱為現代照相器中最進步之出品軟片硬片照相材料應齊備現委本館為中國副經理「柯達」矮克發」鏡箱乾片亦有發售

運動用品
德國「歇洛克」足球美國「迭生公司」網球藍球棒球用品扣趾運動鞋及自製團體操用品運動衣帽等存貨充足售價特廉

測量器械
各種經緯儀水平儀放大鏡測積器流速計氣象計繪圖器規尺及測繪應用一切附件均有大批運到

風琴樂器
自製「孔雀牌」「樂府牌」風琴多種聲簧選用上品風箱構造精密木料乾燥髹漆光亮定價每座自二十五元至二百六十元內地購運概免重征稅釐

留聲機片
本館創製「國語留聲機片一組八張定價二十四元」「外國人用國語留聲機片一組十二張定價三十六元均由趙元任博士發音另售每張三元五角一組六張定價十二元每張二元五角」「新式英語留聲機片一組十二張定

打字機器
本館創製「新式華文打字機」靈便適用久著盛譽定價每座二百四十元經售各式西文打字機手提打字機價格比衆低廉

BANQUE BELGE POUR L'ETRANGER
(Societe Anonyme)

華 比 銀 行

Capital *(subscribed)*	. . . . . .	Frs. 200,000,000
Capital *(Paid up)*	. . . . . .	Frs. 147,000,000
Reserves	. . . . . .	Frs. 120,000,000

Head Office:	BRUSSELS	66 Rue des Colonies
Branches:	LONDON	4 Bishopsgate E. C.
	PARIS	12 Place de la Bourse
	NEW YORK	67 Wall Street
	SHANGHAI	20 Bund
	TIENTSIN	Victoria Road
	HANKOW	Po Yang Road

Allied Banks

AUSTRIA & HUNGARY	Wiener Bank Verein
BULGARIA	Banque Franco-Belge et Balkanique
RUMANIA	Banque Commerciale Roumaine
	Wiener Bank Verein
YOUGO-SLAVIA	Banque du Pays de Bosnie-Herzegovice
	Societe Generale de Banque Yougo-Slave
POLAND	Societe Generale de Banque en Pologne
SPAIN & MOROCCO	Banco International de Industriary Comercic
SZECHO-SLOVAKIA	Bomische Union Bank
EGYPT	Banque Belge & Internationale en Egypt.

CORRESPONDENTS IN ALL PARTS OF THE WORLD

DOLLAR STEAMSHIP LINE
And AMERICAN MAIL LINE

Going to Europe or America?

Five Reasons for President Liner Preference

1. California fruits, vegetable and dairy products are served every meal throughout the voyage.

2. Every stateroom is on an outside deck and is equipped with running hot and cold fresh water, thermos bottles and reading lamps. Twinbeds of the finest manufacture are standard equipment in every stateroom on the President Liners.

3. There is a swimming bath aboard every President Liner. It is refilled daily . . . . . And is always available for use.

4. A College orchestra, versatile in its musical accomplishments plays for luncheon, tea-dancing, dinner and for evening parties.

5. See Egypt at no additional cost, and without loss of time. Many passengers avail themselves of the opportunity of seeing Egypt by leaving their President Liner at Suez, going by motor to Cairo and rejoining ship at Alexandira three days later.

**ON YOUR NEXT TRIP TO EUROPE OR AMERICA
TRAVEL ON THE PRESIDENT LINERS.**

Kooyman and Lonborg's China Insurance Office

Consult us for your insurance, all covers at lowest market rates.

Head-Office:
Shanghai
Branches:
Tientsin—Harbin—Tsinanfu

Peking Office: Regine's Building
Telephone No. 4156 E.

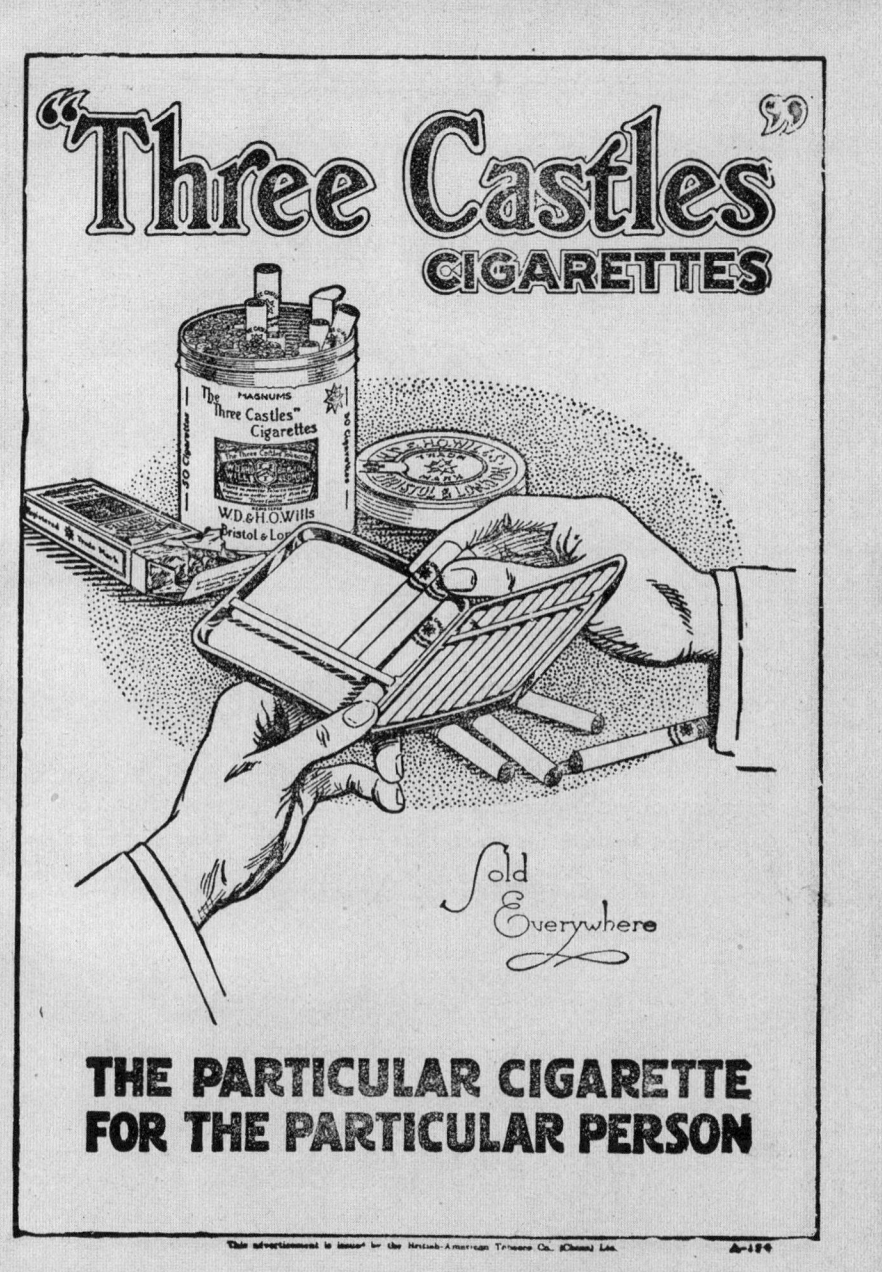

STANDARD OIL COMPANY
OF NEW YORK

26 BOARDWAY   NEW YORK

The Mark of Quality

SOCONY PRODUCTS

Illuminating Oils   Lubricating Oil and Greases
Gasoline and Motor Spirits   Fuel Oils
Asphaltums, Binders and Road Oils   Paraffine Wax and Candles
Lamps, Stoves and Heaters

Branch Offices in the Principal Cities of

Japan, Philippine Islands, Turkey, Indo-China, Netherlands India,
Bulgaria, China, Straits Settlements, Syria, Siam,
South Africa, Greece, India,
Australasia, Jugoslavia.

北平
文泰生華洋雜貨發莊

本莊部 留聲機分銷處

本莊統辦環球名廠出品之學界應用文具及各種絲絨毛紗織品高等化粧香品家庭應用妙品並精美樂器唱機唱片等完美俱備種類繁多不及詳載如蒙 惠顧無任歡迎

本埠各大洋貨店均有代售

孟廣西樂商行　東城王府井大街品德洋行隔壁
隆和號洋貨店　西單牌樓北路東
晉和祥紙烟行　南城前門外觀音寺

北平 文泰生華洋雜貨莊謹白
前門外鮮魚口內抄手胡同
（電話南分局二五一九一）
（電報掛號三九三二）

天豐煤棧售煤廣告

本棧開設清華園車站分號海甸車庫胡同敝棧向由山西陽泉採辦大宗鏡面紅煤並由京綏路大同府口泉採辦最高大同塊煤大同末煤以及門頭溝塊煤末煤大小煤球炸子無不應備倘蒙

賜顧價值從廉

天豐煤棧謹啓
電話西二分局八十號

弧光攝影　日夜照像

生昌照像

歡迎主顧　價格從廉

東安市場正街南頭電東四八一四

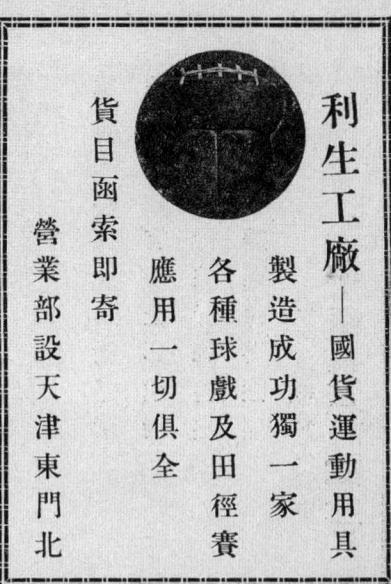

利生工廠——國貨運動用具

製造成功獨一家

各種球戲及田徑賽

應用一切俱全

貨目函索即寄

營業部設天津東門北

天津法租界

盛福錫帽莊

第一貨高價廉

自製四季帽品

第一出　第二進　分銷處　分銷口部　天梨總設　祥棧大號　市場街內

燕大年刊銀行部廣告

專辦國內國外滙兌發行
旅行支票提倡各種儲蓄
存欵辦事詳敏手續簡便

天津
上海銀行啓
法租界八號路

燕大年刊旅社廣告

通商大埠及火車輪船所
達地點均有分社專誠指
導游歷招待旅行經售出
洋留學車船票代辦護照

中國旅行社啓
天津法租界八號路

明大呢羢西服莊

自運各國呢羢嗶嘰發售
承做男女時式洋服軍裝
兼售各種洋貨附屬等物
北京王府井大街門牌第
十七號本號接洽
電話東局四千七百八十
號

鑫華西服莊

自運各國呢絨嗶嘰
承做男女時式洋服
專爲燕京而設價值
格外克己

燕京大學東門外
鑫華西服莊啓

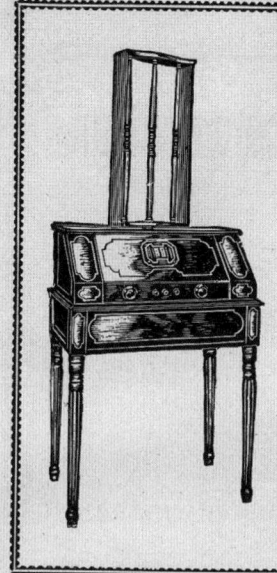
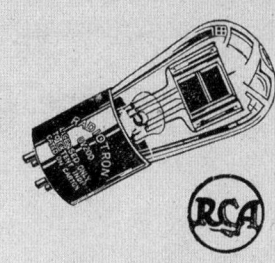

RCA-Radiotron
MADE BY THE MAKERS OF RADIOLAS

RCA牌真空管是非常準確耐用而經濟的
RCA牌收音機是用法簡便聲音宏亮的
RCA放音器是樣式新異而堅固的

犹理世界各大名廠
收發音無綫電報話
機永備牌各種乾電
並辦大小按裝工程

中國無綫電業有限公司

天津法租界馬家口
北平東城八面槽七十三號
奉天大西邊門外十一緯路

同春園飯莊

承辦宴會酒席
應時便飯小吃
菜肴精美
招待周到

地址　北平西長安街路北
電話　西局一二八九

北平通易信託公司

各種儲蓄存欵之特點

利息優厚　保證充足
種類繁多　存取便利

儲蓄存欵計分八種備有詳章函索即寄

【地址】北平西交民巷七十七號
【電話】南局四四〇〇　四五〇〇

漢 士 洋 行
J. E. Hayes Engineering Corporation
(Federal Inc. U. S. A.)

Engineers and Contractors
Importers of Engineering Supplies

49, Taku Road, Tientsin, China

Telegraphic Address: "JEHAYES"   Telephone Nos. 30250 & 32132

Hua Mei Printing Co.

Printers, Book-binders,
Stationers
and
India Rubber Stamp
Maker.

華美印刷公司
北平
東單新開路路北
電話東局二六四六號

本行
專造鍋爐片爐各種機器
按裝各式煖汽澡盆臉盆

中華汽爐行

朝陽門大街
電話東局四六三八號

CHANG YUNG CHI

Woollen Merchants

𝓛adies & 𝓖entlemen 𝓗igh 𝓒lass 𝓣ailors

Morrison Street, Peiping - - -
- - - Telephone No. 1102 E. O.

時式男女洋服	莊服西絨呢記永張	專做中西服裝
	迎　光　業　高　女　花　絨　本	
	顧　精　等　西　素　厚　號	
	極　美　工　服　嗶　薄　自	
	表　倫　師　特　嘰　花　辦	
	歡　蒙　藝　聘　男　呢　呢	
	二〇一一局東話電街大井府王平北	

美富汽車行

本行代理燕京大學汽車處，往返燕大及北平間，長途汽車營業，並兼出賃新式轎蓬汽車定價克已如蒙賜顧無任歡迎

本行謹啟

MEI FU GARAGE
YENCHING UNIVERSITY BUS SERVICE

Bus and Motor Car Traveling between Yenta and Peiping
Apply to No. 9, Nan Chih Tze Street, Tel. 3003 E.O.

TIME TABLE

PEIPING TO HAITIEN	HAITIEN TO PEIPING
7.00 A.M.	8.00 A.M.
12.00 NOON	1.30 P.M.
7.00 P.M.	6.00 P.M.

SATURDAY, SUNDAY, HOLIDAYS
There will be additional special service as follows:—

PEIPING TO HAITIEN	HAITIEN TO PEIPING
9.30 A.M.	10.30 A.M.
4.00 P.M.	3.00 P.M.

永興洋紙行

天津東馬路路東　電話五四一一三號

本行專運歐美名廠本辦中西文具儀器承文字印件印刷精美價目特廉

北平崇文門內大街　電話東局一四五三號

YUNG HSING STATIONERY Co.
Tientsin

STATIONERS DRAWING OFFICE
SUPPLIERS AND PRINTERS, BOOK=
BINDER AND RUBBER STAMP MAKERS

真光攝影社
攝影　沖印
放大　燈片
無綫電報
北平西長安街廿五号

SANITARY FUR COMPANY

(American Registered)

FOR COATS, CAPES, EVENING WRAPS, STOLES

From the Mongolian Cat to the Siberian Sable

All furs Scientifically tanned by the process introduced by Dr. H.S. Vincent of Yenching Uuiversity.

SATISFCATION GUARANTEED

Prices Reasonable

Show Room
18-20 Legation Street Peiping

Pioneer Tannary:
Cable: address: Westimpson.
12 Tung Shui Fu Hu Tung NE Corner, P.U.M.C.

中原有限公司
■ 天津日租界旭街 ■

推銷中華國產
統辦環球貨品

發售五彩禮券
定期活期儲蓄

電話
舖面各部……二一九六
儲蓄部……二一五一五
二樓各部……二一八六六
三樓各部……二一八三六

電話
四樓各部……二〇七八〇
公事房……二一五九五
大劇場……二一五一六
大酒樓……二〇四五八

電報 中國大東大北無綫
中文掛號……六一六五
西文掛號……CENTRALIZE

天津浙江興業銀行

辦理

各國留學匯欵

預購金幣存儲本行
約期滙寄既免金價
上漲預算不符之弊
又可準時得欵不誤
需用

直接通匯各國
英美德法日瑞士

行址 法租界梨棧大街

開灤礦務局
京兆售品處

自運本礦塊末
烟煤清水焦炭
精製缸磚缸管
路磚火土美術
建築磚瓦價值
克己運送迅速
兼有燒烟煤洋
爐潔淨精美
辦事處暫設北
平瑞金大樓電
話東局四八三
號

雙和木廠

本廠承辦歷有年所頗蒙
中外各界所贊許倘蒙惠
顧無任歡迎
承包土木工程
測繪中外建築
修造橋梁道路
專作新式木器
本廠開設在海甸成府街

永利製鹼公司
紅三角牌
國貨純鹼

最高基本化學工業
中國惟一無二特產
色澤純白
品質精良
價格低廉
交通迅速
總公司 天津法租界三十二號路一號
總工廠 河北省塘沽

千祥號靴鞋

式樣入時　普通鞋
材料優美　運動鞋
外埠訂製　跳舞鞋
郵政代金　滑冰鞋
……等

總號 天津南開中學對過
分號 北平王府井大街

眼鏡公司 | THE VISION OF SUCCESS
JUST REMEMBER THAT YOUR EYES MUST SERVE YOU ALL
THROUGH LIFE. WE HELP TO CARE FOR THEM

Chinese Optical Company
Up-to-date Optometrist and Optician Peiping Branch

48 Kwan Yin Szu Chieh, Chien Men Wai, Peiping | 中國精益

Equitable Eastern Banking Corporation
1, Victoria Road
Tientsin
天津大通銀行

CHENG CHI PAPER COMPANY
Sole Agent of Eastern Kodak Company

Wholeseller of Chinese and foreign paper,
printing machine, printing supplies,
mimeographic supplies,
and
Dealer in Photo Supplies, Cine-cameras,
Roll films, Film packs, Lens, etc.

Tientsin Office:
(1) Pei Ma Lu, Telephone Nos. 1920 & 2472
    (Tsung Chu)
(2) Outside of Northern Gate
(3) North-eastern corner of Tientsin

Peiping Branch:
Lang Fang Er Tiao, Chienmen Telephone
Nos. S.O. 3357 & 3358.

成記紙行
附設照相材料部

行址
北平前外廊房二條四口
天津北馬路官銀號對過
天津北門外大街
天津東南城角

電話
南局 三三五七
總局 一九二〇
二局 二四七二／二〇八七

本行批發中西紙張鉛石印各種機器各色油墨文具謄寫用品及印刷應用一切材料並經理美國伊士文柯達公司華北總經理專售各種鏡頭大小鏾箱手提快鏾電影機放大機並乾片軟片人相片幻燈片放大紙白金紙燈光紙美術卡紙以及照相應用一切藥品材料器具無不齊備零整批發

LET US
Plan Your Trip

Every Detail Attended to No Booking Charge

Steamship Reservations … { To America. / To Europe.

Railways Tickets … { China. / Japan. / Trans-Siberia.

Travelers-Cheques … { Safest and Best. / Accepted Everywhere.

Baggage Insurance … Low Rates.

Shipments Forwarded … To any destination.

THE AMERICAN EXPRESS COMPANY, INC.
Grand Hotel des Wagons-Lits   Telephone E. 1213

永和馨花廠

本廠發賣四季鮮花包種
樹木承做文明花球花把
花藍花圈各種松活專紮
松彩牌樓一應俱全定期不悞

北平隆福寺

WILLIAM FORBES & COMPANY
SALE AGENTS IN PEPING
FOR

FIRE INSURANCE
North British & Mercantile Insurance Co., Ltd.
Law Union & Rock Insurance Co., Ltd.
China Fire Insurance Co., Ltd.

MARINE INSURANCE
Yang-tsze Insurance Association.

MOTOR CAR INSURANCE
Motor Union Insurance Co., Ltd.

45, Wai Chiao Pu Chieh, Peking.

SHIPPING & GENERAL
Cie. des Messageries Maritimes.
China Navegation Co., Ltd.
Blue Funnel Line.
Malthoid Roofing.
"Red Hand" Anticorrosive Paint.
"Izal" Disinfeclart.
Pabco Paints.
Siscolin Powder Distemper &c. &c.
Underwood Standard and Portable Typewriters.

Telephone No. 811 East Office.

北平
南新華街路西十號
傑民製版局廣告
電話南局五五七七

敬啓者本局自開幕以來頗承各界賜顧感謝奚似敝局專製鋅版銅版及電磨冰鞋兼營鉛石印刷雜誌同學錄等項技術之精良細緻受值之低廉以及出貨如期凡蒙賜顧者皆嘉許稱善允爲信用昭著而敝局益求精究新的技術俾成品精愈求精定價尤格外克已以慰贊許之雅意茲將營業項目列下如蒙賜顧無任歡迎之至

營業項目

網目銅版
網目鋅版
無網銅版
無網鋅版
照像膠紙
照像墨盒
電磨冰鞋
鉛石印刷

SPORTING GOODS

TENNIS RACKET MAKERS
ALL-GAME-GEAR DEALERS

| 152 Taku Road
Tientsin
Tel. 31855 | C. L. SHIH & Co.
時昌公司 | 338 Hataman Street
Peking
Tel. E. 2905 |

註冊　　鐘標

開廠自製的國貨

各種車輪　各種時鞋
橡皮套鞋　橡皮用品
生膠綷片　地蓆水喉
各種藥品　家用肥皂
皮球玩具　雨衣氈帽
餅乾糖菓　機製皮鞋
籃球鞋　菠蘿蜜
籃球靴　機器帶

陳嘉庚公司天津分行
法租界廿六號路光明社旁

燕大年刊一九三〇

燕大年刊一九三〇

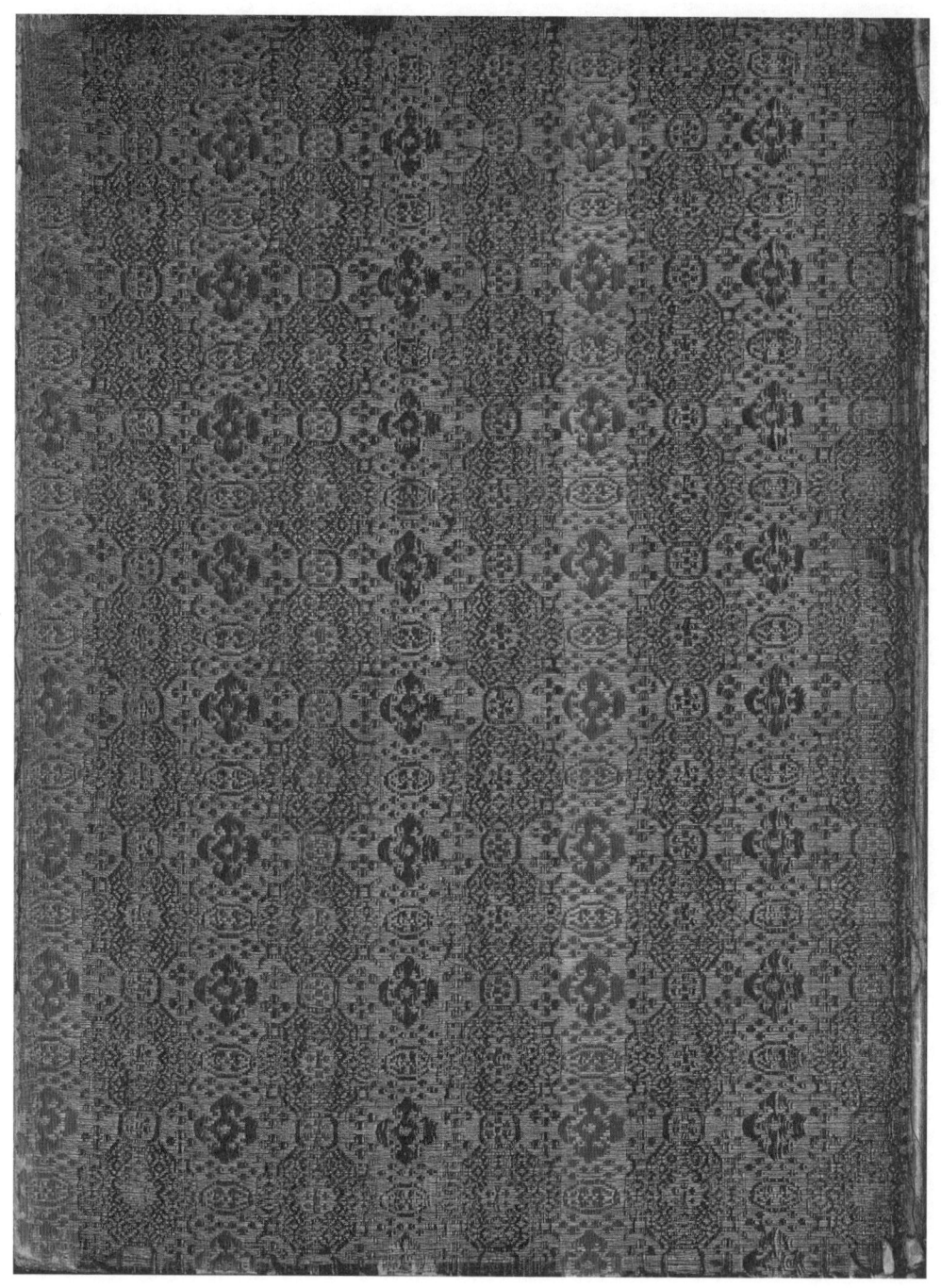

燕大年刊一九三一

1931年的《燕大年刊》由燕京大學學生會出版委員會年刊部於1931年暑期前編印。

本册的獻辭頁繪有一位少女手端一杯熱茶的圖案，題有"獻給我們的朋友"。

獻辭之後是校訓，已由之前的"以真理、得自由、而服務"改爲現在常見的"因真理、得自由、以服務"。因爲1930年年刊的校訓還是"以真理、得自由、而服務"，故燕大校訓的修改時間大致是1930年秋季到1931年暑假前。修改後的校訓語義更爲順暢。

校訓之後是校花，刊載了一幅手繪老梅圖。然後是校歌。

多年未刊登的校史，本年再次出現，由燕大教師劉廷芳撰寫，篇幅也是歷年中最長的，主要內容包括"學制之沿革""教職員與學生""建築、圖書與其他設備""經費來源"等。其中有不少可供參考的內容，如"民國十一年將大學改爲本科四年預科一年；十二年廢止強迫禮拜制；十三年改神科爲宗教學院，取消大學中之宗教必修科；十五年遵照北京政府部令添聘副校長；……""照本年度本校統計教職員有二百餘人，學生八百餘人矣"。文中還提到，司徒雷登任校長後，積極謀求學校中國化，現在燕大在形式和精神上都已成爲"真正的中國學校"，"本校校訓爲'因真理得自由以服務'，十餘年來已由不懈之努力，成爲本校歷史的事實焉"。

本年年刊的主要内容爲：序言、校景、董事及教職員、畢業生、級次、會社、體育、生活、文藝。與1930年年刊的區別主要在於，將董事及各部主任與教職員兩部分合二爲一，將"生活"部分的文字拆分出來，獨立爲"文藝"。經比對可知，本年年刊的編輯體例與1929年完全相同。

"校景"部分，刊登校景照片12幅，攝影和所配説明文字都頗爲用心，可圈可點。校景前刊登有《湖上吟》五言絶句四首，作者不詳。

"董事及教職員"部分，從本年《燕大年刊》看，校董事成員仍爲16人，更换7人，新增：寇饒司（O. J. Krause）、萬多瑪（T. C. Brown）、凌其峻夫人、王錫熾、樂嘉立（C. H. B. Longman）、陶芳蘭（W. F. Dawson）、萬卓志（G. D. Wilder）；王厚齋、周詒春、顧玉麟、費起鶴、王治平、劉廷芳、郭雲觀不再擔任董事。文學院院長改爲周學章，博愛理（Alice M. Boring）代理理學院院長。本部分附有"歷年教員總數比較圖"，從中可見，教員人數除了1926年較上年下降，其他年份都較上年增長，到1930年時總人數達到143人。最後是校務處、會計處、圖書館、校醫處職員合影和兩組校園建築內外景。

"畢業生"部分，按照畢業生姓名威氏拼音排列，除照片和姓名、籍貫、院系等基本信息外，部分畢業生附有自寫或他人撰寫的小傳。本年刊登的畢業生照片，研究院15人，本科105人，專科29人。

研究院物理專業褚聖麟的小傳説："君固勤於學者也：雞鳴而起，夜分而臥，孜孜然惟試驗之是營"，對於物理有"'終身行焉樂而忘天下'之志"。褚聖麟後來成爲著名的實驗物理學家。

物理系本科張文裕，同學寫的小傳言："君酷好物理及數學；與人語，常高談 x y 之變幻，而讀 x 爲'亞克斯'，故同學皆呼之爲'米斯特亞克斯'。君聞之輒啞然而笑，……"張文裕後來學有所成，成爲高能物理學家，當選中國科學院學部委員。

本科史學系齊思和的同學爲其作小傳，稱齊氏"於學無所不窺，上自群經諸子，下至康梁胡顧；每一書，必有新奇問題發見，尤精於考證學、史學方法，兩漢歷史。其爲文也，綜合子長之駭偉，孟堅之典贍，益以孟軻之奔放，莊周之恣肆，實今之文章家也"。齊思和後來成爲著名歷史學家。

本科史學系馮家昇，後來成爲民族史學家。

畢業生最後也印有校景照片一組，作爲點綴。

本册所謂"級次"，是指各班級，刊登了研究院、1932—1934各班、國學研究所、幼稚師範科等合影。

"會社"部分，刊登包括學生會機構設置、名單及合影，國文學會、歷史學會、哲學學會、教育學會等與各系對應的學術社團合影，以及團契、音樂隊、歌詠團、南開同學會等團體合影。

"體育"部分，照舊是男女生籃球、排球、曲棍球、足球、網球、壘球等運動隊合影，以及各種體育活動場景照片。

"生活"部分，則刊登了包括入學注册、開學日、校園留影、化妝溜冰、寢室生活、郊游、戲劇表演、做實驗等豐富多彩的學生生活照片。

"文藝"部分，收錄燕京大學學生創作的文章，既有典雅莊重的駢體文《燕京賦》，也有充滿不舍之情的白話詩《再見罷，燕京，再見罷！》；既有細訴心曲的《楓湖日記》，也有詼諧調侃的"Madame Bauer"；既有描摹男女學生暗戀的《捉摸》，也有記錄燕園人物趣事的《燕語拾零》……本部分最後的《燕京選民錄》和《好惡調查》，可以瞭解本年畢業生的特點，以及對於學校、讀書、生活等方面的看法。

總體說來，《燕大年刊》比北京大學畢業紀念册在裝幀設計和印製方面都要考究精美，其中很重要的原因在於充足的經費，除了翻閱《燕大年刊》可以看到的廣告費，從本年《編完以後》一文可以推知，還有向同學收取的年刊費，以及學校的資助。

北平私立燕京大學學生會
出版委員會年刊部編印

民國二十年

Compiled and Published
by
The Yenchinian Board,
The Publication Committee
of the
Students' Self=Government
Association,
Yenching University,
Peiping
China
1931

燕大年刊一九三二

校　　訓

因眞理得自由以服務

校花

燕大年刊一九三一

校　　史

　　本大學由前北通州協和大學，前北京滙文大學，前華北協和女子大學合組而成，其合組之磋商於民國元年業已開始，至民國五年協和與滙文兩大學之董事會及在美紐約州之託事部均經改組合併爲一，至民國八年，司徒雷登先生到校，就校長職，兩校內部之行政組織及教職員學生乃正式合併，翌年女子協和大學加入。其時於北京城內，分設男女兩校，男校在崇文門內盔甲廠，女校在燈市口同福夾道。十五年夏，西郊新校舍落成，男女兩校乃同時遷入。是年冬遵照前北京敎育部公布之外人捐貲設立學校請求認可辦法，呈請認可，於十六年春奉敎育部批准，正式認可。十八年夏，復遵照國民政府敎育部公佈之各項法令，由校董會呈請北平大學區轉呈敎育部請求立案，旋奉北平大學區敎育行政院令知奉敎育部准予立案。本校自成立迄今歷時十有二載。其間經營改造經緯萬端，茲擇其重要者，約略臚紀如次：

　　一　本校學制之沿革　當本校成立之始，大學本部則有男女校文理科，修學年限本科三年預科二年，本科設若干系合系爲組，共分語言及文學，天然科學，社會科學，美術，及職業敎育五組。凡高級課程男女學生同班授課，本科之上又有神科，神科係專爲研究宗敎者而設，其入學程度較大學爲高，須由大學本科畢業已得學士學位者方爲合格。民國十一年將大學改爲本科四年預科一年。十二年廢止強迫禮拜制。十三年改神科爲宗敎學院，取消大學中之宗敎必修科。十五年遵照北京政府部令添聘副校長。同時男女兩校合併改設正副校務主任，男生預科停辦，女生預科改爲附屬高級中學。十六年取消校務主任制改爲敎務委員會，選敎授五人組織之。十七年遵部令改設學長制。是年女子附中停辦。十八年春，依照國民政府新章，選聘吳雷川先生爲校長司徒先生爲校務長，大學分設三學院，一，文學院共十一學系，二，自然科學院，共六學系，三，應用社會科學院共三學系，嗣又改自然科學院爲理學院，心理學系改隸該院，又改應用社會科學院爲法學院，添設法律學系。其原有之宗敎學院則在於呈請敎育部立案時，於呈文內聲明『係爲敎職員學生自願硏究基督敎而設，不在請求立案範圍之內』等語。本校硏究院之課程自民國十年卽有之，最初設立者爲哲學，至現時設硏究課程者共有十二學系，硏究院事務，另由硏究院委員會管理之。國學硏究所，爲哈佛與燕京社捐貲創設，於民國十八年正式成立，茲二者雖未立案亦爲本大學學術編制之一部也。

　　二　敎職員與學生　當本校由前各大學合併時，全校中西敎職員僅四十餘人，學生則合各級男女生不足三百人，其後各地負笈來校者逐年增多，城內舊址屢經推廣，但

燕大年刊一九三一

終因限於容量，不得多收學生，十五年夏，本校遷移至西郊新校舍時，有學生五百五十餘人，教職員則較民十時加增一倍有半。照本年度本校統計教職員有二百餘人，學生八百餘人矣。至本校逐年畢業學生領有學士，碩士及神學士證書在社會服務者已近千人之數。此外更有原先三校未合併以前之畢業生在社會服務有年人數與成績亦頗可觀焉。

三　建築，圖書與其他設備。本校奠基之初，校舍狹隘，設備簡陋，圖書館尤不完備，僅藏中西文書數千卷而已。待本校與協和醫學校訂立合同由本校代辦醫學預科，自然科學如化學，物理，生物學等之實驗設備，遂逐漸完整，但仍囿於環境，不克發展。十五年新建築一部分完工，本校移入新校址開學，而各部分之發展方有長足進步焉。截止十八年本校呈教育部請求准予立案時，本校之建築費已達國幣四百萬元，科學設備有儀器一千七百餘種，價值約十一萬二千五百餘元，標本二百餘種，價值約一萬六千四百餘元；至圖書館現藏有中文書十四萬餘冊，外國文書約二萬餘冊。近兩年來關於上述三項有增加焉。

四　經費來源　本校之經費當成立伊始，由華北四教會（華北長老會，美以美會，公理會及英之倫敦會）協助，為數共十餘萬元，其時已有駐美設立者之托事部，為籌畫及管理本校財政之總機關，及司徒先生疊次赴美捐款，於是經費之來源乃逐漸拓展。其中大部分為各教會團體，或個人以有期限之負責認捐，次為基金利息，及教會助款。此外頻年增加者有普仁斯敦大學駐華委員會及羅氏基金委員會社會科學部撥助法學院之款，有羅氏駐華醫社撥助理學院之款，有美國密蘇里大學同學會及其他友人捐助新聞學系之款。迄至本年度總數已超過八十萬。預算中本年經費，來自託事部及美國機關者，為數約六十二萬九千餘元，加以農事試驗經費由管理賑災餘款委員會撥付者二萬二千餘元，國學研究所經費由哈佛燕京社基金委員會撥付者十萬另七千九百餘元。至國內之收入祇有男女學生所納之費，為數約十萬五千餘元，僅佔全數百分之十二而已。

本校自改組成立，雖不過十二年，其中遷替與革非一二千言所能盡，上述所云已見其大概，惟更有數事非統計所能表示者，則本校之主張與精神也。

（一）本校雖由友邦人士捐貲創立，自司徒先生長校後，積極謀求學校中國化，十餘年來，如改良中國教職員待遇，努力注重國學，改善添設推廣，與中國故有文化直接有關係之學系，創辦國學研究所，遵照部章立案，服從國家教育法令，諸般設施，苦心孤詣，由外人設立之學校，成為今日中國政府立案之私立學校，不僅形式上已也，精神上已成為真正的中國學校矣。

（二）本校係基督教信徒創立，年來一切擴充，發展，以至今日常年經費之維持亦多由信奉基督教之志士克己捐助。自司徒先生長校以後，一方面努力奉行基督教博愛之教義，實現基督服務犧牲之精神，一方面提倡宗教之絕對自由，廢置強迫禮拜，改宗教必脩科為選脩科，為全國教會學校首倡，並竭力表率同人會重學術獨立之尊嚴，與研究講授之自由，破除一切畛域，本校校訓為「因真理得自由以服務」，十餘年來已由不懈之努力。成為本校歷史的事實焉。

（三）本校辦學方針取科學態度，一切設施參酌中外，擇善而從，繼續研究，無畏實驗，例如實行男女學生同班授課，男女教育機會均等，開全國之先聲。一切設備，不僅課學術片面進步，並特別注意學生衛生與康健，以求德智體三育並進。例如今年落成之女體育館，見者稱為全國冠，洵非虛譽也。行政一切主張公開，重德謨克拉西精神，並力求節儉。第二次全國教育會議時，據教部調查結果，全國各大學之預算與決算，與全年經費相比，効率高者，首推本校，此本校歷史上所值得注意之一點也。十餘年來，國內軍閥擾亂，無歲無之，實內政外交多事之秋，國內各大學罷學停課者屢見，而本校幸得平安，循序發展，此亦校史上吾人所當欣慰者也。

以一私立之學校，基金微薄，經費有限，全恃辛苦勸募，集腋而成，十年之中，發長如此之速，成績燦然可觀者，司徒先生服務辦事之精神與全校師生合作之友誼，有以致之也。此種精神與友誼基督教信愛望三字，足以表現之，蓋惟有信，則能力行，始終如一；有愛，方能犧牲，實行合作；有望，方能高瞻遠矚，立新目標。惟信，愛，望，俱全，方能責極進步，以臻至善。本此三者，繼續努力，造成本校前途更光榮之歷史，是所望於愛護本校之同志。

建國二十年總理逝世紀念後十天
燕南園，風滿樓
劉廷芳

目　　次	CONTENTS
序　言	Preface
校　景	Scenery
董事及教職員	Trustees and Faculty
畢　業　生	Graduates
級　次	Classes
會　社	Organizations
體　育	Athletics
生　活	College Life
文　藝	Literature

序　言

去歲夏日，以事入城。偶行經景山東街，信步入北大二院。時漸入夜，璧月在天。樓前夜合，池中白蕖，相與馥郁。月光華香，若夢幻，若眞實。樓舍矗立，若疏闊，若親暱。池畔碧草上，有人卬臥。又有人散步低唱，或坐沙發上聚譚。與余昔時在校課餘饔後情形無殊。徘徊久之。最後至圖書館前，數株老槐，枝葉愈密。獨坐樹下，月光穿葉，窸落襟裾。念我舊日同門，曩昔一堂受書，聯袂同遊，今茲或在異國，或在他地，或處都市，或處田園，似遼遠，亦似密邇。夜鐘屢動，余始出校。蓋余旣不甚衰老，生活亦無劇大變化；故舊地重到，祇如重溫舊書，重逢故人，一鐙熒然，小窗相對，吟誦悟言也。久欲爲文紀之，因循未就。今日傍晚，年刊編輯部同仁過我，爲言燕大年刊將付印，且囑爲序。余以來此日淺，又病且嬾，敎課之餘，亦鮮交際，校中事皆不甚了了。無從下筆，固辭。而同仁要不已。余因詢以茲刋之旨。同仁則謂：我一九三一年諸人，負笈來此，數載於茲。師友之切磋琢磨，嬉游過從，以及湖光山色之朝夕嫵媚，一草一木之春榮秋實，一俯仰間，將俱成陳迹。他日回憶，如食諫果，當有餘甘矣。然留之腦際，以供感舊之思，何如表現之於圖畫文字，時一披覽，更覺切實乎？況茲刋所載，上自學校組織，下逮日常生活，纖毫靡遺。將來吾等服務社會，各盡天職，使中外人士，益瞭然於燕大精神之所在。則茲刋其嚆矢已。同仁此言，忠實纏緜，情義兼具。余遂自忘其疏陋，允爲序。同仁旣去，余亦出散步校庭湖畔。夜幕四張，衆星爛耀。羣樓環峙，牕間燈光煥然。時有三五同學，往來過余身畔；而笑語絃誦之聲，亦因風吹送。回思余昔日求學時生活，追懷去夏母校之遊，益念編輯部同仁之言不能止。因撫拾其大意，並余聯想，補綴成文。異時諸君學問事業，彪炳燦爛，燕大之精神，亦益因之發揮光大，則所謂諫果回甘者，猶嫌其撝謙也已。苟余茲文，爾時可作印證，余亦將與有榮焉。

一九三一年，三月九日，河北顧隨序於平西之成府村中。

一九三一燕大年刊部
THE 1931 YENCHINIAN BOARD

Chairman	部長	Lu Ching	陸慶
Vice Chairman	副部長	Liu Huan Tseng	劉歡曾
Editor-in-Chief	總編輯	Lu Ching	陸慶
Chief Chinese Editor	中文股主任	Fang I Chih	方一志
Chief English Editor	英文股主任	Cheng Te K'un	鄭德坤
Chief Art Editor	美術股主任	Chang Yü T'ang	張郁棠
Chief Photo Editor	攝影股主任	Cheng Tung Lin	鄭東林
Chief Business Manager	總經理	Liu Huan Tseng	劉歡曾
Chief Advertising Manager	廣告股主任	Liu Huan Tseng	劉歡曾
Chief Circulation Manager	銷行股主任	Cho Huan Lai	卓還來
Chief Printing Manager	印刷股主任	Han Shu Hsin	韓叔信
Secretary	文書	Li Hsin En	李信恩
Treasurer	會記	Huang I Hsüan	黃憶萱

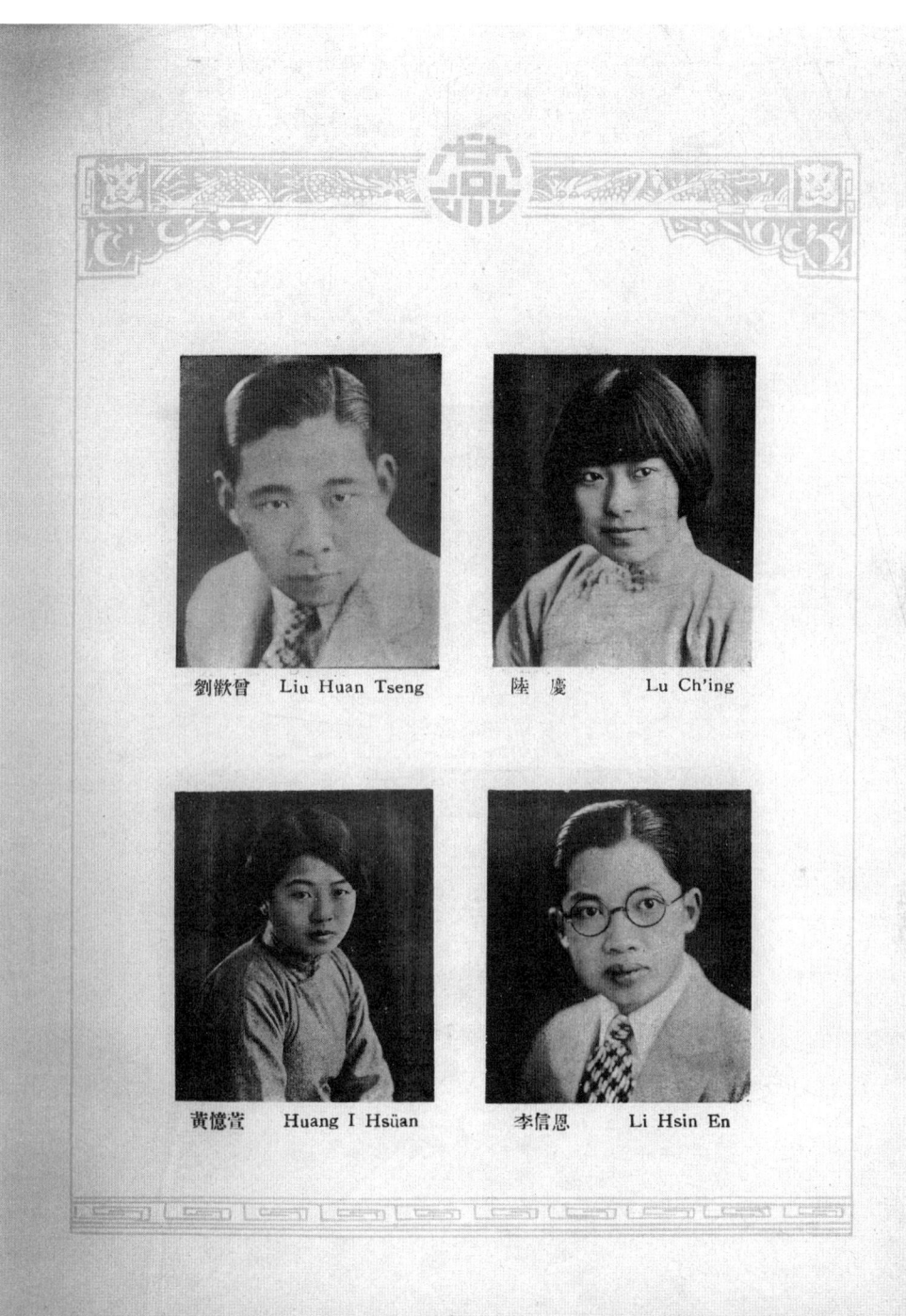

校景

金城銀行

資本總額一千萬元已收七百萬元
公積共計二百四十萬元

董監事　任振采　倪幼丹　吳達詮　朱鐵林
　　　　王景杭　胡筆江　錢新之　甯彩軒
　　　　周作民

總行　天津英租界中街
分行　北平　西交民巷東口
　　　　　儲蓄處　西河沿
　　　上海　江西路
　　　　　東城辦事處　王府井大街
　　　　　西區辦事處　靜安寺路
　　　南京　中正街
　　　漢口　湖北街　武昌辦事處
　　　大連　山縣通一ー七番地
　　　哈爾濱　道裏短街
　　　鄭州　興隆街

KINCHENG BANKING CORPORATION

AUTHORIZED CAPITAL	$ 10,000,000.00
PAID-UP CAPITAL	$ 7,000,000.00
RESERVE FUND	$ 2,400,000.00

HEAD OFFICE Victoria Road, TIENTSIN

BRANCHES

PEIPING	SHANGHAI	NANKING
HANKOW	DAIREN	HARBIN

With correspondents and agents in all the important cities throughout the country and in foreign countries.

Local Branch: Hsi Chiao Min Hsiang　Savings Department: Hsi Ho Yen　Morrison Street Branch: Morrison Street

PRESIDENT　CHOW TSO-MING

湖上吟

綠湖過呼
柳楓影鳥
牽瀟朱黃
風日影陰
東旭水花

葉絲後時
荷釣定來
翻引人月
雨波歌步
驟晴長間

翠條草蕪
蒼蕭碧紅
轉漸零涇
山樹霜露
群雉徹凉

外邊雪山
雲日積遙
彤落吹接
樹烟風草
枯孤朔衰

亂雲低薄暮

睿湖

高樹晚蟬說西風消息

島亭

六曲闌干偎碧樹

課室

令 人 發 猛 省

鐘 亭

在龍蛇影外

校友門

草樹荒寒一色秋

飾綺樓

悠悠萬世功
仡仡當年苦

辦公樓

疑是湖中別有天

平津樓

波暖絲鬣鬣

男生宿舍

翠葉藏鶯朱簾隔燕

女生宿舍

湖邊波影碎塔上夕陽多

水 塔

亂石寒柯聽林讀書

圖書館

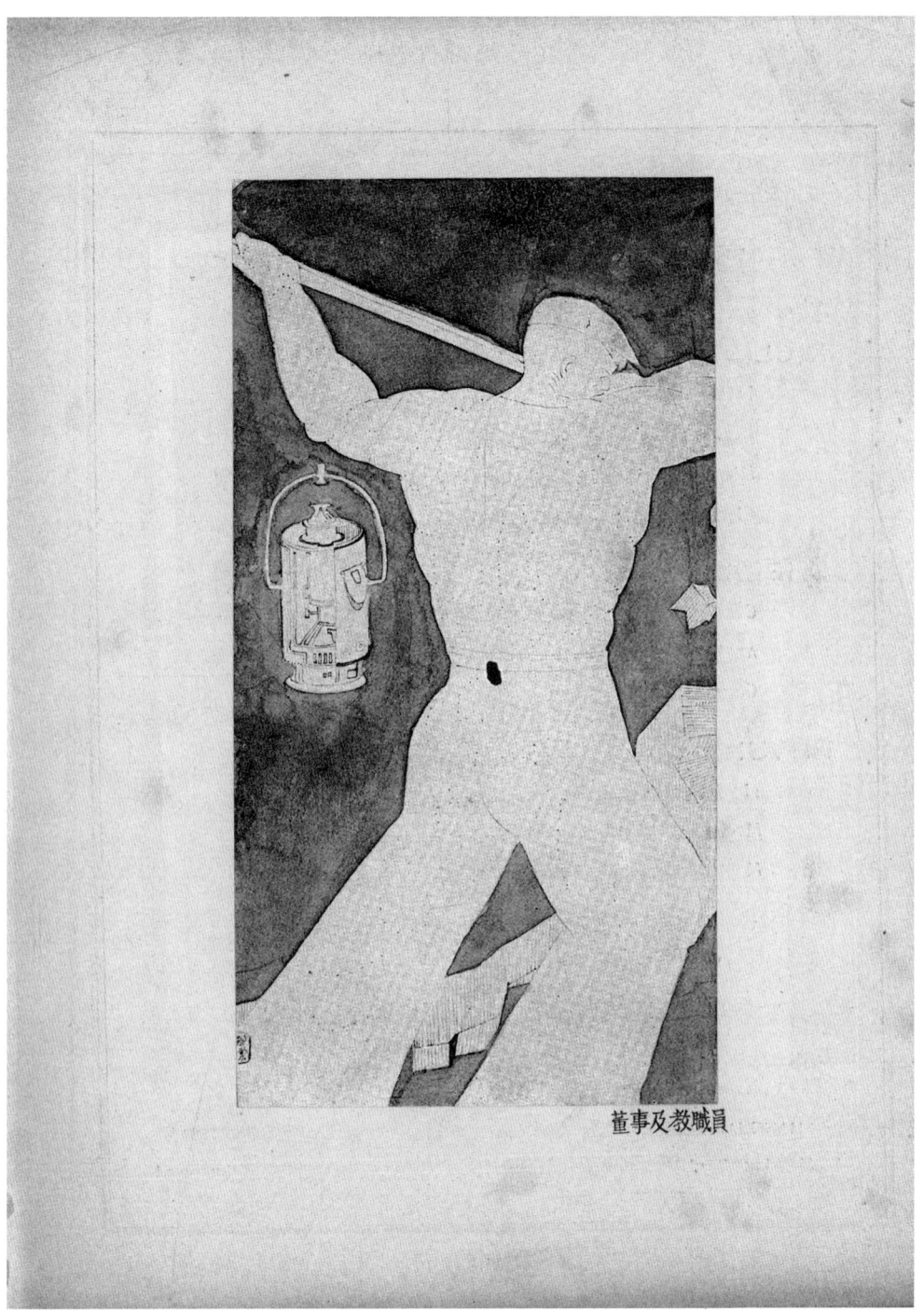

董事及教職員

SCIENTIFIC AND EDUCATIONAL SUPPLIES.

BIOLOGY.

    Leitz Microscopes and Mierotomes.

    Reagents and Microscopical Stains.

    Micro Slides and Coverglasses. Incubators.

    Glass Ware. Laboratory Supplies.

CHEMISTRY

    Chomical and chemical apparatus.

    Analytical Balacces and weights.

    Glass ware, Porcelain ware.

PHYSICS.

    physical Apparatus.

    Mechanies—Accoustics—Optics—Heat—

    Magnetism—Eleetricity.

SCHMIDT & Co.

PEKING EAST-CITY

1, Hsi-tang-tze Hutung

SHANGHAI	TIENTSIN
1, Nanking Road	52, Taku Road

董事
BOARD OF MANAGERS

Mr. O. J. Krause
寇饒司先生

Mr. T. C. Brown
萬多瑪先生

Mrs. C. C. Lin
凌其峻夫人

Mrs. Y. Y. Tsu
朱友漁夫人

Mr. S. T. Wang
王錫熾先生

Mr. C. H. B. Longman
樂嘉立先生

Mr. D. W. Edwards
艾德敷先生

Mr. W. F. Dawson
陶芳蘭先生

Mr. W. W. Yen　　Dr. L. T. Stuart　　G. D. Wilder　　Mrs. M S. Frame
顏惠慶先生　　司徒雷登先生　　萬卓志先生　　費賓臣夫人

Mr. John D. Hayes　　Mr. H. H. Kung　　Mr. C. Y. Chen　　Mrs. Wong-quincey
赫約翰先生　　孔祥熙先生　　陳昌佑先生　　王文顯夫人

校長　吳雷川　先生
CHANCELLOR WU LEI CHUAN

校務長　司徒雷登　博士
PRESIDENT J. LEIGHTON STUART, D.D.

大學行政人員
OFFICERS OF ADMINISTRATION

國學研究所所長
陳垣
Ch'en Yuan
Director, Research School of Chinese Studies

宗教學院院長
趙紫宸
Chao Tsu-ch'en, M.A., B.D., D. Litt
Dean, College of Religion

文學院院長
周學章
Henry H.C. Chou, Ph. D.
Dean, College of Arts and Letters

理學院院長
韋爾遜
Stanley D. Wilson, Ph. D.
Dean, College of Natural Sciences

理學院代理院長
博愛理
Miss Alice M. Boring Ph. D.
Acting Dean 1930-31, College of Natural Sciences

法學院院長
徐淑希
Shuhsi Hsu, Ph. D.
Dean, College of Public Affairs

女部主任 費賓閣臣 Mrs. M.S. Frame, B.D., D. Litt. Dean, College for Women	總務主任 全紹文 Ch'uan Shao-wen B. A. Comptroller	代理會計主任 高厚德 Howard S. Galt, Ed., D., D.D. Acting Treasurer

會計副主任 蔡一諤 Ts'ai I-O, B.A. Associate Treasurer	註冊主任 梅貽寶 Mei Yi-pao, Ph. D. Registrar	註冊副主任 郭美瑞 Miss Mary Cookingham, B. A. Assistant Registrar

代理圖書館主任
田洪都
T'ien Hung-tu, B.A.
Acting Librarian

代理圖書館副主任
鍾慧英
Miss Chung Hui-ying, M.A.
Acting Assistant Librarian

校醫
李衡仁
Basil L.L. Learmonth, M.D.
Medical Officer

代理校醫
辛約愨
E.J.M. Dickson, M.D.
Acting Medical Officer

學生資助委員會主席
馬文綽
Ma Wen-cho, B.Com.
Chairman, Committee on Loans, Scholarships and Self-Help

校長辦公處祕書
謝景升
Hsien Ching-sheng, B.A., B.D.
Secretary, The Chancellor's Office

文牘課代理主任
吳之淵
Wu Chih-yuan, B.A.
Acting Head, Chinese
Secretarial Bureau

庶務課主任
全希賢
Ch'uan Hsi-hsien
Head, Business Department

校友幹事
曹義
Ts'ao Yi, B.A., B.D.
Alumni Secretary

女生體育主任
高美華
Miss M. Marguerite McGowen, B.A.
Director of Physical Education for Women

男生體育主任
黃國恩
Wee Kok-an, M.A.
Director of Physical Education for Men

校園委員會執行祕書
鮑思偉
Charles W. Parr, M.B.
Executive Secretary,
Landscape Committee

教員
FACULTY

COLLEGE OF ARTS AND LETTERS 文學院

DEPARTMENT OF CHINESE 國文學系

馬　　鑑	Ma Kiam, M.A.	Professor and Chairman 教授兼主任
周　作　人	Chou Tso-jen	Professor (on leave 1930-31) 教授
郭　紹　虞	Kuo Shao-yu	Professor 教授
吳　雷　川	Wu Lei-chuan, Hanlin Academy	Professor 教授
祝　廉　先	Chu Lien-hsien	Lecturer (full time) 專任講師
薛　瀛　伯	Hsueh Yin-po	Lecturer (full time) 專任講師
熊　佛　西	Hsiung Fu-hsi, M.A.	Lecturer (full time) 兼任講師
徐　祖　正	Hsu Tsu-tseng	Lecturer (full time) 兼任講師

馬太玄　Ma T'ai-hsuan　　　　　　　　Lecturer (part time) 兼任講師
兪平伯　Yu P'ing-po, B.A.　　　　　　Lecturer (part time) 兼任講師

DEPARTMENT OF ENGLISH 英文學系

步多馬　Thomas E. Breece, M.A., B.S.,　　Professor and Chairman 教授兼主任
包貴思女士　Miss Grace M. Boynton, M.A.　　Professor 教授

臨美士　Ernest K. Smith, B.A., M.A.　　Professor 教授
桑美德女士　Miss Margaret B. Speer, B.A.　　Lecturer 講師
謝迪克　Harold E. Shadick, B.A.　　Instructor 助教
米德　Lawrence M. Mead, M.A.　　Instructor 助教

林美恩女士　Miss Gertrude Wood, M.A.　　Instructor 助教

DEPARTMENT OF EUROPEAN LANGUAGES 歐洲文學系

吳　路　義　Louis E. Wolferz, Ph. D.　　Professor and Chairman 教授兼主任
劉　兆　慧　George R. Loehr, M.A.　　Instructor 助教
寶荷蘭夫人　Mme. Helene C. Bauer　　Instructor 助教

王克私夫人　Mrs. Philippe de Vargas, Bacc. Litt.　Honorary Assistant Professor 義務副教授

DEPARTMENT OF HISTORY 歷史學系

費賓閣臣夫人　Mrs. Murray S. Frame B.D., D. Litt　Professor and Chairman 教授兼主任
洪　　　業　William Hung M.A., S.T.B.　　Professor 教授
王　克　私　Philippe de Vargas, Ph. D.　　Professor 教授

李 德 瑞	Richard H. Ritter, B.A., B.D.	Lecturer 講師
慶美露女士	Miss Monona L. Cheney, M.A.	Lecturer 講師
瞿 宣 穎	Ch'u Hsuan-ying	Lecturer 講師
方 壯 猷	Fang Chuan-yao	Lecturer (part time) 兼任講師
鄧 之 誠	Teng Chih-ch'eng	Lecturer (part time) 兼任講師
劉 朝 陽	Liu Ch'ao-yang	Lecturer part time) 兼任講師

DEPARTMENT OF PHILOSOPHY 哲學系

黃 子 通	Hwang, Lechung Tsetung, M.A., Ph.D.	Professor and Chairman 教授兼主任
博 晨 光	Lucius C. Porter, M.A., B.D., D.D., L.H.D.	Professor 教授

徐　寶　謙　Hsu Pao-ch'ien, M.A.　　　　Professor 教授
馮　友　蘭　Feng Yu-lan Ph. D.　　　　Lecturer (part time) 兼任講師

DEPARTMENT OF EDUCATION 教育學系

高　厚　德　Howard S. Galt, Ed. D.　　　Professor and Chairman 教授兼主任
周　學　章　Henry H.C. Chou, M.A., Ph. D.　Professor 教授

王素意女士　Miss Wang Ssu-i, Ph. D.　　　Assistant Professor 副教授
黃憲儒夫人　Mr. Huang Hsien-ju, M.A.　　Lecturer 講師
尊　施　澤　Alfred S.T. Pu, M.A.　　　　Assistant Professor 副教授
曾穗香女士　Miss Tseng Hsiu-hsiang, M.A.　Lecturer 講師

DEPARTMENT OF JOURNALISM 新聞學系

聶士芬　Vernon Nash, B.A. B.J., M.A.　Assistant Professor and Chairman 副教授兼主任
黃憲昭　Hing Wong, B.J.　Professor 教授
孫瑞芹　Sun Jui-chin L.L.B.　Lecturer (part time) 兼任講師
葛曾甫　Samuel D. Groff, B.J.　Graduate Student Fellow 研究員

DEPARTMENT OF MUSIC 音樂學系

范天祥　Bliss Wiant, B.A., M.A.　Assistant Professor and Chairman 副教授兼主任
蘇路德女士　Miss Ruth L. Stahl, Mus. Bac.　Assistant Professor 副教授
魏德鄰女士　Miss Adeline Veghte, B.A, Mus. Bac.　Instructor 助教

DEPARTMENT OF RELIGION 宗教學系

趙紫宸　Chao Tsu-ch'en, M.A., B.D., D. Litt　Professor and Chairman 教授兼主任

誠賀怡 Ch'eng Chia-yi, A.S.T.M., Ph. D.   Assistant Professor and Secretary of the Department 副教授兼秘書

谷潤德夫人 Mrs. Theodote Chase Greene, B. A. (Radcliffe)   Honorary Lecturer 義務講師

COLLEGE OF NATURAL SCIENCES 理學院
DEPARTMENT OF CHEMISTRY 化學系

衛爾遜 Earl O. Wilson, B.S., S.M.   Professor and Chairman 教授兼主任

竇維廉 William H. Adolph, A.B., Ph. D.   Professor 教授

韋爾巽 Stanley D. Wilson, A.B., Ph. D.   Professor 教授

曹敬盤 Ts'ao Ching-p'an, B.A.   Instructor 助教

王贊卿 Wang Tsan-ch'ing, B.A.   Instructor 助教

馬慕令女士 Miss Ma Mu-ling, Ph. D.   Instructor 助教

張　銓　Chang Ch'uan P., B.S.　　　　Instructor in Industrial Chemistry 工業化學助教

蔡鎦生　Ts'ai Liu-sheng, B.S., M.S.　　Instructor 助教

DEPARTMENT OF BIOLOGY 生物學系

胡經甫　Wu Chenfu F., M.A., Ph. D.　　Professor and Chairman 教授兼主任

博愛理女士　Miss Alice M. Boring, M.A., Ph.D.　Professor 教授

李汝祺　Li Ju-chi, M.A., Ph. D.　　　Assistant Professor 副教授

劉汝強　Liu Ju-ch'iang, B.S., M.S.　　Assistant Professor 副教授

DEPARTMENT OF PHYSICS 物理學系

謝玉銘　Hsieh Yu-ming, M.A., Ph. D.　Professor and Chairman 教授兼主任

楊藎卿　Yang Chin-ch'ing, B.S., M.S.　Assistant Professor 副教授

DEPARTMENT OF GEOGRAPHY AND GEOLOGY 地理地質學系
達体德 Walter W. Davis, M.S.   Professor and Chairman 教授兼主任
巴爾博 George B. Barbour, Ph. D.   Professor 教授

DEPARTMENT OF MATHEMATICS AND ASTRONOMY 數學系
陳在新 Ch'en Tsai-hsin, H., M. A., Ph. D.   Professor and Chairman 教授兼主任
韓懿德女士 Miss Ethel M. Hancock, B. Sc.   Professor 教授

DEPARTMENT OF PSYCHOLOGY 心理學系
陸志韋 Luh Chih-wei, Ph. D.   Professor and Chairman 教授兼主任
劉廷芳 Lew T'ing-fang Timothy, M. A., Ph. D., S.T.D., D.D.   Professor 教授
夏仁德 Randolph C. Sailer, Ph. D.   Assistant Professor 副教授
魏翠瑛 Roberta S. White, Ph. D.   Lecturer 講師

甘霖楷夫人　Mrs. Lennig Sweet, M.A.　　Honorary Lecture 義務講師

DEPARTMENT OF HOME ECONOMICS 家事學系

宓樂施女士　Miss Camilla Mills, B.S., M.A.　Lecturer and Chairman 講師兼主任
陳　意女士　Miss Caroline I. Chen, B.A., M.A.　Instructor 助教

COLLEGE OF PUBLIC AFFAIRS 法學院
DEPARTMENT OF JURISPRUDENCE 法律學系

郭　崑　曦　Minchow, Y.K. Kuo, LL. B.　Professor and Chairman 教授兼主任

潘　昌　煦　Pan Chang-hsu, Hanlin Academy,　Professor 教授
　　　　　　LL. B.
畢　善　功　Louis R. O. Bevan, M.A., LL. B.　Lecturer (part time) 兼任講師
錢　鴻　業　Chien Hung-yeh, LL. B.　Lecturer (part time) 兼任講師

DEPARTMENT OF POLITICAL SCIENCE 政治學系

徐　淑　希　Shuhsi Hsu, Ph. D.　Professor and Chairman 教授兼主任

呂　　復	Lu Fu	Professor 教授
蕭公權	Hsiao Kung-chuan Ph. D.	Professor 教授
許智遠	Hsu Chih-yuan	Lecturer 講師
王德齋	Wang Te-chai	Lecturer (part time) 兼任講師

DEPARTMENT OF ECONOMICS 經濟學系

嚴鶴齡	Hawkling Yen, Ph. D., LL. D.	Lecturer (part time) 兼任講師
黃憲儒	Huang Hsien-ju, M.A., Ph. D.	Assistant Professor and Acting Chairman 副教授兼代理主任
戴樂仁	John B. Tayler, M. Sc.	Professor 教授
李炳華	Li Bing-hua, M.A.	Assistant Professor 副教授

任宗濟	Jen Tsung-chi, M.A.	Assistant Professor 副教授
李泰來	Lee Tai-lai, M.A.	Assistant Professor 副教授
朱保訓	Chu Pao-hsun, M.A., Ph.D.	Assistant Professor 副教授
余肇池	Yu Chao-chih, M.B.A., C.P.A.	Lecturer (part time) 兼任講師

吳紹曾	Wu Shao-tseng, Ph.D.	Lecturer (part time) 兼任講師
黎世衡	Li Shih-hung, B.A.	Lecturer (part time) 兼任講師
文國館女士	Augusta Wagner, M.A.	Instructor 助教
黃 卓	Huang Cho, B.A.	Instructor 助教

DEPARTMENT OF SOCIOLOGY AND SOCIAL WORK 社會學系

許仕廉	Leonard S. Hsu, LL.B., Ph. D.,	Professor and Chairman 教授兼主任
楊開道	Cato Young, Ph. D.	Professor 教授
吳文藻	Wu Wen-tsao, Ph. D.	Assistant Professor 副教授
張鴻鈞	Chang Hung-chun, M.A.	Lecturer 講師
王傑儀	Miss Wang Chieh-I, M.S.	Instructor 助教

RESEARCH SCHOOL OF CHINESE STUDIES 國學研究所

容庚	Jung Keng	Professor 導師研究員
許地山	Hsu Ti-shan	Professor 導師研究員

SCHOOL OF RELIGION 宗教學院

趙紫宸	Chao Tsu-ch'en, M.A. B.D., D. Litt.,	Dean and Professor 教授兼院長

李 榮 芳　Li Jung-fang, M.A., Th. D.　Professor 教授
栢 基 根　Thomas M. Barker, M.A.　Professor 教授
伍英貞女士　Miss Myfanwy Wood　Instructor 助教
巴爾博夫人　Mrs. George B. Barbour, B.S., M.A　Honorary Professor 義務教授

歷年教員總數比較圖

 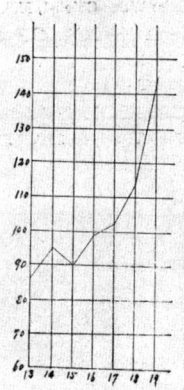

民國十三年	86
民國十四年	95
民國十五年	90
民國十六年	99
民國十七年	103
民國十八年	114
民國十九年	143

圖書館職員 LIBRARIANS

校醫處 MEDICAL OFFICE

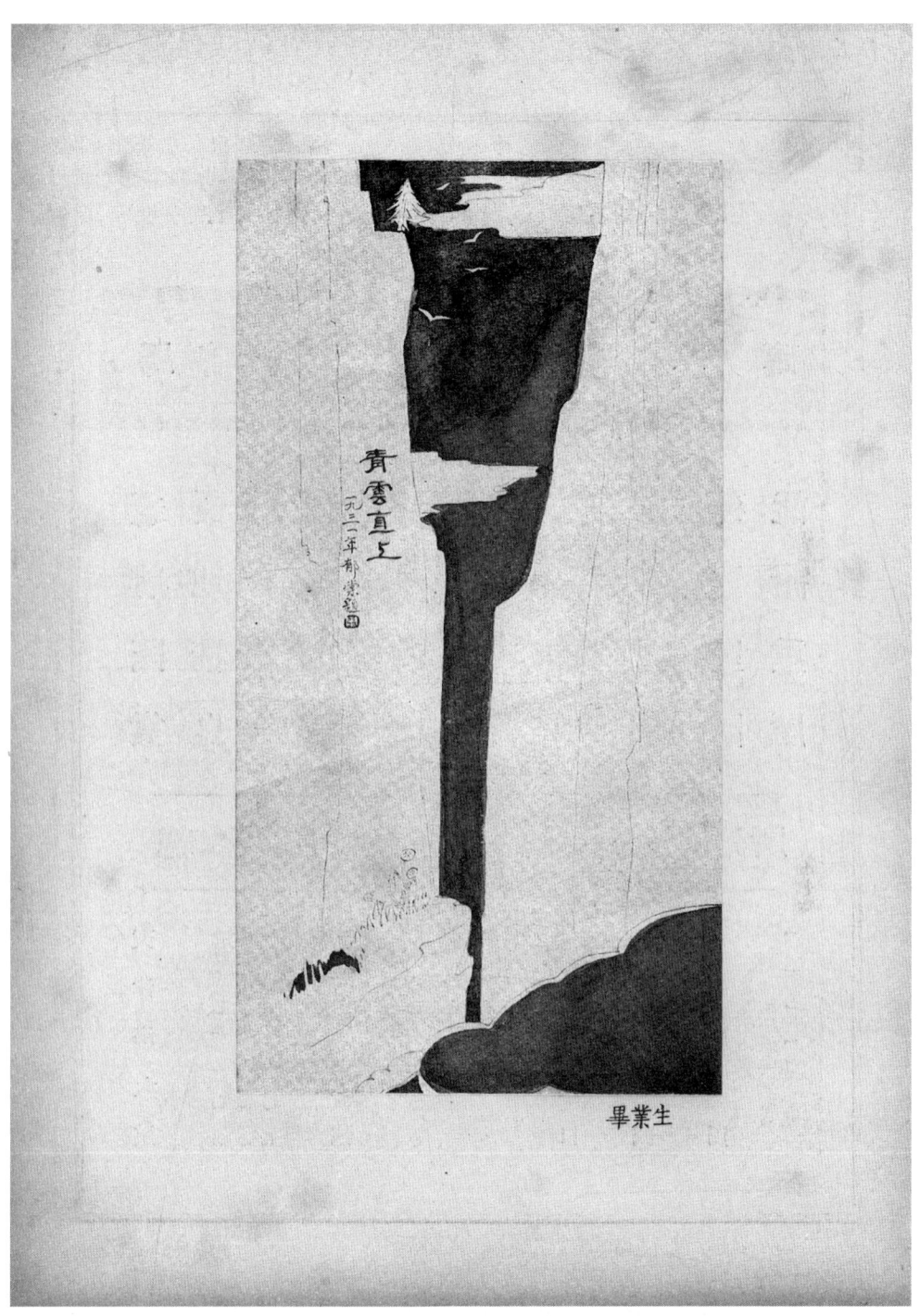

啓新洋灰公司

馬牌洋灰

老牌國貨
質地精良
行銷廿年
成績昭著

花磚方磚

花樣鮮明
經久不變
磚質堅固
能耐重壓

總事務所

天津海大道
電話 $\begin{cases}1309\\1749\\3492\end{cases}$
無線電報掛號
(啓) 0796

北平批發分所

打磨廠大口
北河岸一號
電話南分局
1591

研究院畢業生
POST GRADUATES

張鏡寰 (Chang Ching Huan)
湖南長沙　　哲學

張立志 (Chang Li Chich)
山東沂水　　歷史

字士心山東沂水縣人現年三十一歲民國十二年畢業於
濟南齊魯大學即留任歷史學系教員十六年肄業於清華研究
院去春來本校修業於茲一年又半矣

張壽林 (Chang Shou Lin)
安徽壽縣　　國研

陳 國 傑（Chen Kuo Chieh）
廣東番禺　　　生物
「予欲無言」節錄論語

褚 聖 麟（Chu Sheng Lin）
浙江杭縣　　　物理
褚君聖麟秉性誠慤，厚重寡言，與汝交最稔，故知之亦最詳。君固勤於學者也；鷄鳴而起，夜分而臥，孜孜然惟試驗之是營，此同汝之所習見者。君專攻物理已五六年，所獲甚豐，樂乃無比；於是有"終身行焉樂而忘天下"之志矣。君來燕京凡二年，例宜得碩士歸；然願其百尺竿頭再進一步；若竟能乘風破浪鯤化鵬飛，斯則策之上者也。謹浮三大白，為褚君祝。

毛汝

黃 煥 文（Huang Huan Wen）
安徽青陽　　　國文
話說黃君煥文者，皖南人也。黃者，黃帝嫡系子孫之謂。煥文者，煥乎其有文章之謂。皖南為產茶之區，茶味冲和；皖南人者，其為人一如茶味冲和之謂。我以黃君之天賦異才，證前一言，以黃君之學問深諳，證次一言；以黃君之待人接物，證後一言；凡知黃君者，當以我言為不誣也。

磊傳

羅忠恕 (Lo Chung Shu)
四川成都　　　哲學

我每一想着我的生活應當「努力」「奮發」的時候，不覺的你的影兒就浮現到我的眼前，好像給我的生活進展的標識一樣，這不是你「自強不息」的精神滲透到我的腦膜裏了麼？現世人類擾攘，人心惶惑，你治哲學，當能創一種新人生觀，使人人都能奮進而有美滿的生活，正如我受你精神的感力一樣。那你就不是哲學家，我也得稱你柏拉圖第二了．

　　　　　　　　　　　　　　　　　文俊

劉松青 (Liu Sung Ching)
福建閩候　　　國文

君治元曲，能另闢途徑，以清儒治經之方法推勘及於當時俗體文字奧語言諸方面。蓋受近人黎錦熙劉復諸氏之影響，而又能賡繼王國維吳梅諸氏未竟之緒者也。君學業之成就，固不止於是；而卽此一端言之，已卓卓可傳如此。

　　　　　　　　　　　　　　　　　紹埈

牟傳楷 (Mou Chudn Kai)
山東福山　　　國研

班書閣 (Pau Shu Ke)
河南杞縣　　　國研

蔡　謙 (Tsai Ch'en)
浙江德清　　　經濟
"滿招損謙受益"

董允輝 (Tung Yun Hui)
浙江永嘉　　　國研
君姓董氏名允輝字瓊培浙之瑞安人清光緒間瑞安有大
儒曰孫詒讓以治周官墨子聞於世君私淑之久故其學亦昌於
禮前歲曾主講滬上大同大學旋來所研究孜孜不倦與人交溫
且讓人皆敬之今夏以研究期滿別余南歸余實感君學行之可
嘉因級數語以留紀念云
　　　　　　　　　　新會陳垣

謝 廷 式 (Hsieh Tiug Shih)
四川巴縣　　　政治

唐 豁 (Tang chi)
廣東海康　　　國文

君粵東人。客歲畢業于國立暨南大學，博涉百家之書，且嗜且寐。癖于倚聲一道，篤鍾不休，旅燕以來，所歷勝蹟，悉寄于斯積碎已盈篋矣。殷周鐘鼎卜辭，亦所好尚，嘗謂余曰：（文學可不求古，而文字則愈古愈妙；將欲窺見其真面目，鍾鼎人辭莫屬焉。）為人不拘小節，接物以誠，喜結患難交。每際雪霽風清，豪興未嘗不發，一邱一壑，尚足抒懷；幽谷小溪，尤為欣羨，因自名奚谷云。
郿璞　一九三一，三，廿。

陶 士 珍 (Jao shih Chen)
江蘇南京　　　物理
"致知在格物"

大學畢業生
—COLLEGE GRADUATES—

張瓊霞（Chang Chung Hsia）
浙江嵊縣　　　　國文

君浙江嵊縣人性沈默，憤交深思；言不妄發，發處有當于事理，好文學，特喑或離騷；得毋于涉身處世之際，有所悵觸于中耶。

雅言

張文裕（Chang Wen Yu）
福建惠安　　　　物理

Mr X 非 u,nknown；閩人張君文裕也。君酷好物理及數學；與人語，常高談 x y 之變幻，而讀 x 為 '班克斯，'故同學皆呼之為 "米斯特亞克斯。" 君聞之輒啞然而笑，竟自號為，'X Chang' 並以之簽字，見者多識為 Exchange，誤也。

張君情篤而性燥，常憤世之虛偽，而有股塵之志。頗努力研究 "電磁波動學，" 蓋欲借其受人乘電磁波至極樂世界度其甜蜜生活也。

曉夢

張作幹（Chang Tso Kan）
浙江溫嶺　　　　生物

"而今識盡愁滋味，
欲說還休，"

—引辛棄疾詞

張 松 茂 （Chang Sung Mao）
福建思明　　　經濟

人家總以為你是很驕傲的一個。比較的認識你的我，倒不那樣想。"自尊"是做人的要素。

同學四年，今朝要分手了。臨別的時候，沒有別的相贈，只能誠懇地祝你成功。健康的神，幸運的使者；從小就跟著你到現在。只要你肯努力的向前，他們一定要做你終身的伴侶。　　　　　　　懷

張 克 丞 （Chang Ke Cheng）
浙江杭縣　　　歷史

君字禹五，瀟灑溫文，富於「儀體」突者往往陶醉，如飲醇醪。

工書能文，秀逸如其人，歌舞輕歈，聲容並茂，同學絕愛重之；啣觴裙屐往還，琴書酬答，宴遊文會，風雅盛一時。

近年情有所專，不求聞達，潛修西史，挾策宵行，竟儼然血氣方士矣。

客秋臂偕午夜泛舟，顧予曰：「十年後，君當看我淩雲飛去也。」余頷之，深知禹五奇才異稟，抱負不凡，徒以好學深思，精進靡已；他日際會風雲，變化誠不可測也。

禹五身長玉立，較好如虞子大有張子房遺風云。
錫光　三，十五，一九三一。

趙 豐 田 （Chao Feng Tien）
河北昌黎　　　歷史

陳仰賢 (Cheng Yang Hsien)
廣東普寧　　　國文

陳君仰賢原籍粵東儒居運羅負笈來祖國主修國文擅詩
詞風格道上興來時每忘寢食喜音樂尤工運羅歌聲韻悠揚繞
樑三日閒者樂之

慈溱

陳金屏 (Chen Chin Ping)

福建長樂　　　教育

陳善慈 (Chen Shan Tzu)
廣東新會　　　教育

嶺表山川得氣先　　巾幗出英賢
幽嫻靜雅欽丰采　　溫厚慈祥養性天
柳榭吟留燕市雪　　筆花夢繞劇門烟
戲颺雨晦聯深誼　　前路相期著祖鞭

實先

陳 懋 恒 (Chen Mao Heng)
福建閩侯　　　　　歷史

君,閩之螺洲人。父兄皆以德行文章聞。君以清麗敏慧之質,承淵源之教,故學亦冠儕輩。而余尤慕其志行之高超:好自立而不惑于物;急于公而烈于義。甚矣,世況日下;君非桃源中人;何高尚若是耶?或曰:螺洲環海,碧濤白鷗;蓬萊也。　　　　　　　　澄

陳 玉 符 (Chen Yu Fu)
廣東潮安　　　　　政治

"人生不作安期生醉入東海騎長鯨便當出作李西平手梟逆賊清舊京"　　　　　　　　陸放翁

嗟嘆人世太匆忙　廿年讀書彈指間流光換得方帽子同首春意欲闌珊

花開花謝不勝悲　勝事繁華轉眼移寄語湖上諸士女看花莫負花開時

佳人名士次第來燦爛香花滿園開他日重來湖上燕嘆否而令安在哉

千秋事業等浮雲　踏破方帽笑語君丈夫無志方是恨學士虛名何足論

　　　　　　　　　　玉符自題於莫愁湖

陳 耀 慈 (Chen Yueh Tzu)
廣東順德　　　　　經濟

君行四,故名四郎,身體雖然短小,可是英姿風爽,天真爛漫,老是笑着臉龐,可以人都叫他做「小孩子。」他是一粒多情種子,生來就帶著一副愁眉,他對一切,都覺悲靚,尤絕口不談異性,故有「和尚」之稱。然而我們的四郎畢竟是多情的,正所謂其情不寄託於此,即須寄託於彼。他既不寄寄於異性,故鍾情於山水花月。他愛好美術,愛好遊覽,尤愛靜默,他的性情像處女一樣柔和可親,但却顯着南方人本來的面目,活潑的朝氣,但是,四郎長在島國,不免染島國人民的習氣,性子帶一點急燥。

四郎的求知慾很大,對於文學及社會科學都有極深的興趣。畢業後擬專門研究財政學云
　　　　立人　潁川太郎

鄭　焉（Cheng Chien）

遼寧鐵嶺　　　　國文

鄭成坤（Cheng Cheng Kun）

福建思明　　　　社會

鄭廣安（Cheng Kuang An）
福建龍溪　　　　經濟
"A sacred is the life ye bear. Look on it, bear
it solemnly.
Stand up and walk beneath it steadfastly, Fail not
of sorrow, falter not for sin,
But onward, upward, till the goal ye win.
Kemble

鄭君原籍福建，僑居南洋荷屬之爪哇島，民十四年歸國升學，初肄業於暨上暨南大學，民十八轉入本校，專攻經濟，蓄為將來溝通中南金融之準備。今君學成，儒胞前途，國家福利，有以賴焉。君性情和靄，又多情感，每與人談則笑容可掬，遇友有難則盡力相助，課餘消遣，唯音樂為其嗜好云。

澤林

鄭 侃 慈（Cheng Kan Tzu）
廣東中山　　　　　國文

十年前我是一個可憐的孩子，
徘徊十字街頭，嘗遍人生的苦味。
艱難鍛鍊我成一個樂天而不安命的人，
振起奮鬥的精神，向着希望的長途走。
前進！前進！怕什麼荊棘和虎狼，
在血光中露出笑容，才是真正的勝利。
　　——二月一日侃自序於由城返校的歸中

鄭 惠 珠（Cheng Hui Chu）
福建閩侯　　　　　社會

苗條秀逸，敏銳克苦的惠珠，相熟者都知道罷。但，
生性高潔，持已謹嚴；仁慈篤厚，急人之急，憂人之憂的
惠珠，不是同她親近的朋友就很少知道了。
她里念着帶枷鎖的人們，
她眼瞥上帝的慈祥，與基督的奮鬥犧牲。
她相信掙扎可以替人類找到光明。
　　　　　　　　　　　　　　　昌鶴

鄭 東 林（Cheng Tung Lin）
廣東寶安　　　　　化學

他有一副和藹慈祥的面孔，菩薩般的心腸。日常待人
接物總是笑容可掬，和靈隱寺五百羅漢中的笑羅漢不相上下
。他發脾氣的時候，不用說，當然很少；別人忍不
住的喜，怒，哀，樂到了他的胸懷只化成無數的笑紋一絲
絲地浮在臉上；不過，等到真的逗起他的佛火時，這當然
更是少數的少數，他也會皺一皺嘴，扳起他雷公臉也夠體
面的。
　他擅長室內運動；乒乓，彈子，下棋都是他的看家本
領了。
　他精於攝影。家傳的一架柯達克已跟他走遍大江南北
了。
　平居他輕易不說話，但說出來總會令人發噱，時人歡
喜。"揚竿爲貴"經濟學中供求之道他大概很有研究的。
　　　　　　　　　　　　　　　　觀槐

曾 瑞 振（Cheng Jui Chen）
廣東揭陽　　　　經濟

君粵東產，幼別家庭，受初中等教育於廣州培正中學；於一九二五年畢業後，被原校留為初中英文教師，凡二載，復升學於滬大，越一年，即來本校，此為君人生旅程中之過去一段也。

君為人誠摯，富責任心，除孜孜於學業外，復極留心時務，對於社會政治經濟情況，有深刻之認識。至於運動，本為所喜，尤擅短程賽跑，曾在廣東全省運動會大露頭角；但年來則博喜沉靜嗜垂釣，未名湖畔，常見其縱跡，是還姜太公之流亞歟？

　　　　　　　　　　　　　　　H. K.

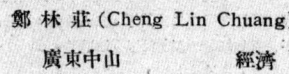

鄭 林 莊（Cheng Lin Chuang）

廣東中山　　　　經濟

齊 思 和（Chi Szu Ho）
河北寧津　　　　歷史

致中敏而好學，寬厚愛人，有長者風。於學無所不窺，上自羣經諸子，下至康梁胡顧；每一書，必有新奇問題發見，尤精於考證學，史學方法，爾漢歷史。其於文也，綜合子長之駿俊，孟堅之典贍，益以孟軻之奔放，莊周之恣肆，實今之文章家也。致中學雖博，文雖工，然猶蓄意潤飾，學孳不倦，行見列足世界學者之林，與人類文化史以絕大貢獻。豈特為吾校生色而已哉？

　　　　　　　　　　　　　　　伯棠

齊永康（Chi Yung Kang）
河北高陽　　　教育
"一條赤貧如洗的窮漢，竟在花花的燕京窮混了幾年；不但出人意外，就是我自已也未敢這樣高攀，希望將來的我，不要因為戴了個布爾喬亞式的頭銜，就把自己的本色改變，"
　　　　　　　　　永康自觚

賈庭訓（Chia Ting Hsun）
山東益都　　　化學

周科徵（Chou Ke Cheng）
浙江鄞縣　　　新聞
科徵不但鎮天在書庫裏討生活，並且是書蟲隊裏的健將。他無書不讀，每課必到，平生絕口不談愛務，兩眼充滿[E]｜[G]。寫論文，你作五頁，他必十頁；讀參考書，你念半本，他必一册，並非其聰明絕頂，實其勤慎有過人也。以言交友，則同處數載，久而彌妝；以言服公，則慎始敬終，勤勞不怨。時屆卒業，家人促其掌櫃，報館請其主筆，叩其行止，則日：吾將去報館，蓋其志在功業而不在求田間宅也。
　　　　　　　　　　椿

燕大年刊一九三一

361

周天墀（Chou Tien Chih）
福建閩候　　　政治

周振勇（Chou Che Yung）
河北大興　　　教育
我是河北人，現年廿二歲，對於人生取樂觀態度，在世界上沒有不得了的事，全是猫猫虎虎，因爲沒有人能了解宇宙一切，所以我也就只好混過一生就完了，我的處事方針是，得過且過，及時行樂而矣，李太白說的正對「浮生若夢，爲歡幾何？」
　　　　　自傳・三月十八日・

周叔昭（Ch·u Shu Chao）
安徽秋浦　　　社會
君性和煦，尤好分析，雖一夢之徵亦欲窮其原委；對學問非常認眞？她的女犯研究（學士論文）在犯罪學上，極有幫助，分析犯人，較之二年前嚴景燿先生所作，更覺精確。平日調查貧民，孜孜不倦，著述散見各處，願其永遠以監獄作恩物，犯人爲好友，未來的中國犯罪學家不是你是誰？
　　　　　　　　　　　克思

趙繼振 (Chao Chi Chen)
湖北漢川　　　經濟

朱宣慈 (Chu Hsuan Tzu)
山東黃縣　　　社會

鍾文惠 (Chung Wen Hui)
福建閩候　　　家事

朱文思（Chu Wen Ssu）
湖北夏口　　化學

朱賓文（Chu Pin Wen）
福建惠安　　國文

朱武英（Chu Wu Ying）
河北天津　　化學
武英才僅中人而所學則確有根柢蓋非無因也午夜孤燈
斗室非武英讀書之時乎勤能補拙信哉
　　　　　　　　　　　　　　　　　霞庸

鍾 三 同 （Chung San Tung）
廣東中山　　　經濟

方 貺 予 （Fang Kuang Yu）
福建雲霄　　　教育
"胡爲乎！遑遑欲何之？……"
"既自以心爲形役，奚惆悵而獨悲？！"
"悟已往之不諫，知來者之可追；"
"實迷途之未遠，覺今是而昨非。……"
　　　　　　　錄陶靖節句自輓

方 一 志 （Fang I Chih）
安徽巢縣　　　政治
　一志十年來的生活，總是飄泊無定而多少帶點浪漫與冒險的色彩。但他的性格態度却並不因此而少變。記得我們第二次見面的時候，我很驚訝的便是他還是那樣。在這一點上我不能不欽佩他的「不移不屈」的精神。
　一志對於舊朋友，總是誠懇而眞摯。他的確是能「盡己之心，推己及人」的。對於社會，甚至對於全人類，也是具有很大的同情心。
　　　　　　　圂百

馮 家 昇 (Feng Chia Sheng)
　山西孝義　　　　歷史

傅 時 敏 (Fu Shih Min)
　山東益都　　　　經濟

她的眼像是永瀉銀河；
她的丰姿，樹影婆娑。
離去了，
一言一笑的音波縈迴在耳旁難沒。
朝霞般的才氣；
潔雪般的性情；
絢爛的生命之花，
卓然地開放在囂嚷俗境。
看她披上了長服，
戴上了方巾。
此後定然是一帆風順，
依然，希望她保持着天使的心。
　　　　　　　　　隆

韓 叔 信 (Han Shu Hsin)
　山東濰縣　　　　歷史

叔信！數載的相知相敬，　將互道一聲珍重而別離。
從此後，我們各奔前程，　在這人海中浮沉！
優美的環境，　可愛的人們，
轉瞬間即將永逝了，　不必個個去留戀！
叔信！你有堅強的性再，　也有眞懇的感情，
不過你爲人太拘謹，　又不善逢迎。
你有偉大的志向，　也有天賦的聰明，
不過你缺少生命中的憧憬，　又不願矇矓地去追尋。
叔信！將老的春光，　就是我們分離的時期，
讓我再將歲年來的舊話，　重向你叮嚀！
你應當快快認清了你神聖的對象，　努力向新生命的
道路中前往！
不要再惆悵！　不要再徬徨！
　　　　　　　　　　　　啟泰

賀 惠 瓊 (Ho Hui Chiung)
廣東番禺　　　社會

何 貞 懿 (Ho Chen Yi)
江西南昌　　　家事
"因眞理得自由以服務"是我的校訓
"Forward"是我的班訓
"信，望，愛"是我生活的標準

何 宗 頤 (Ho Tsung Yi)
廣東番禺　　　數學
....
欲　說　還　休
....

何 振 朝 (Ho Chen Chao)
福建福淸　　　歷史
"聖其志苦其心勤其力事無大小必有所成"
　　　　　　　　　　　　錄曾國藩句

謝 蘊 華 (Hsieh Yun Hua)
福建閩侯

蘊華是個深藏的個性；她常常要找一個別人永不會找着她的地方退避。正因如此，她所做的一切美麗的事，抑在暗裏發出光亮，閃耀它們的創造者。她彷彿天際的虹，秘藏在宇宙之內，平常是看不見的，風雨之後，空中自然顯出燦爛。然而燦爛不就是虹，蘊華所做的美麗事情，也不就是蘊華麼！

　　　　淡秋　一九三一贈給她生日。

許 維 經 (Hsu Wei Ching)
廣東潮安　　　政治

黃憶萱（Huang I Hsuan）
江蘇上海　　　　家事

這四年所給予我的，並不是高深的學問，也不是滿腦子的書籍；乃是對於人類的認識，和人生的了解。

"Be true to your word your work and your friend"

憶萱自勉

黃民威（Huang Min Wei）
廣東台山　　　　經濟

「十年窗下不苦，千日離家猶樂，」此可為君詠也。君牲情豪俠，有國士風；待人接物，皆出至誠，故人恒樂與之遊。君英姿瀟灑，機警敏捷，但於異性，則未稍留意，嘗謂大丈夫當飄流四海，豈能以兒女態株守家園哉！吾甚佩君之志，君行矣，前途大，願勉旃。

立人

黃　迪（Huang Ti）
福建閩候　　　　社會

身之顯憲為之也目之明光為之也使身而無憲則尸一具耳目而無光則肉一臠烏在其能顯能明耶憲光之於身目其為用蓋亦大矣迪君顗悟明顯有望抑亦有知乎憲光之理否耶

卿識

胡廷印（Hu Ting Yin）
　　河北遵化　　　　化學

易秉坤（I Ping Kun）
　陝西石泉　　　　國文

君為人質直尚義，剛毅有為；寵辱不動於心，喜慍不形於色；風義高卓，謙度恢閎，殆所謂「湼而不滓，磨而不磷」者歟！

其為學刊落聲華，實事求是；博覽羣書，深明體要；精敎學而能文章——有所述作，大都典覈精湛，氣息深厚；不屑游辭勵說，詭辯巵言，以相炫惑。而尤關懷國計民生，慨然有澄清天下之志。與人交，相尙以道；箴過勸善，解難析疑，諄諄然無倦意，以故同學多敬愛而樂與之游。

君於十四年夏離校服務社會，十八年春復返校肄業，「有志竟成！」

余交君三載，深感磨龔，爰述所知，以告同學而志不忘！
　　　　　　　　　　　　　　　　　　　錫光

高惠民（Kao Hui Min）
　　河北遵化　　　　政治

葛 啟 揚 (Ke Chi Yang)

江蘇江都　　　歷史

「死人」雖說是史系同學的雅謔，但葛先生却不能不說是頂活的，大概是得了葛天氏的遺風罷，他終日活潑潑的，憂鬱的性緒，向來不發生在他的腦筋中。論他的學問，眞是淵博。史學是他的本行，不必說了。此外如天算，物理，地理，教育，他都弄得很精。拿這樣廣博的基礎，科學的頭腦，整理國史，自然是易如反掌。一個孔夫子還夢不見的周公，被他一打就打通了，又有什麼奇怪？

　　　　　　　　　　　　致中

關 瑞 梧 (Kuan Jui Wu)

廣西蒼梧　　　社會

郭 振 庭 (Kuo Cheng Ting)

廣東南海　　　經濟

我是一個中國人！(？)同時，是一個大學畢業生！(？)——噁！

　　　　　　　　　　　　自傳

黎名郇（Li Ming Hsun）
廣東中山　　經濟

從學校年刊裏找出來的畢業生，沒有一個不是好人，更沒有一個不是有爲的青年，若果眞是這樣，中國早就強盛川！

現在是個虛僞的社會；你吹我，我吹你；你講我，我亦講你。人人莫不以投機，作假，裝面子爲能事，因不如是，惟有孤獨滅亡！

但這樣醜惡的社會，不應努力改造嗎？個人重大的犧牲顧不着的，必要的。

寫小傳的反感

李　鐸（Li To）
河北宛平　　化學

李崇貞（Li Chung Chen）
浙江杭縣　　歷史

嫻靜溫柔的外貌，

進取清晰的思想；

任憑外物清濁，

不能使她的人生觀遷移。

林 觀 得（Lin Kuan Te）
　　福建長樂　　　　地質

渥要寫什麼！這一副深刻的眼睛，已毅毅重地描出他底多情與誠摯；這兩片俊小的嘴唇從容地畫出他那緘默的生涯。這清癯的臉龐明白地表示着他是個曾嘗殼人生的悲哀的人，然而他無時不在微笑着。一顆心早年便已有了創痕，瑣屑的打擊在他已成平常。　　　　　　乾

林 嘉 通（Lin Chia Tung）
　　福建思明　　　　心理

林 德 翰（Lin Te Han）
　　福建南靖　　　　生物

君剛強率直，不拘禮節。雅好音樂，課餘飯後輒開絃聲襲耳，隱有怡神之妙。體軀精幹尤熟滑冰之術；滑技進步之速，人莫與京。

科學爲君孟卿，允爲心得。閒暑期將冒夏日作星島遊，訪其愛友，秋季繼續習醫，俾能藝有擅長。他日業成，出其所得以濟世，誰將謂其無益於衆生。
　　　　　　　　　　　　　　正誼

林啟武（Lin Chi Wu）
廣東惠陽　　　　社會

連士升（Lien Shih Sheng）
福建福安　　　　經濟

隍聰電謝畢業將屬伯棠以小傳命蓋以余獲交君久於君之為人粗有所識也余維伯棠為文遠紹莊騷近規郭郁廉悍嫻秀兼而有之治經濟思想史窮源竟流釋滯析疑雖老師宿儒無以測其高深此同學所深知而相與推服者也然以此識伯棠斯猶得其淺者也伯棠為人懇摯勇毅待人以誠平日恂恂似不能語者及夫遇大事爭可否雖孔墨不足以喻其智儀秦不足以方其辭性和易不好與人較然義之所在雖蹈水火犯白刃而不辭古之所謂仁勇三德皆足以當之而其和光同塵不恃才而傲物則雖在古人中又何可多得也此或同學等之所未及知者乎爰書數語以為同學告

致中

劉廣志（Liu Kuang Chih）
遼寧遼陽　　　　歷史

"我奔不像無定向的，我拳不像打空氣的，我是攻克己身，叫身服我，"

保羅

劉歡曾（Liu Hwan Tseng）
江蘇武進　　政治

各人有各人的世界，各世界有各不同的旨趣。在未入一個世界以前，總有許多阻礙或破壞；既入一個世界以後，自有許多安慰和成功。阻礙或破壞乃是富有刺激的興奮劑，安慰和成功才是心血的收穫，以堅忍不拔的意志，努力創造你自己的世界罷！

歡曾自傳
"大丈夫是可憐人的，不是被人可憐的。"
自慰語　二十，四，十五，

劉克己（Liu Ke Chi）
湖北咸寧

朋友給我的話：
"你說話的時候別人總愛笑你，可是這並不是你說的話有精采，乃是你的話說錯了。"

"你頂好是 major in Physiology 因爲你對於面部 vaso-dilation 的研究有獨到之處，要 demonstration 的時候也用不着費事。"

　　己

劉啟泰（Liu Chi Tai）
安徽合肥　　政治

數年來的相知，不久就要離別了，這怎能不使我悵惘怎能不使我留戀呢！

啟泰，你是一個有聰明的人，希望你能將聰明善用。你是一個能作事的人，也希望你能作事認眞。

在我們的友誼生活中，我覺得你的性情很剛強，可是你對于朋友，卻最能讓前人。不知道你的人，覺得你對人太冷淡，可是和你交接久了，便會覺得你久最富于熱情。

啟泰，利用你的長處，努力前程吧！
叔信

陸　慶（Lu Ching）

江蘇武進　　　經濟

願如新燕脫巢櫟　　海闊天空著意翔
南去北來傳蜨到　　風前雨後替人忙
　　　　　　　　　　　　勉餘述志

盧祺英（Lu Chi Ying）

廣東順德　　　生物

馬家驥（Ma Chia Chi）

江蘇上海

希到知己的朋友，至少有準確的觀察，才能說是互解
。與其無謂的誇獎朋友，反不如直言的好：
驥的成績優異，然而并不死用功。
驥窩有日本性的熱情，然而流帶着英國式的冷淡。
不吝千金一擲的慷慨，因此有時要 Broke
雖是學的醫科，然而學識并不限于那一門。
看過驥的亞妻，不能不佩服他的演劇天才。
在任何宴會裏添了驥便加了許多興緻。
　　　　　　　　　　　　歡曾

馬振玉（Ma Chen Yu）
河北固安　　　　　物理

我不要寫自己登廣告，更不要寫自討的檄文，因為二者都無聊。

為利用這塊地方起見，不惜寫在這里一兩句不關痛癢的話；不然，這塊地方橫豎也要空著。要說的就是：

以往的我，我不呪詛；未來的我，我且希望。

馬仰曹（Ma Yang Tsao）
浙江紹縣　　　　　經濟

馬萬森（Ma Wan Shen）
河北深縣

提起"老馬"的名字，人人立刻想到足球戰場上一位英武的健將，清華"黃牛"的惟一勁敵，在學問方面，他更有驚人的成績，不過他可取的點並不在此，而在他那種求知的精神，待人的忠誠自謙的態度，與其用聰明絕頂，文武兼全來描寫他，不若說他是"大智若愚"，

伯樂

毛 應 斗（Mao Ying Tou）

福州閩侯　　　生物

"不失其赤子之心"

節錄孟子

傑

孟 光 裕（Meng Kuang Yu）

河北清苑　　　經濟

穆 潤 琴（Mu Jun Chin）

遼寧遼源　　　歷史

卞美年 (Pien Mei Nien)
江蘇儀徵　　　生物

浦耀瓊 (Pu Yüeh Chiung)
四川廣安　　　經濟

佘蘊球 (She Yun Chu)
江蘇上海
余識佘君於金陵復過作燕亦同學爾校時相過從君出靜
寡言偶出一語必解人頤天真聰穎瀾漫玲瓏同學多以「小佘」
呼之
　　　　　　　慧

司徒燊 (Ssu Tu Hsin)
廣東開平　　經濟

蘇松濤 (Su Sung Tao)
浙江象山　　政治

孫增敏 (Sun Tseng Min)
浙江杭縣　　心理
伊似浮在春山畔的朝霞；伊似浸在溫泉裏的潔玉．
伊似盛開的百合花；伊似素描的和合仙．
伊那和煦的笑，永遠堆在臉上．
伊那諛諧的話，時刻放在舌邊．
伊！伊！
　　　　　　　　　　　　睡仙

譚超英 (Tan Chao Ying)
廣東開平　　國文

余初識君,閱君文章,多沉摯奇警語,過目迄不能忘。知君漸深,君常採花相遺,為安插瓶盤,斜橫有致,尤感君之高情逸趣也。去夏臥病,得君相伴逾月,乃稔君於奇,雅,之外,尚有極溫柔敦厚者在!"不是達人苦戀君,亦狂亦俠亦溫文",此二語,先寫我心矣。

　　　　　　　　冰心　二十年三月十九日

譚級就 (Tan Jen Chiu)
廣東新會　　社會

朋友們熟了便會打架。我和級就十載同窗,沒有紅過一會臉。五卅的風潮推開了我們同班上課的幸運。我以為以後決不會再回到那在桌上堅著一本書,下面偷偷地玩棋子的生活了。誰知鬼使神差的在大學裏仍舊聚到一塊了・"入芝蘭之室久而不聞其香"我們是混得太熟了。縱使這株芝蘭香到二十四分,我的這個薰慣了的鼻子也聞不出一個二五八來。

　　　　　　　　　　　　　　勉馀

湯晉 (Tang Chin)
江蘇武進　　物理

余友湯晉年少英俊,秉性聰頴而豪俠,舉動活潑而不磊。居常喜遊藝,舉凡與致所及,一舉手動心,輒增上乘。游騎駕駛,徑賽球類,固所素愛,而於究鳥林,冰球二藝,尤所特長。顧人常以此特湯兄之慣技耳,而少有知彼於學問之修養,亦精俱彌到蓋其思想靈敏。,解決物理問題神速,誠離能可貴也。當其用心時,可繼晝夜, 咬牙之精神尤有愛迭生之風。生性又喜冒險,畢業後,擬作飛行學之研究。企於實驗成功後,可親自騰駕翳雲。高乎一切,願湯兄勉之。

　　　　　　　　　　　　　　欽

湯　德　臣（Tang Te Chen）
廣東新會　　　　新聞

高湯者，德臣之綽號也。其涵義有二：其姓湯而身高，故"高湯"之，取其像形，一也，以其性瀟而貌爽，與膏湯同味，故"高湯"之，取其像聲，二也。然"高湯"雖高，而其心則極細，讀書作事，成績斐然，處世接物，誠信堪篤。工音樂，長排球，精方言，善談笑，且其音調頗高，球技甚猛，笑聲一發，儼若戲園開場之鑼鼓；兩手頻揮，勢如登天之鵰鳥；初見者固莫不以其氣盛性癖之不可以與也。氏酷嗜電影，一日三場，不以為勞，兩餐不飽，亦所不顧，是亦所謂影戲迷者矣。

椿

田　驄（Tien Tsung）
河北霸縣　　　　國文

田　鎬（Tien Hao）
河南開封　　　　法律

蔡方憲（Tsai Fang Hsien）
江西南昌　　　　物理

籍隸江西兮，操京語如水流，引桑賊齊夫兮，不齋夫而"摘壺"。
主修物理兮，既顗敏且加油，造詣其邃密兮，斯言豈是吹牛！
衣飾楚楚兮，觀瞻非常講究，悠悠此四年兮，不過兩套西服。
雖不好動兮，網球却高一籌，惜無人"顧廬"兮，英才不遇堪愁

　　　　　　　　　　　馬振玉

蔡兆祥（Tsai Chao Hsiang）
廣東潮安　　　　社會

蔡兆祥君，是廣東潮安縣人，他十三歲在汕頭礐石高小學校和我同學，就很相好，他守規則，勤功課，好運動，校內校外的團體，都熱心參加；常任要職，也出得風頭，他沒有煙酒及一切惡嗜好，生活很有規律，居室雅潔，衣冠齊整，的確是個純潔有爲的青年。

　　　　　　景雲，自廣州地方法院。

左德珍（Tso Te Chen）
湖北武昌　　　　歷史

燕大年刊一九三一

王 善 玉 (Wang Shan Yu)

福建同安　　　　政治

王 秀 瑛 (Wang Hsiu Ying)
河北定縣

瑛瑛是個在自然的懷裏長大的農家女兒。鳥兒教她唱，所以她深能領悟音樂的清趣。她朝夕和樹兒，花兒，草兒，做伴，她一笑，就是一朵微開的山桃！偏她有詩詩的機敏，令人笑倒。難得她再有雄辯的才智，教人辭絕。最是她那寬廣的度量，使人愛和她交往。

淡秋　一九三一，三，三十

王 承 詩 (Wang Cheng Shih)

湖北武昌　　　　物理

自覺清高的人漠觀人生；自作聰明的人玩弄人生；真正會生活的人，却是捉着了它，而飲着從那污濁的生命之澗裏濾過的甘泉她便是這樣的一個．

春生

王樹林（Wang Shu Lin）
河北蠡縣　　　社會

王世溶（Wang Shih Chun）
河北天津

魏　墀（Wei Chich）
福建古田　　　經濟

魏墀性沉毅好讀書孜孜兀兀無或間斷以是成績卓著於
農村經濟信用合作事業尤有研究蓋魏墀雖為地主而對於農
民之解放固未嘗不認為己任也有志竟成吾於魏君尤有厚望
仰曹　民國二十年季春。

吳 椿（Wu Chun）
湖南臨湘　　　新聞

曾見過他的人，必忘不了他那君子風度。凡認識他的人，必都喜歡他那和藹性情。他作事是謹愼敏捷，交友是信義彙顧。他從容作酒滔滔雄辯，從未見他舌敝唇焦。善屬文章，布局行文，提字造句，熟巧有如庖人之調五味，且中西彙善，眞乃名廚他日赴館（報舘也）掌竈。（作主筆）也定能應付裕如。性好整潔而頗疏懶，故出則獨美其身，居則凌亂其室，桌上書報厚數寸，榻上衣發高數尺。他日執筆報舘，往訪者恐將在室內報紙堆裏尋他吧。

在校歷官至新聞學會主席及新中國雜誌總編輯，內外（校內外也）中西（中西師友也）皆聞共名，贊曰「論吳子之才能，可謂"excellent"矣，論吳子之爲人，可謂"the best"矣。」余欲不贊，可乎？

　　　　　　　　　　　　　　　　　雨冬

楊昭如（Yang Chao Ju）
安徽泗縣　　　經濟

無紈袴習，亦無寒酸氣。不喜修飾，率正純任自然。交友以誠。與人無忤。治事似不經意，而策畫靡不周至。健談。善大笑。處世無機械心。天眞活潑？除遇特殊環境，幾不知人間有愁苦事。

　　　　　　　　　　　　　　　　　眞月

陳和祿（Chien Ho Lu）
四川巴縣　　　化學

短小玲瓏，心直口快，性質豪爽，對人誠懇，腹無岔腸，人不與言，彼亦不交語，然有友之者，彼必深信之；其於學業，向來是：「兩耳不聞春風至，一心只讀案頭書。」惟近來稍有改變。其性嗜胡琴，每進城必携其頗有年代之藍布袋內盛之胡琴，於熱鬧場中一奏，卽令未携琴時，亦必先聞其肉胡琴聲，而後見其玲瓏態也。

　　　　　　　　　　　　　　　　　徵

楊 維 楚（Yang Wei Chu）
湖北武昌　　　教育

維楚與我同於一九二六來校，在他底和藹可親的笑容中認識後，我總覺得他是一個極可親近的人。除了他於一九二十離校一年外，我們相處四年，他給我最深的印象，是他那誠摯的態度，和他那向上而認實作人的精神。他贈我的別語是：
　"不要就平易的坦途，
　而要蹈登高山峻嶺；
　在人類進化的程上，
　盡你能盡的點滴。"
從這兩句話裏，可以看出他的真氣慨了。
　　　景燧　一九三一，四月。

楊　玉（Yang Yu）
河北通縣　　　經濟

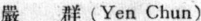

嚴　群（Yen Chun）
福建閩候　　　哲學

予幼多病，撫養之勞，倍於他兒，而吾母之外，羅氏姑母，功居其半。今年二十有四，燕大卒業。第念學問之道，無止境也，大學四年，所得不過滄海之一粟耳；曩既受厚恩於姑母，來日方長，其知勉夫。

嚴 菊 生（Yen Chu Sheng）

浙江餘姚　　　教育

她有實學，不喜歡隱藏起來；她有熱血，願為社會沸騰；具了這兩種美德，她將在教育界上大放光明。

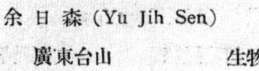

余 日 森（Yu Jih Sen）

廣東台山　　　生物

袁 永 熹（Yung Yung Hsi）

貴州修文　　　物理

假如你愛碧綠的原野和蔚藍的天，假如你愛雨後的蕉葉和晚風中的芝香，那麼，你一定也愛她那清秀的倩影和她那一顆溫柔的心。

春生

專修科
SHORT COURSES

張士湘 (Chang Shih Shiang)

河北天津　　　製革

張德英 (Chang Te Ying)

安徽秋浦　　　國專

女士性沉靜寡言笑嫻詩詞，與予雖僅同學兩年而行同
行食同食視君猶余猶妹予亦視君如姊也分別在邇因爲傳以誌
不忘，

秀明

趙名林 (Chao Ming Lin)

河南南召　　　國專

陳 宗 讓 (Chen Tsung Jang)
廣東潮安　　　革專

你如果到過南宿舍宗讓的屋子時，在他的書案上，或拉開他的抽屜，總可以發現了許多可口的點心和水果；假如你是和他同桌喫過飯，每餐至少總可以聽見他敲著碟子：「來一碗燉牛肉」，或者「白菜肉片湯」的聲音。他實在是一個愛喫的大孩子，但你別以為他是无會喫，他還有他驚人的策略啊；假如你同他在一起走路的時候，總可以聽見他發出驚人的口氣————當他看見人家的好買賣，就會對你說：拿十萬塊錢來和他們賭輸贏。他從來就有壟斷商業的雄心。以他的家庭狀況和天賦與他的雄心，我相信宗讓是有為的。

　　　　　　　　落漠於遼寧開原。

周 世 昌 (Chou Shih Chang)
浙江鄞縣　　　革專

昔嘗謂北人過於剛愎，而南人失之優柔；然於世昌則獨見其寓典雅於亢爽，發英風於實率，蓋周君固生於江南，而長於河北者也。

君丰姿俊拔，氣宇雍容，垣皮簧，尤工花面；每歌一曲，大有叱咤風雲，山河色變之概，與其仔俠好義，坦白豪邁之性，可方以古燕趙之士而無愧；然每值燈紅酒綠花月良辰，則清談娓娓，妙語如雲，時譜新聲而擊節受舞；固又一文采風流，濁世佳公子也，豈南國靈秀復鍾賊一身耶？
　　　　　　　　　　　　德浩

馮 玉 琦 (Feng Yu Chi)
河北天津　　　革專

極端表現個性者謂之嘔強不敢表現個性者謂之懦弱比較言之前者勝後者多矣故馮君有取於前焉

　　　　　　　　　　　　庸龕

薛攀富 (Hsueh Pan Fu)
福建龍溪　　　革專

君閩人家世居南洋,嘗恥身爲華裔而不習祖國情景,
久蓄返國求學之志,因故,壯志未得立償,既後念益切,
請於父母,君父母以國內多艱爲阻,君志既決,不之顧,
卒隻身就道赴滬,轉來故都,夫以一未經國內人情險詐,
未熟諳國語之海外青年,轉折萬里,備嘗艱苦而求學於祖
國,其愛國之思可謂深矣,余忝與君同室,故知之深且審
也,君體健耐勞,精球術,性和藹與人交,態度眞誠坦白
,誠非生長於中國社會蒙假面具待人者可比擬,君志工業
,精化學,及製革術,憶君來時,少與人談國語,今則北
平俗語,朗朗上口,其領悟有如此者異日之飛黃騰達,固
可拭目而待也,君其勉乎哉。
梅魂 三月廿四

謝維銘 (Hsieh Wei Ming)
福建閩侯　　　醫預

許程 (Hsu Peng Cheng)
福建閩侯　　　醫預

徐 文 珊（Hsu Wen Shan）
河北遵化　　　　國專

我是個學識能力薄弱而意志堅強的人，精神方面無時不在奮鬥中，所以我的標語也是努力！前進！
學業方面獨嗜國學，尤好本國史很希望多少給社會上一點國學的貢獻，縱然現在學識上還很幼稚。
　　　　　　　　　　　　　　　　　文珊自識

胡 容 光（Hu Jung Kuang）
黑省龍江　　　　國專

他有時在斜陽古道上躑躅，有時在湖光塔影間徜徉，更有時獨自憑欄，仰天長噓，彷彿岳武穆辛稼軒那般"壯懷激烈"的心情！
讀他的詩，便覺得鮮艷如出水芙蕖，清脆如氷梨，回甘如青果，可是有點澀，一大概是傷感的情調居多罷？
聽他談及國事或外人侵略東省的近况，便扼腕唏噓，又可想見他眷懷家國的深情，
他不傲不卑，亦不浮板迂腐，爲人樂天知命，眞摯謙和，而常覺落落寡合。這是怎麼一回事？他自己亦說："索解人不得！"
　　　　　　　　　　　錫光 三—八，一九三一

黃　　通（Huang Tung）
廣東潮陽　　　　國專

明知苦，但不顧打破這苦，所以他得苦一輩子。
人原原是兒戲，而時代再給苦澀且辣的味道嘗，使他成爲暫時漂泊人寰的夢遊者。
環境使他成"三脚貓"的無學問者，而更要離學校入社會，拿甚麼去問世？我爲他如我自己一樣地担心。
　　　　　　　　　　　　　　　　　巨淵

黃振聲 (Huang Chen Sheng)
廣東南海　　革專

君嬉戲活潑，動作靈敏；
廣交游而善待人接物；
嗜運動，尤擅足球，有急先鋒之目，
身材嬌小玲瓏，而短小精悍，縮龍成寸也；
言笑則莊諧雜作，妙趣橫生，座無車公，終虞索落。
君去矣，室中幾失瓦侶，
而燕大湖光，今後且少此君玲瓏活潑之影矣。
　　　　　　　　　　　　　　　同

高立蓉 (Kao Li Jung)
河北通縣　　紉師

劉恩源 (Liu En Yuan)
廣東和平　　國專

明張岱曰："人無癖，不可與交，以其無深情也。人無疵，不可與交，以其無真氣也。"余友劉恩源，癖於經，癖於史，癖於詞，癖於曲，癖於戲劇，癖於小說：一往情深，小則成疵，大則成癖。余與交最久，故知之最悉云。
　　　　　　　　　　　　陳大修

陸秀如（Lu Hsiu Ju）
浙江蕭山　　　　國專
恂恂"如"也
侃侃"如"也
　　　　　　　任

呂實榮（Lu Pao Jung）
雲南祥雲　　　　紉師

路德秀（Lu Te Hsiu）
山西汾陽　　　　國專

潘世儀 (Pan Shin Yi)
浙江杭縣　　　醫預

石兆源 (Shih Chao Yuan)
河北武清　　　國專

唐家琛 (Tang Chia Shen)
廣西灌陽　　　醫預

王繼禹 (Wang Chi Yt)
山西徐溝　　革專

他外貌上，表現着樸實古老；但是內心卻是聰明敏銳的。從他數爲人師而突地轉向於製革學，便可知道他是何如人了。

德生

王文濤 (Wang Wen Tao)
遼寧遼陽　　國專

女士性恬靜有毅力急公好義尤善爲師嘗代課某中學循循善誘不匪月而諸生學業大進誠將來教育界不可多得之人材也

露絲

王紹卿 (Wang Shao Ching)
遼寧遼中

王愛德 (Wang Ai Te)
河北清苑　　國專

文　勉 (Wen Mien)
湖南醴陵　　國專

君丰采俊秀，有如處子。不知其當年亦曾隨黃埔健兒，努力殺賊，故腰際飛鷹形之彈痕宛然；與談往事，相示唏噓，大有"髀肉生矣"之感。今則致力國學，孜孜不倦；豈昔日憧憬，已歸幻滅，而遯入此故紙堆中，期寄託身心也耶！

溶一九三一，三一八。

吳元俊 (Wu Yuan Tsun)
浙江吳興　　國專

女兒元俊索題畢業小照
可愛光陰二十年兒垂絲鬢我華顛讀書問字行歸矣手寫翁詩弟幾篇

鹝溪

于 光 幗（Yu Kuang Kuo）
山東蓬萊　　　　紉師

曹　智（Ts'ao Chih）
山西清源　　　　革專

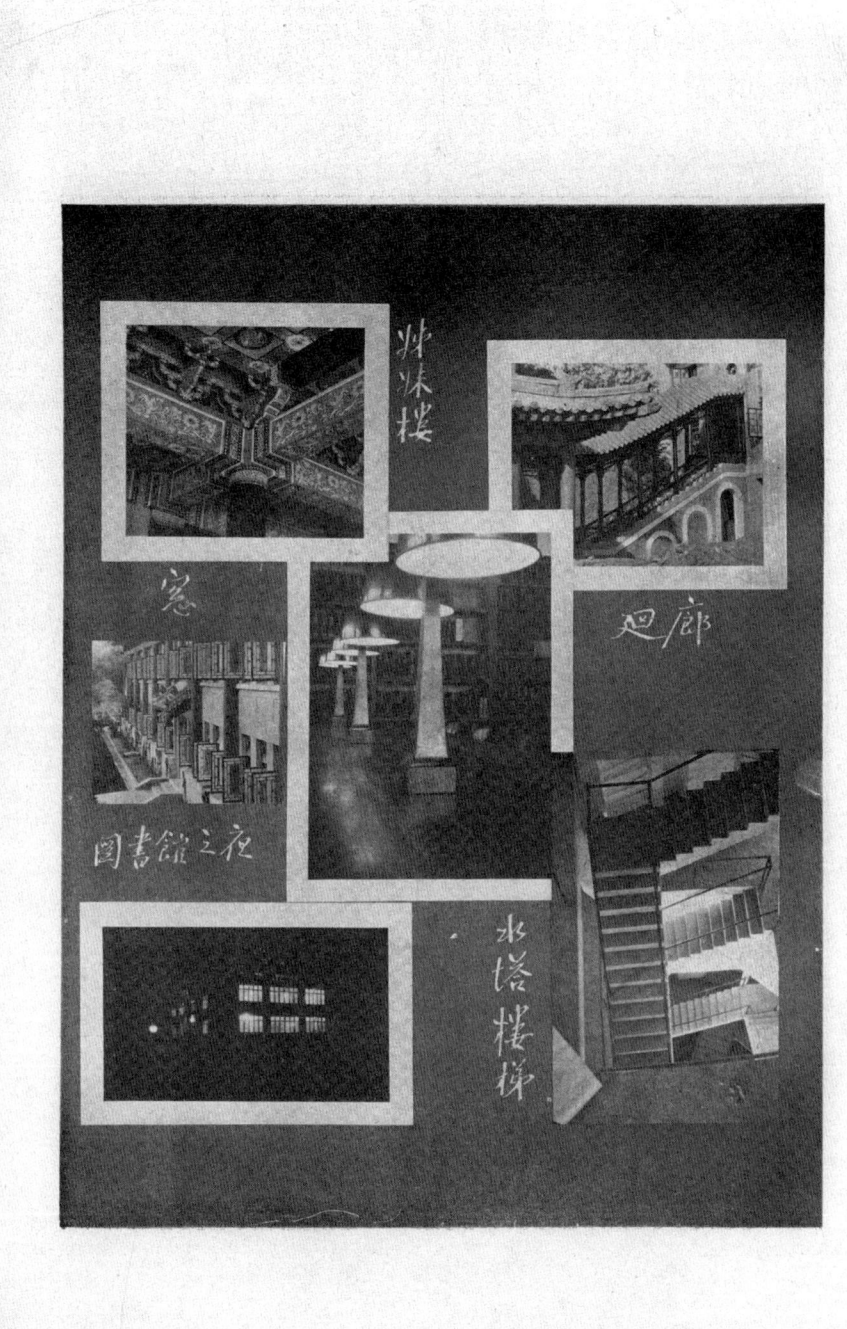

Société Anonyme des Anciens Etablissements

ARNOULT

Teng Shi Kou 81 Peiping

Telephone No 952 East Sales   Cable: ARNOULT Peiping
   ,,   ,, 1783 ,, Engineering   Code: Bentley's

Branch at Tientsin

Building Contractors

Heating and Sanitary Engineers

Works and Foundry

Slock-Heating and Sanitary Fixtures

Agents for Berliet and Citroen Motor-cars

Agents for General Accident Fire Assurance Corporation Ltd.

研究院 GRADUATE DIVISION

九三三班

THE CLASS OF 1933

九三四班
THE CLASS OF 1934

國學研究所
RESEARCH SCHOOL OF CHINESE STUDIES

幼稚師範科
KINDERGARTEN SHORT COURSE

製革專修科
LEATHER TANNING SHORT COURSE

國文專修班
CHINESE SHORT COURSE

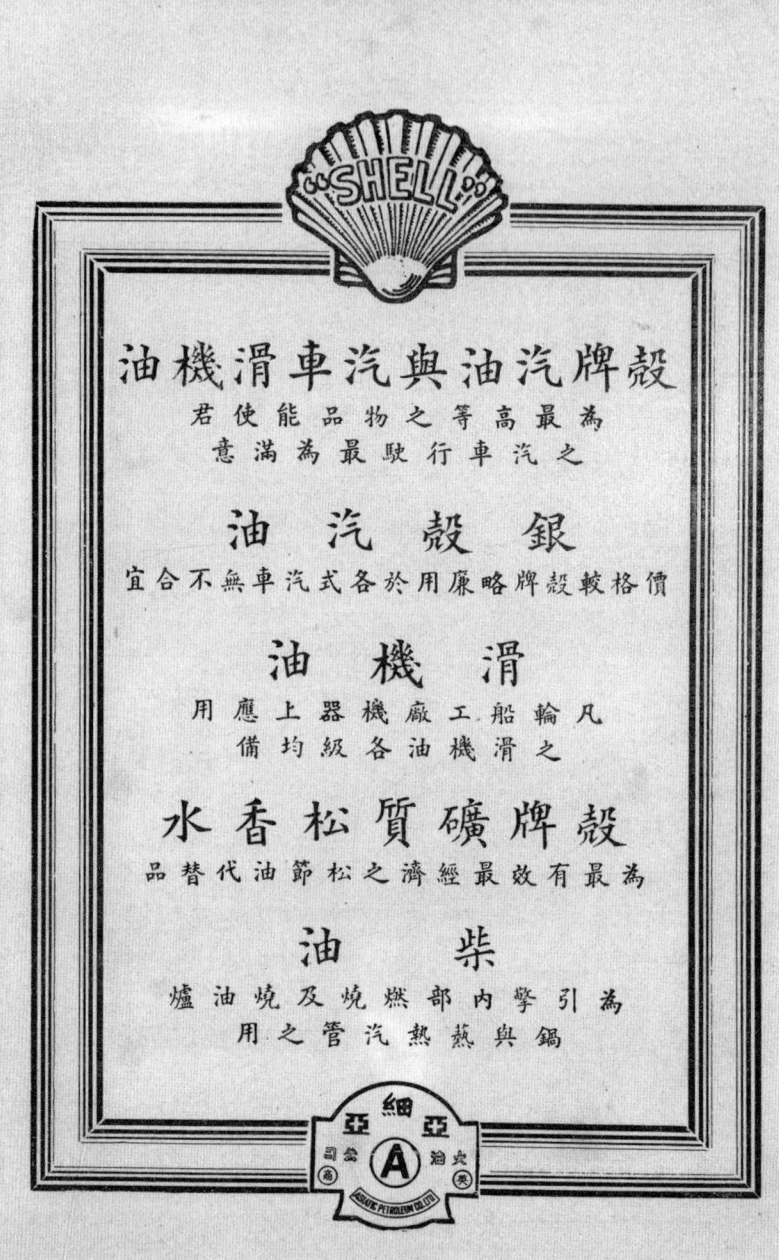

學生會代表大會
STUDENT ASSOCIATION,
COUNCIL OF REPRESENTATIVES

主　　席　　方一志

副主席　　許寶騄

文　　書　　陸　慶

常務委員　　斯頌德　　關頌姍　　言雍熹
　　　　　　蒲耀瓊　　吳世昌　　卓還來

審監委員會
　監理部　　關頌姍　　陳作樑
　審察部　　袁永貞　　趙玉英
　檢察部　　步春生　　金勤伯

學生會各執行委員會
STUDENT ASSOCIATION,
EXECUTIVE COMMITTEES

總 務 委 員 會　〔主席〕言雍熹　楊式照
　〔文　書　部〕吳元俊　史國雅　〔交　際　部〕言雍熹　許桂苓
　〔財　務　部〕黃憶萱　施紀元　〔庶　務　部〕沈祖徽　楊式昭

日 常 生 活 委 員 會　〔主席〕卓還來　盧惠卿
　〔女生宿膳部〕宋玉貞　趙繼振　〔男生膳務部〕李連捷　李遇之
　〔男生軍務部〕王鳳振　王大倫　〔男生宿舍部〕陳玉貴　樊兆鼎
　〔體　育　部〕黃志民　盧惠卿　〔交　通　部〕黃振強　王殿文
　〔娛　樂　部〕黃振勳　薛卓鎔　〔衛　生　部〕卓還來　盧青山

出 版 委 員 會　〔主席〕劉歎曾　陸慶
　〔周　刊　部〕趙石潮　陸瑞蕻　〔月　刊　部〕浦耀瓊　董文田
　〔年　刊　部〕陸慶　劉歎曾

服 務 委 員 會　〔主席〕張郁棠　楊嶺
　〔平　教　部〕張郁棠　楊嶺　〔救　濟　部〕蔡懋邦
　〔調　查　部〕馬卬曹　戴淮清

哲 學 學 會
PHILOSOPHY CLUB

家 事 學 會
HOME ECONOMICS CLUB

教 育 學 會
EDUCATION CLUB

新 聞 學 會
JOURNALISM CLUB

化 學 學 會
CHEMISTRY CLUB

生 物 學 會
BIOLOGY CLUB

社 會 學 會
SOCIOLOGY CLUB

宗 敎 學 會
RELIGION CLUB

團契
YENTA CHRISTIAN FELLOWSHIP

音樂隊
CHORAL SOCIETY

歌 詠 團
SUABIAN DOUBLE QUARTETTE

歌 詩 團
THE CHOIR

舊 劇 股
CHINESE DRAMATIC CLUB

南 開 同 學 會
NAN—KAI ALUMNI ASSOCIATION

培 正 同 學 會
PUI CHENG ALUMNI ASSOCIATION

光 華 同 學 會
KWANG HUA ALUMNI ASSOCIATION

體育

燕大年刊一九三一

The Continental Bank, Ltd.
大 陸 銀 行

Capital............$5.000,000,00   Reserve Fund............$1,700,000,00

HEAD OFFICE: Tientsin
BRANCHES AND SUB-BRANCHES:

TIENTSIN	NANKING	HANGCHOW
PEIPING	HANKOW	TSINGTAO
HARBIN	SHANGHAI	TSINANFU

Asahi Road Office, Ta Hutung Office, Tientsin Yenching University Office, Tsing Hua University Office, Peiping Hongkew Office, Shanghai, & Wuhsi Office.

Agents in all important cities throughout the country.

FOREIGN CORRESPONDENTS at

LONDON, PARIS, HAMBURG, NEW YORK, SAN FRANCISCO, TOKYO, KOBE, YOKOHAMA, OSAKA, NAGASAKI, ETC.

All descriptions of Commercial Banking Business transacted, including Savings, Foreign Exchange, Safe Deposit, Warehousing, Etc.

Inquiries cordially invited.

Peiping Branch: Hsi Chiao Min Hsiang
Tels. Nos. S. 1496, 708, 3582, 1006, & 285.
Cable Address "CONTIBANK"

籃 球 隊
THE VARSITY BASKET BALL TEAM

籃 球 隊
THE VARSITY BASKET BALL TEAM

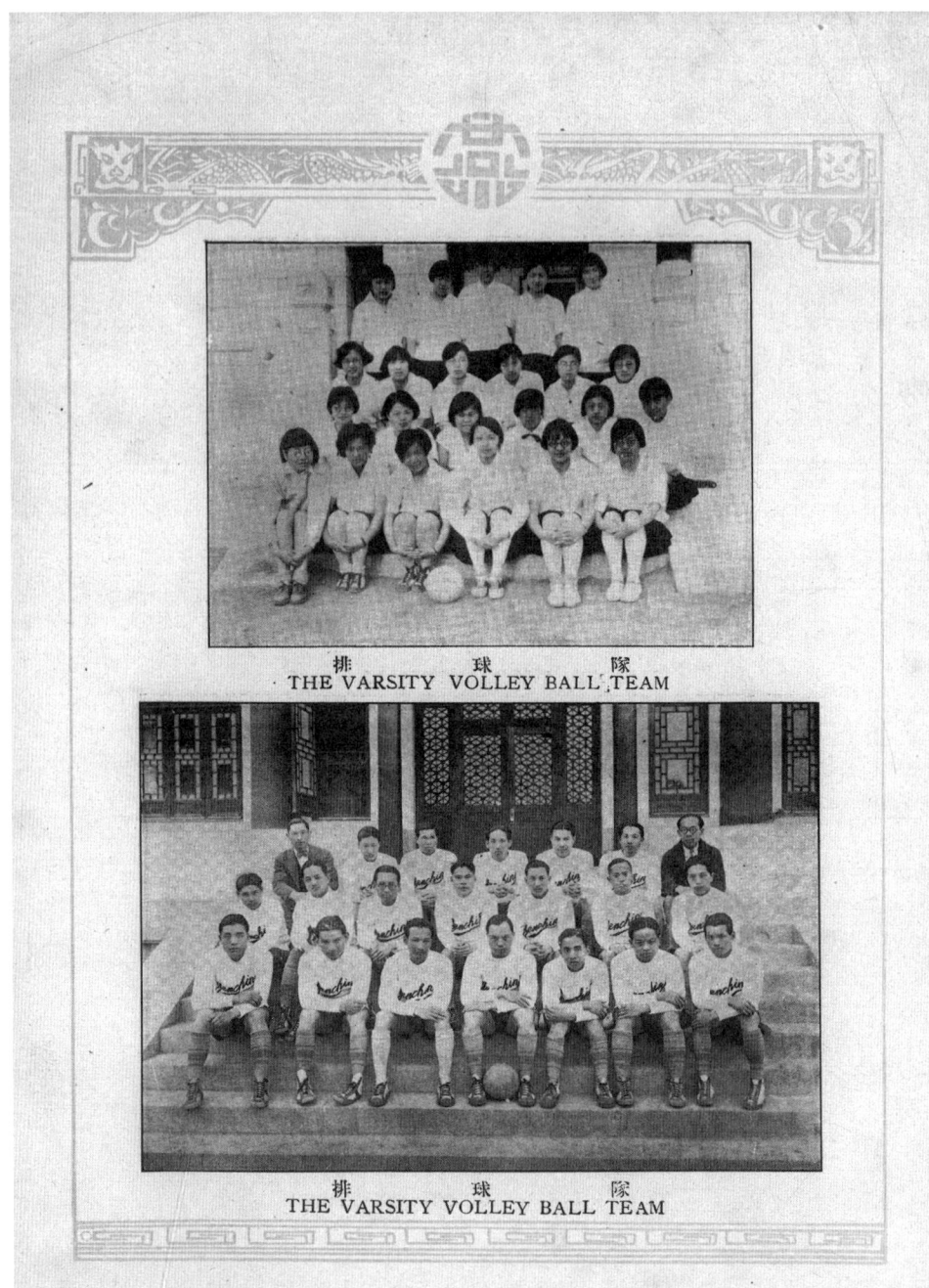

排球隊
THE VARSITY VOLLEY BALL TEAM

排球隊
THE VARSITY VOLLEY BALL TEAM

校 球 隊
THE VARSITY FIELD HOCKEY TEAM

足 球 隊
THE VARSITY FOOT BALL TEAM

網 球 隊
THE VARSITY TENNIS BALL TEAM

網 球 隊
THE VARSITY TENNIS BALL TEAM

壘 球 隊
THE VARSITY BASE BALL TEAM

田 徑 賽 隊
THE VARSITY TRACK AND FIELD TEAM

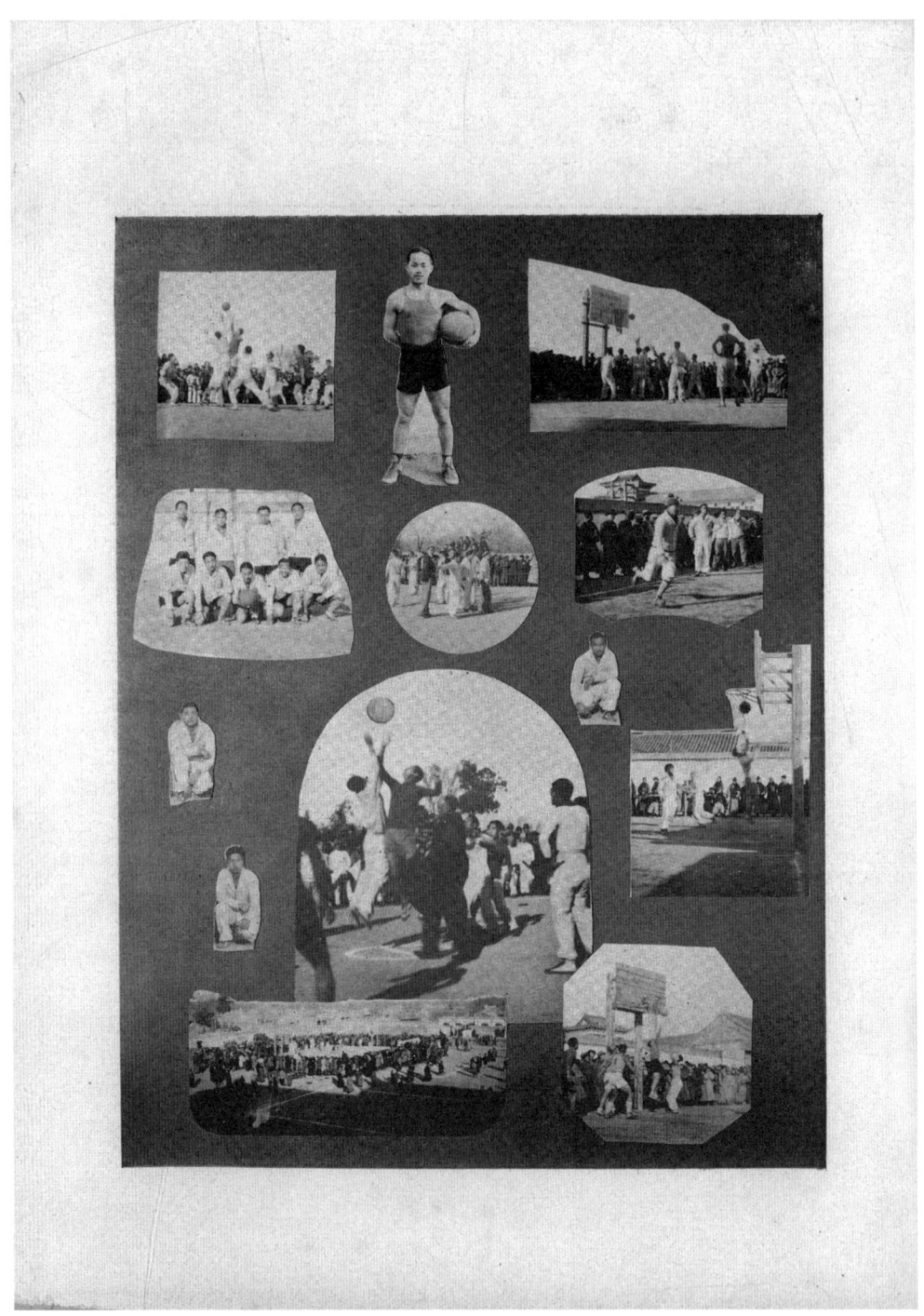

北京大學圖書館藏老北大燕大畢業年刊（七）燕大卷

燕大年刊一九三一

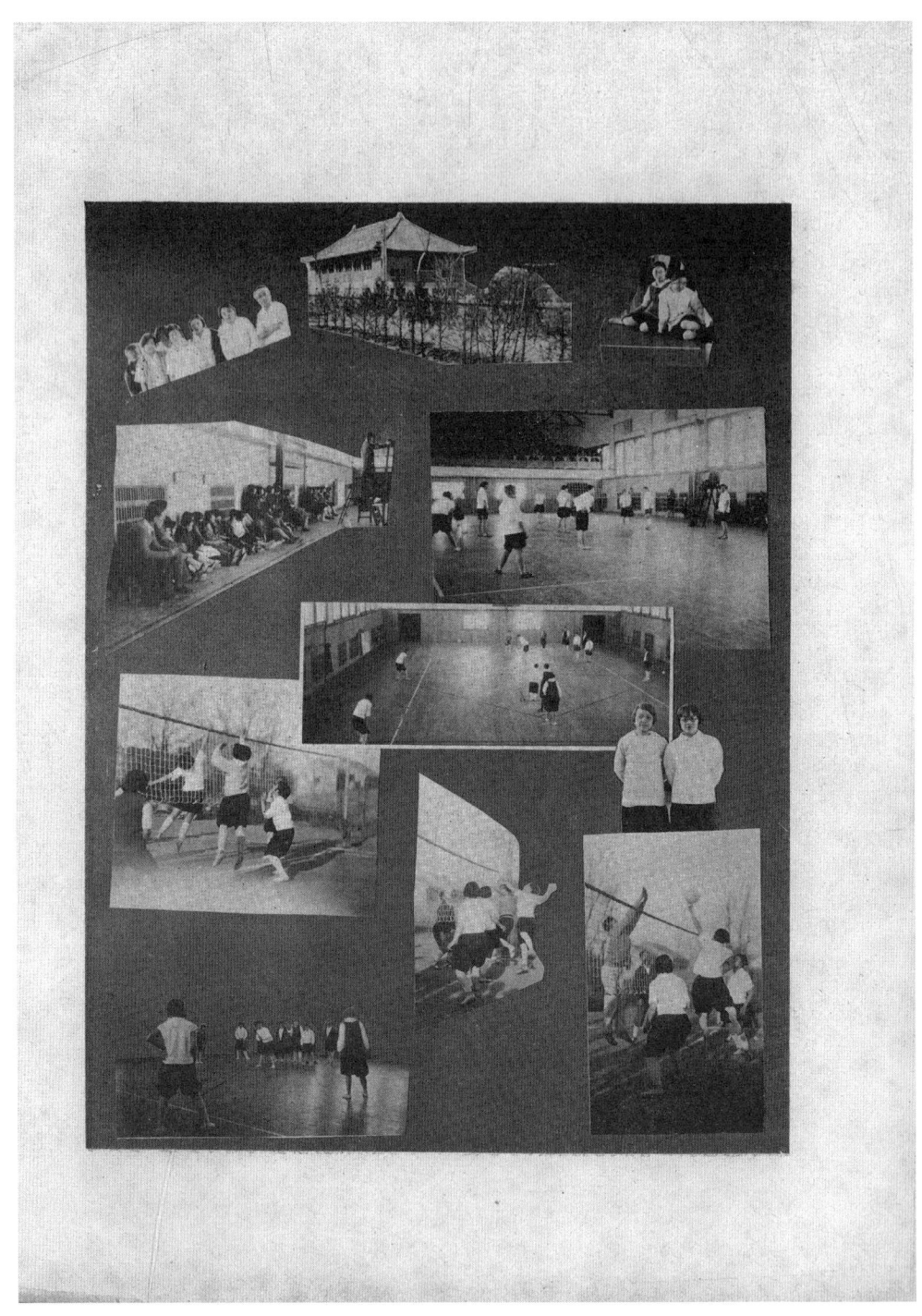

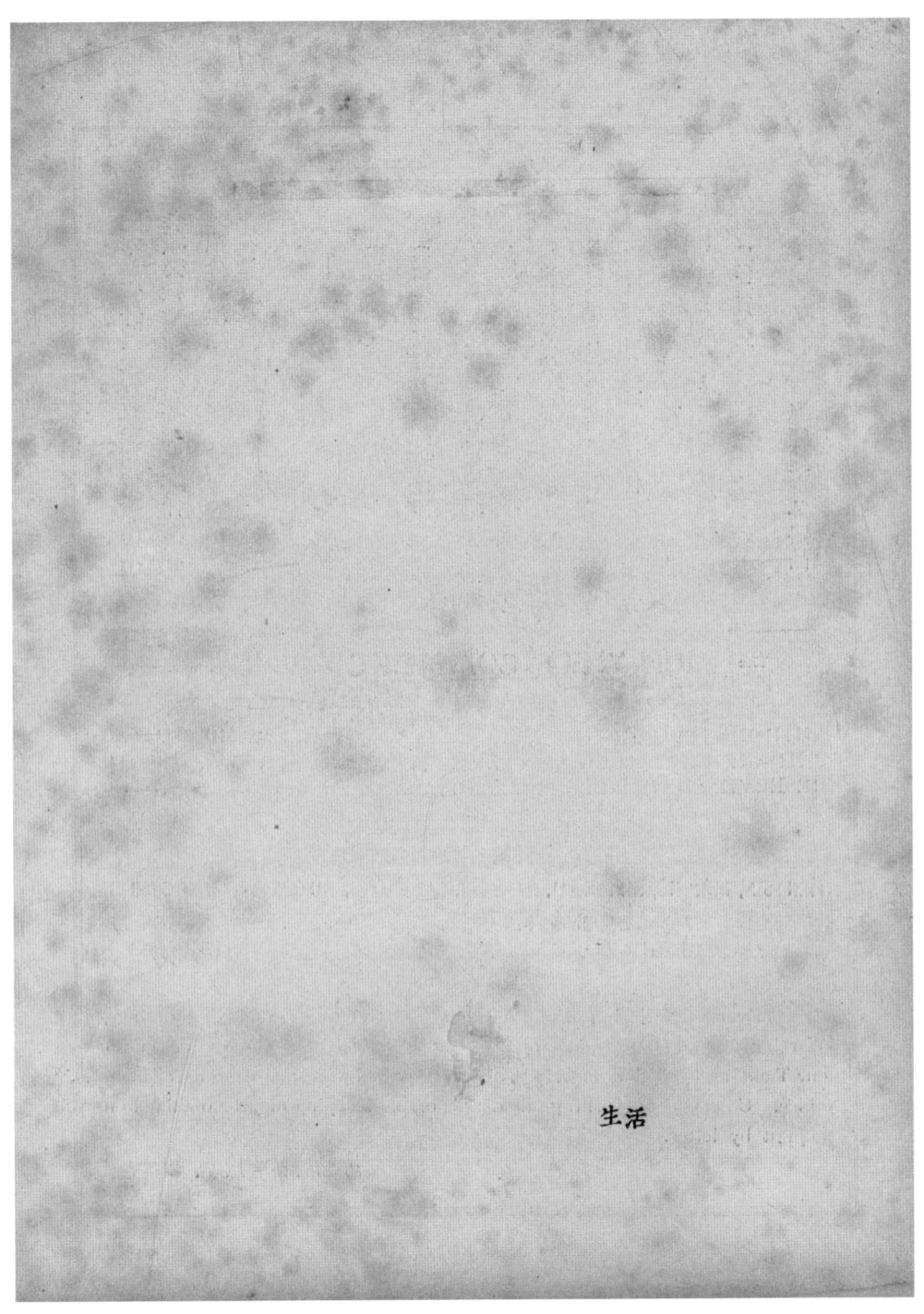
生活

鹽業銀行

股本　壹仟萬元　實收染佰伍拾萬元
各項公積金等伍佰零玖萬肆仟餘元

總分行地點

天津　法界八號路
上海　英界北京路
香港　德輔道
廣州　太平路
北平　西河沿
漢口　湖北路
杭州　開元路

其餘大連及各省商埠均有通匯機關

各營業事項　兼理商業銀行一切業務兼營各種儲蓄存款及貨幣匯兌事務天津上海香港本行內並特設保管庫箱招租保管

兼辦儲蓄事業　另撥資本貳佰萬元基礎穩固會計獨立帳目公開利息優厚手續簡單凡合於養老教育婚嫁日常生活及一切個人家庭團體之各儲蓄應有盡有全體董事及總經理對於儲戶負無限責任

以保儲戶安全詳章程函索即寄

總經理　吳鼎昌

The YIEN-YIEH COMMERCIAL BANK

AUTHORIZED CAPITAL $10,000,000.00
PAID-UP CAPITAL.. 7,500,000.00
RESERVE FUND.. 5,094,765.72

HEAD OFFICE AND BRANCHES:
TIENTSIN, PEIPING, SHANGHAI, HANKOW, HONGKONG, HONGCHOW AND CONTON

Agencies in Dairen and All the Other Capital Cities, Commercial Ports of the Different Provinces

Every description of banking business transacted, including Savings, Warehouse, and Safe Deposit Departments. Safe deposit boxes for rent at our Tientsin, Shanghai and Hongkong offices and Warehouse at our Tientsin office. Catalogue concerning the details of safe Keeping may be obtained on request by letter.

President : D. C. WU

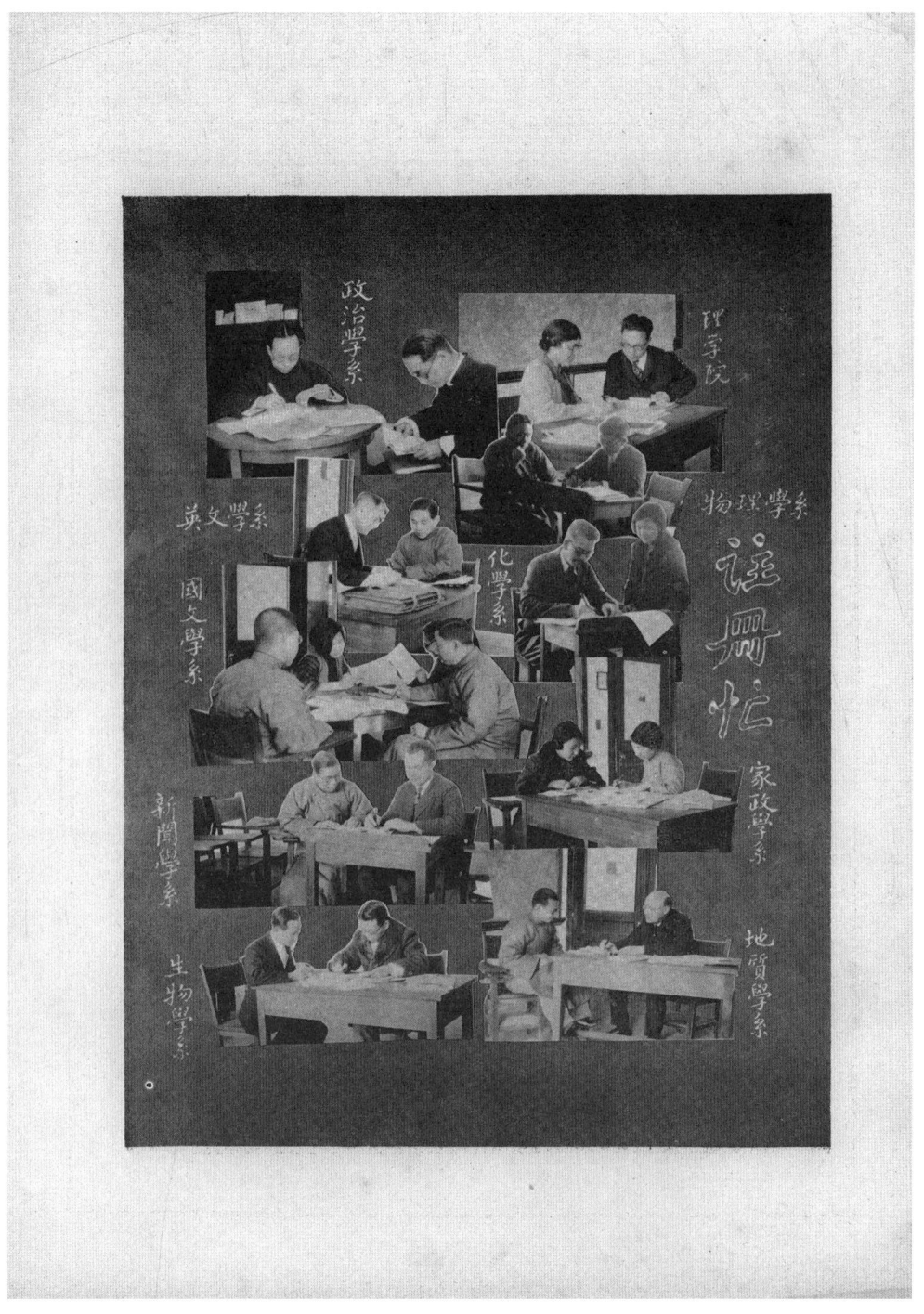

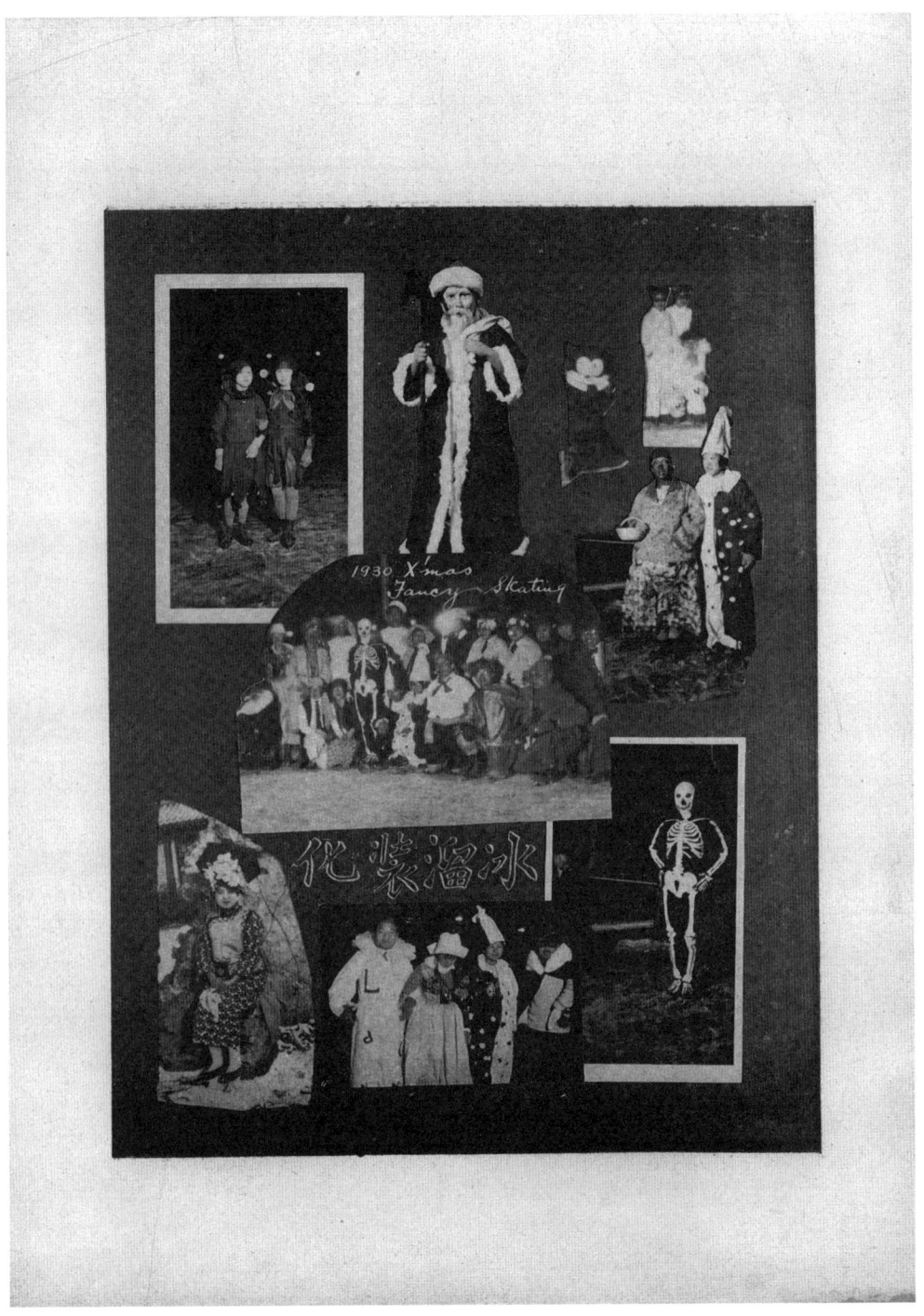

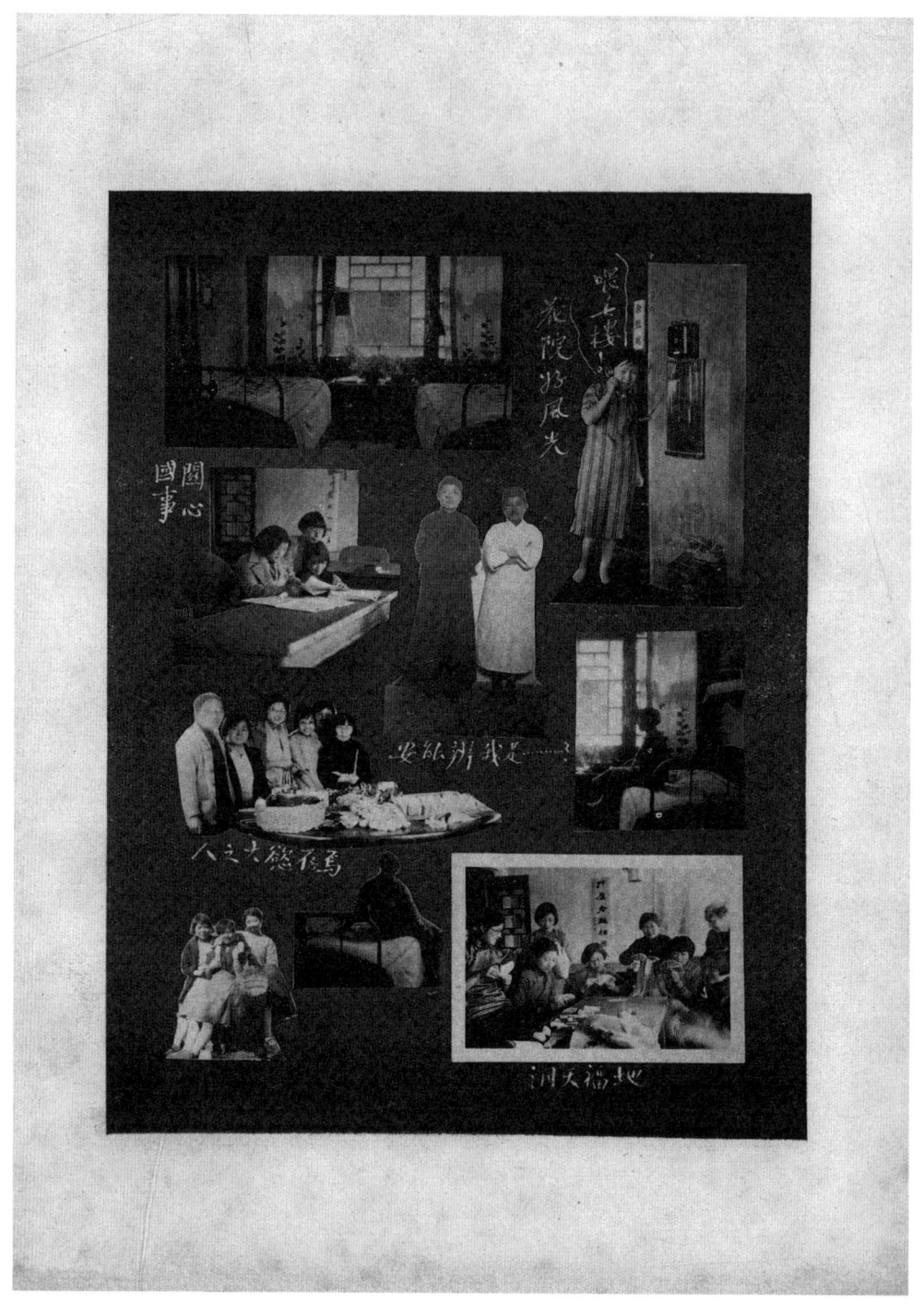

容易繁華過了些園林。桑葚挑載酒歡袋綠陰芳草。

今年花比明年好

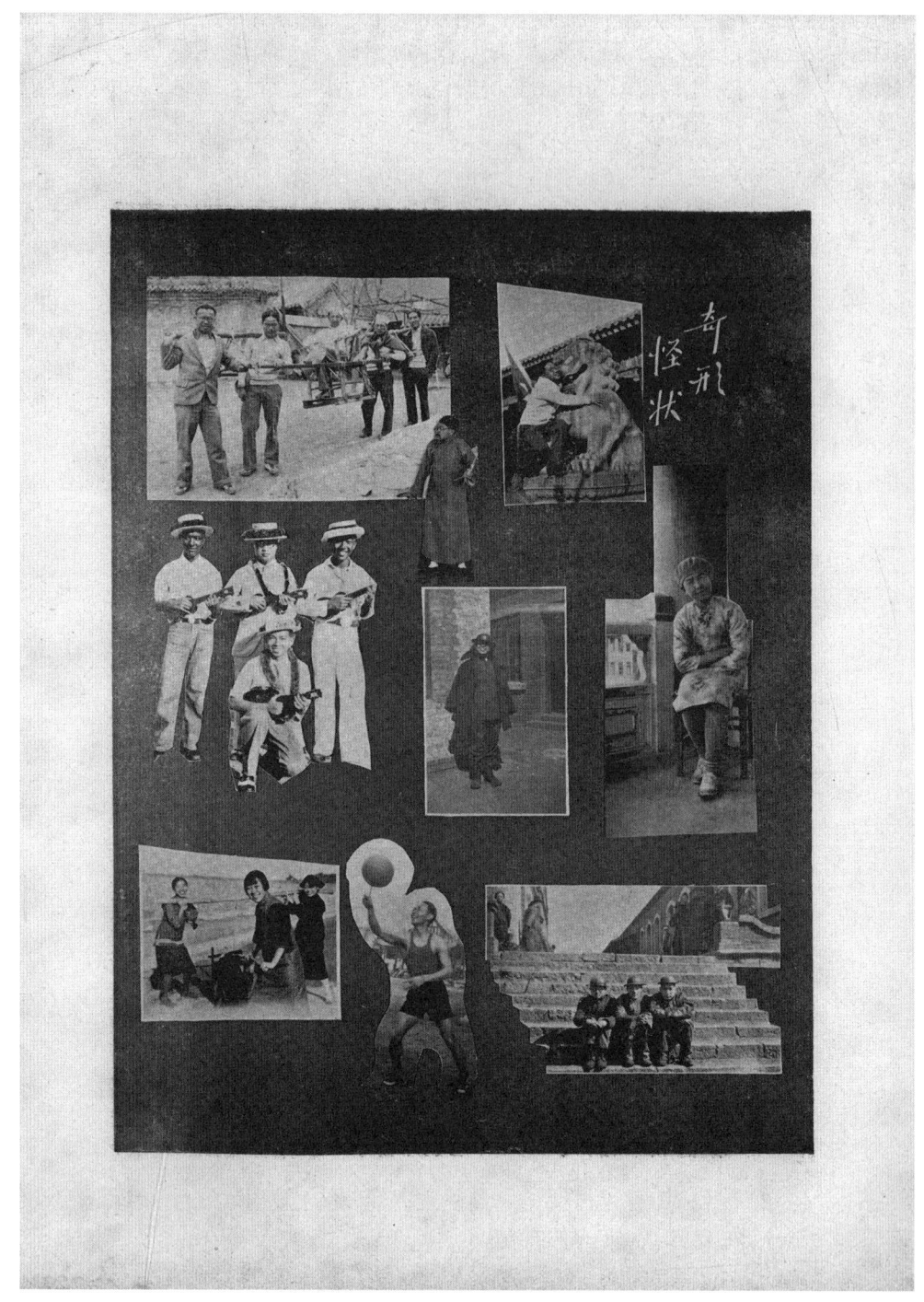

北京大學圖書館藏老北大燕大畢業年刊（七）燕大卷

燕大年刊一九三一

燕大年刊一九三一

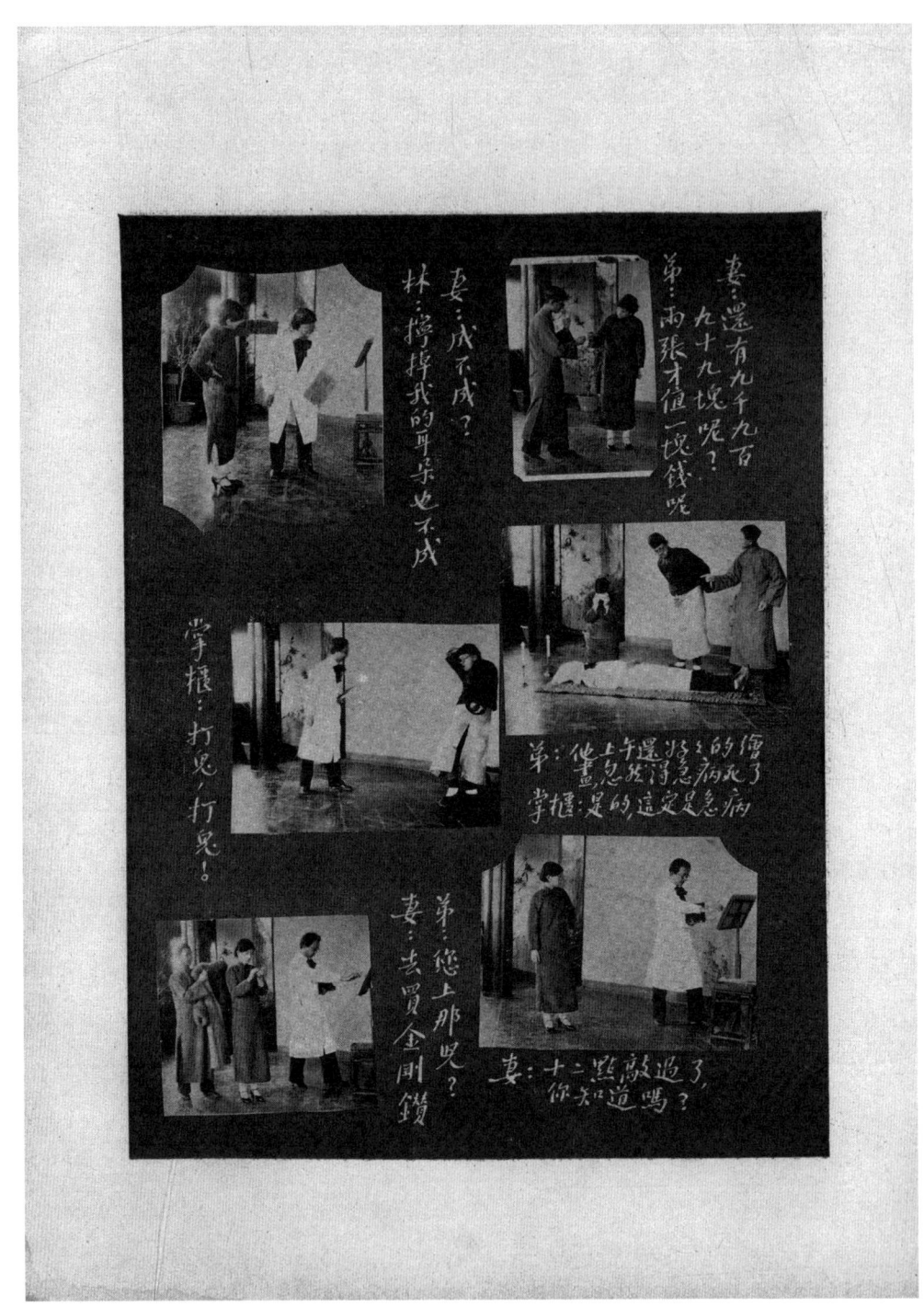

我们的象徵藝術

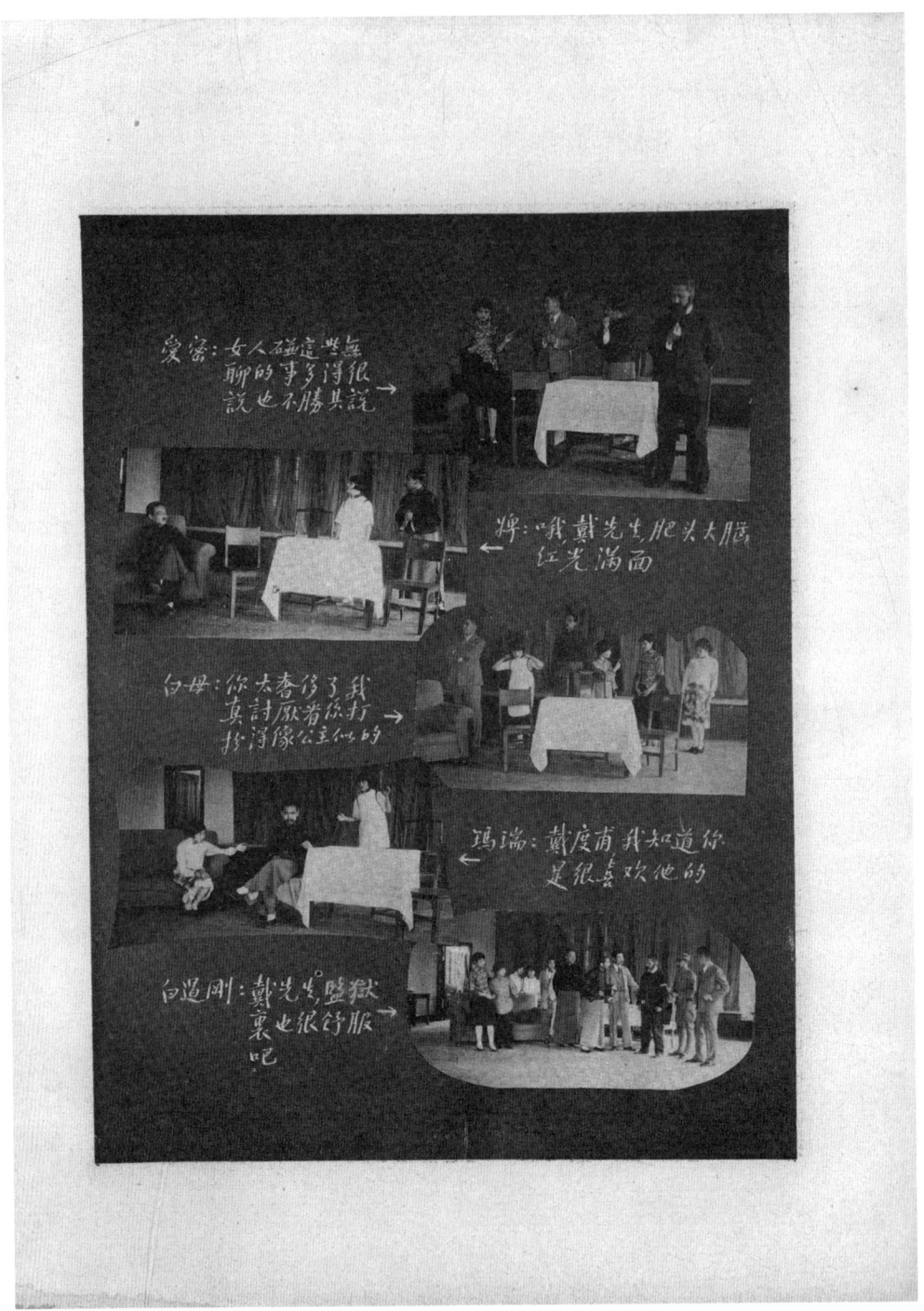

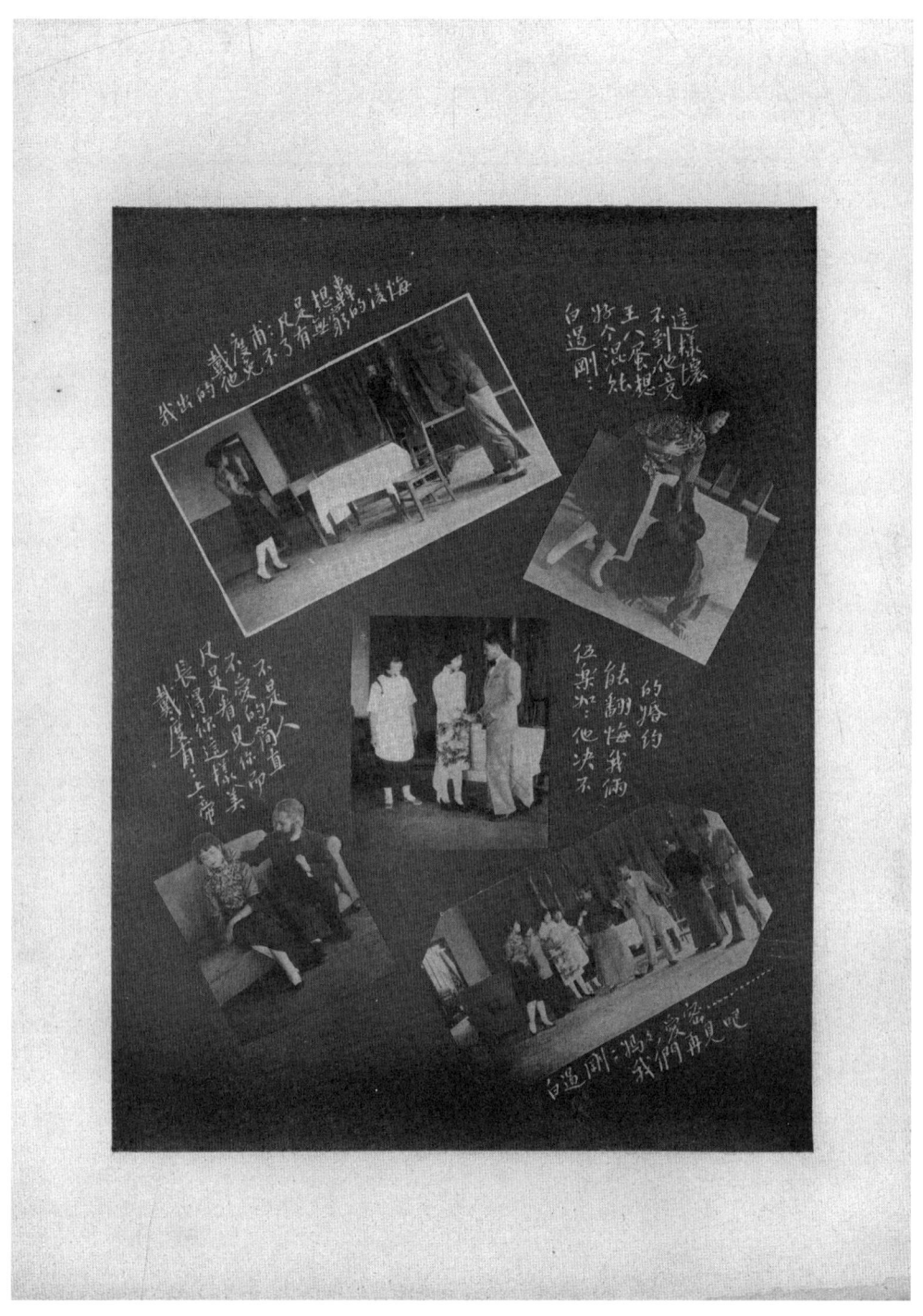

文藝

Banque Belge Pour L'etranger
(Societe Anonyme)

華 比 銀 行

Capital (subscribed)		Frs. 200,000,000
Capital (Paid up)		Frs. 147,000,000
Reserves		Frs. 130,000,000

Head Office:	BRUSSELS	66 Rue des Colonies
Branches:	LONDON	4 Bishopsgate E. C.
	PARIS	12 Place de la Bourse
	NEW YORK	67 Wall Street
	SHANGHAI	20 Bund
	TIENTSIN	Victoria Road
	HANKOW	Po Yang Road

Allied Banks

AUSTRIA & HUNGARY	Wiener Bank Verein
BULGARIA	Banque Franco-Belge et Balkanique
RUMANIA	Banque Commerciale Roumaine
	Wiener Bank Verein
YOUGO-SLAVIA	Banque du Pays de Bosnie-Herzegovice
	Societe Generale de Banque Yougo-Slave
POLAND	Societe Generale de Banque en Pologne
SPAIN & MOROCCO	Banco International de Industriary Comercic
SZECHO-SLOVAKIA	Bomische Union Bank
EGYPT	Banque Belge & Internationale en Egypt.

CORRESPONDENTS IN ALL PARTS OF THE WORLD

燕京賦

李素試作

平西郊外，海甸鄉中，十頃庭園，林木蔚鬱，百里湖山，煙雨迷濛。華屋星羅，有如帝子之殿；亭臺棋布，恍如王者之宮。暮攬西山之夕照，落霞片片；夜窺東崗之新月，明星點點。漣漪波光，搖漾於前湖後湖；曉霧殘雲，掩映於小島大島。塔聳於東，與煙突同凌霄漢；鐘懸於西，合旗杆共參雲表。廣場，宿舍，科學館，課室樓，殆不知其若干座矣。莘莘學子，咸負笈以來游；芸芸士女，亦聯翩而蒞止。聽鐘鳴而驚醒，聞鈴聲以趨蹌。蹀躞道路，出入課堂，如蜂碌碌，如蟻遑遑。簌簌如雨灑枯枝，展書頁也。沙沙如風捲殘葉，寫筆記也。或俯首支頤，傾聽而心不在焉。或瞪目呆口，凝視而意不屬焉。偶乘笑以舒腰，時橫目而泱盼。竟日孜孜，其懨懨為何如耶？蓋已有死氣沉沉之概矣。及夫課罷，則又生趣盎然。月已上兮柳梢頭，人未來兮黃昏後。於是革履咯咯，徘徊於女校門前；電鈴汀汀，叫噴於寢室窗外。挾愛侶兮閒行，笑語輕輕；邀良朋兮共酌，諧談聲聲。時逢日曜，馳車兮結隊進城；每當休假，騎驢兮聯轡郊行。風飄飄兮衣香馥馥，塵滾滾兮帽影亭亭。乘良辰兮行樂，對美景兮賞心。春秋佳節，麗日晴天，祈遊功課之外，魂銷靜美之中，浪漫逍遙，從未感流光之易逝也。然亦有舊勉儒生，勤學志士，埋頭破紙堆中，藏身圖書館內。搖首低眉，絞腦汁於篇章；搖頭蹙額，傾心血以成文。如蛾之撲火，如蠹之噬木，瞻文壇之巍巍偉岸，心焉嚮往；視學之淵深浩瀚，意氣飛揚。一若不能雄跨兩岸，則亦甘自沉溺以窮其源也者。窗外之柳影花香，鶯啼鳥語，與夫湖光山色，暮靄朝霞，概留贈飄逸公子，婉美佳人。書獃子之頭銜，固所願也。老學究之名稱，何足道哉！若夫夕陽影裏，奔走於球場，雖狂風刺骨，而汗喘如牛者體育健將也。月明之夜，臨水調絃，清歌妙曲，一唱三嘆者音樂大家也。俯仰低徊，踽踽獨步，心忐忑以脚躅，情脈脈而矗睇者，詩人也。他如深思不足，狂噪有餘，載嬉載笑，亦步亦趨，模稜兩可者，閒散糊塗之流也。舉行紀念週，則到者幾若晨星之寥落。開映電影片，則觀者奚啻晚潮之急激。接茶話之請帖，而歡聲雷動。閱試驗之告示而苦臉雲遮。殆亦學子之常情也乎。殘秋將盡，霜風日緊，落葉飄蕭兮氣象森森，桐雨淋冷兮心意沉沉，雖然，行將見未名湖水，凍結成冰，燕大之名士美人，又將迴旋於冰晶場中，翩躚於琉璃板上，團團轉兮如遊龍之戲鳳，步步趨兮獺猛犬之逐獵，輕巧兮如蜻蜓點水，曼倩兮若乳燕迎風，翕忽兮迅如流星，嬌健兮疾如飛鷹。衣袂拂拂，玉臂搖搖，穿梭織錦，碎玉搓瓊。既覩玲瓏之影，復聆裂帛之聲，佇立堤岸，有不悠然神往者耶？入此桃源深洞，誰復知世外雲煙？優遊哉斯足以卒歲矣乎！

再見罷，燕京，再見罷！

獻給冰心女士　　　　清溪

一

再見罷，燕京，再見罷！
你是幸福底仙土，
你是青春底樂園。
看哪！那邊是綿展着的紫峯，
像愛神底彩翅將你蔭護。
這邊是如練的清流，
似慈母底慈臂把你柔抱。
在這蒼蒼的古林，
你是一朶春賜的花后。
在這茫茫的荒郊，
你是一脈天降的活泉。
你的衣裳，繡遍古國底文明；
你的裙邊，鑲滿皇宮底燦美。
燕京！你原是沉默的哲人！
你教我欣愛自然，
你教我認識富麗：
這次離去——如果我將要和你永離——
願你常存我一點摯誠的敬禮，
我願常念你給我啟示底奧秘——
再見罷，燕京，再見罷！

二

再見罷，我們的塔！
當我卬覩你那赫赫的雄搆，
在烈陽裏和頤和的殿宇爭輝，
我更愛你那與遠山一色底淡染。
當我俛視你那娟娟的倩姿，
在靜夜底潮波裏玩漾，
我情願捨棄在世底一切，
來親就你所指示那溫柔的水鄉，
隨着你那縹緲的浮蕩，
去尋水中閃爍着的月果與星花。
但我又偏愛在無星無月之夜，
萬物都甜睡在夢底神秘時，
你那不睡的形影，
朦朦朧朧地在空中顯歡，
若有若無地在雲間隱現，
我祇覺你之上還有塔，
那塔之上還有無數的塔，
塔⋯⋯塔⋯⋯塔⋯⋯⋯
層層的，高高的，無盡的去處：
你無盡的崇高者呵！

也引我向你的去處去罷!

三

再見罷,我們自己的園地!
永難忘却你給我底第一次印象,
你給我底微笑與歡迎:
你那虎皮的石圍,
爬滿了秋霜灌醉底爪藤,
紅藤又蓋了半截濃灰和淡藍的房牆。
紅葉在柔風裏招展,
好像萬千無數的紅胸鳥兒,
於黃昏日暮時聯羣在空中飛掠,
一路唱着平安的消息。
你那碌門前排列着的夾竹桃,
花光與天邊底晚霞競艷,
花馨借着輕風底流漾散傳;
花紅的像臙脂的紅,
花白的似粉的白,
一如點抹得輕盈的對對花女,
在堂前迎候新婦的來臨,
一邊歌着吉祥的喜曲。
這景象,還鮮明地映在我的眼簾;
我方要慢慢安享你的福美——
偏是那時間的神苦苦催人:
『四年了,今天輪到你的期滿!』

再見罷,我依戀難捨的樓房!

四

再見罷,常跟我玩的小人們!
你們那春苗似的生命使我追慕:
遊戲裏你們復活了我死去的童心。
感謝上帝,這是我的幸福——
但是,上帝責罰我,
如果我帶給你們半滴成人底悲哀。
小朋友,你們是純潔,
一如你們家的小羊一般兒純潔。
你們誠是上帝底小羔羊。
我愛羊,因我對羊的景仰,
你們愛羊,因你們和羊是一樣。
我們常一塊兒去看羊:
一會兒你們爭騎我,
一會兒你們爭騎羊;
我們瞎跑,我們亂磕,
只管笑着不知名的笑;
我們狂呼,我們歡叫,
只顧樂着不知名的樂。
小朋友!我走了,
讓你們還笑着這不知名的笑,
讓我也記住這不知名的樂罷。

五

再見罷，我們的校鐘！
什麼時候，我能重登你所在底松岡，
什麼時候，我能再踏尔安住底綠亭，
清風裏，涼蔭下，
我斜靠着你一梁漆滑的紅柱，
細讀你臉上古銅的痕紋，
那時間給與英雄底契印，
敎我渺小的魂兒顫蕩，
敎我稚弱的心兒驚訝？
甚麼時候，我能再泯跡圓明之幽墟，
甚麼時候，我能再危坐御座底碎玉，
西風裏，頹橋邊，
我盡目一潮蘆波底那岸，
遙聽你那古銅的洪音，
那時代給與英雄底音響，
敎我渺小的魂兒驚訝，
敎我稚弱的心頭兒顫蕩？
完了，我也許不能再踏你所在底松岡，
我也許不能去再登你住底綠亭——
但願我能細憶你臉上英雄的契印。
完了，如果我不能再遙聽你的洪音。
一如當日我坐在圓明之荒墟遠聽，
但願我心裏常聞你那古銅的音響。

六

再見罷，我們敬愛的司徒校祖！
再見罷，我們尊崇的吳校長！
難忘的，你們慈父般的提攜；
難忘的，你們兄長輩的規箴。
我願樂意遵從你的垂訓：
『靑年人要修養完善的靈性。』
因你是修養全備的典型。
我願誠心學習你的至言：
『爲眞理得自由而服務，』
因你一生充實這種服役底精神。
再見罷，燕園裏一切的朋友！
我們雖是萍水相逢，
已成了默契的摯交。
我們攜手同遊，
朗談着過往底淸光；
我們秉燭伴坐，
漫道着來日底盲望。
朋友！讓今天底分離，不是永別，
讓我們在校底時年，
作爲我們生命之至實。
讓我們今朝共同的祝禱，
成爲異日相見底贈禮罷！

　　　　　　　一九三一復活節

楓湖日記
田　泉

三月十二號。

昨天不愛寫日記，就沒有寫。今天想寫，就又拿起筆來。

我像是愉快的過着春天。與朋友笑着談着，沒有顧慮的流露着天真。爭着玩，鬧着吃，情節宛若兒時。當黃昏挽友散步湖上，見柳枝嫋嫋，落日紅逼了西山。友人爲「行樂須即時」的古訓所感而搖其尾曰：「今朝有酒今朝醉」……我不待他說完，便狂步高吟韋莊的菩薩蠻一首：「勸君今夜須沉醉，尊前莫話明朝事，珍重主人心，酒深情亦深。須愁春漏短，莫訴金杯滿，遇酒且呵呵，人生能幾何？」

睡在春夜中，比起冬夜來，是大意的多了。時常把被打在一邊，露出的手肘，雖覺得微涼，但也懶得摻到被裏去。

三月十四號。

年來的筆，鬱結得害利，怠慢了許多青春中歡樂的笑波！但現在湖上的冰已融解了，在初春的暖風中，掀起了層層的嫩綠的波衣。窗風也在不住的吹着，吹着我的顏面，吹鬆了我的鬱結的筆尖。且讓我在這鬆快的筆鋒之下，寫寫我昨日的春宵吧。寫這樣東西，自不免感到生疎，但何妨讓我試試？

昨天是應了一位敎授的宴請，在下午七時，邀了一位同時被請的同學一路去。不移時，到了敎授的家。脫下了禮帽和大衣，與主人一握手，再一寒喧，行動便自由了，特別是這個我曾來過幾次的地方。

在 Fireplace 旁的矮榻上，擺了一堆散亂的木片。有黑的，紅的，綠的，雜色的，和沒有色的，有方的，圓的，長形的齒形的各種式樣。有一部分的木片已按着形色安插在一處了，現出了一張不完整的圖畫的輪廓。要是把所有的木片都安插得好，就是一張完整的畫了。於是我就起首這件未盡的工作。廢了好些時間，也沒接上一兩塊。誰料這樣小孩子的玩意兒，也會如此艱難。正在這散亂的木片堆中運籌推敲的時候，走進了兩個人；一看，是兩位女同學。我就做夢也夢想不到她今晚也會來的。心在驚跳着，手也慌張了。她那滿身的溫馨，頓給今夜的主人家，添上了一層媚人的笑意。但我又覺得在這過分的愉悅中，反感到緊張起來。四肢感到鬆動的困難。在她那兩個明媚的眼下，我變作了一個無能爲力的囚徒。在這春宵忽然從天外飛來的歡樂中，我整個的跌入在她爲我預備下的監牢中。這牢獄是以自心爲策，是以自己段段的心腸，做那鐵石的欄杆。這時我只祈求天地爲我停息着，架上的時計也無須再爲我報告時辰。讓我永恆的被軟禁在這無言無語的監牢中。

我強自鎮靜，手不住的摸尋一些木片。頭緒既亂，怪得我毫無建樹？兩手仍不住

的亂動着，徒然洩露了手頭的心慌，讓她站在旁邊見笑。好了，我感謝天，她慢舞開去了。這棵心才算輕鬆一些，但一輕鬆反覺不是味道。

一時主人請就席了。我遲遲其行；希圖能讓她先就位……

三月廿二號

上面的那段「春宵宴」，遇着一位同學的來找而擱筆。事後情緒便壞了，既不願隨便下筆，又收不下心去好好的寫。為了這個障礙，竟荒誤了好些日子的日記沒有寫。現在我只好割愛了，不能再當擱下去。失去了的就容她失去吧，人生本來就不完整，何必強求？現在再從今天的日記寫起。

今天進了城，Y女士對於我的友情，我深是感謝。至於她的活潑的性格，她的健康的談吐，處處將我往趣味的生活之途引探。但在我心的深處，却總跳動着傷感的原子。覺得是夢，覺得是戲，是過眼的殘花。

三月廿三號

我真羨慕那些為生命活着而不替生命打算的人。不思索生命是怎樣來的，也不思索生命將會怎樣的去。一天一天的懵然的活下去。陡然看去，像是他們的愚昧；但仔細想想，才知道是自己的不聰明。

前些時做了一套新西服，直到今天才送來。馬上就穿上了，外表煥然一新。但緊緊包着的，仍然是那個沒變的胸腔。

三月廿四號

今天大公報上登了一篇薩拉齊的通信。前年我在薩縣住了一個暑天，忽然看到這名字，有點親切。逐引起我一讀的興味。情形歷歷如在目前。讀到「破鞋」們所唱的歌謠，一時心竟為淫詞所動，可見得自己不是聖人，更難希望做神仙。

三月廿五號

在燕大八百餘青年中，就找不出一幅天真的笑臉來，就說整天在新鮮的空氣裏養活着的運動員們，為了啦啦隊裏缺少了女同學，為了註冊部裏給他們埋伏下的盒子炮，和比盒子炮更壞的血淋淋的F，那些自由的心，遂不免躊躇而不安了。要說燕大的樂天派，又只是冒牌，沒有真貨。在這樣的天地裏，誰信有樂天的一件事。

近來也感到筆墨的應酬，是件苦事。年刊催稿，已三次了。但到現在還一字不曾落紙。每逢看見方一志君時，只好迴避迴避。然而近來不特在道上可以常常遇見他，且而午飯和晚飯，也常常碰到一塊；有時還坐個正對面，真是一件不遂心的事。比欠德記的小賬還要為難。說來說去，怪自己不該常在小報的角落處糊動嘴，以致厚臉的婆娘，還勞人「千聲萬喚出來」。出來後，又不能打着二八佳人的調子。徒然使燕客掃興。

三月廿六號

每逢早上八點到圖書館去，就可以會見許多由各樓各院來的齋夫和爺，擁着大打的書，在朝曦下，向圖書館邁着從容步。不知在他們這時的心裏，嘗沒嘗到做大學生的滋味？一待三三兩兩的齊集在還書的櫃台邊時，不居是樓裏來的夫或是院裏來的爺在交還書的時候，都聲稱着：「這是某某先生的」。要是這時有外賓來參觀，看着這班工人裝束的大學生，一定要獎譽燕大學生的儉樸。所不幸的是來參觀的外賓，往往不在這個時候來。如此美德，亦無以昭示於社會了。真所謂「金龍殿上騎白馬」的時候：恨未被人瞻仰；但在「十字街前盤烏蛇」的當兒，不湊巧的却被許多朋友瞧見了。

三月廿七號

我班上的人材，不特數量驚人，其特質亦足引以自豪。吳世昌君之明察秋毫，翁獨健君之獨斷獨行，谷茞春君之謙恭下士，早已聲譽湖上。要提起李天祥，黃振嫡二君，更是偷不走，移不動的雲崗石佛。餘則碌碌小輩，車載斗量，好比過江之鯽。近來我常為這般人材沒有相當的保險而放心不下。尤其是吳翁二位，不特同住一樓，而且同住一屋。萬一樓深夜失火，那麼這兩位的下落，怕就要成個考古的問題了。即望一九三二班人材保管委員會起來負點責任。

大概是在新目的「戀愛的過去與將來」一篇文裏，讀到以下的一段話：「俄國政府禁止人使用「戀愛」，「溫柔」，字樣，因為政府以為這一類熱情能奪去政治熱情的力量。許多青年人祝望浪漫的戀愛消滅！」不由的感想到自己生在這學術思想磅礴鬱積的中國，即窮畢生的精力以治學，成就也很有限。要再任稍縱即逝的光陰空過了，就連那點有限的成就，亦成為永遠的鏡花水月了。那麼，此後是否就可斬斷那束愛念的絲絡呢？曰，不能。當我看見柳條在風裏依依的搖曳時，當我看見湖水在斜暉中蕩漾着纖纖的柔波的時候，不期然的，心又浸入在愛情的靈漿裏了。想到但丁的神曲，歌德的浮士德，密爾頓的失樂園，莎士比亞的悲劇，都是愛的方量，都是愛的成就。總之，我得承認愛是力，愛是創造。迴拒由不得我。但以下的兩條新決議，得由我恪守遵行：

(1) Welcome those women who make men great.
(2) Refuse those women who make men dirty.

三月廿八號

過湖邊，拾起一張廢紙。初落眼時，像是一張某位同學在常三點崇的菜單。但一待瀏覽了第一行時，竟使我吃驚不小。我發現的是一件奇品，有考據的價值。第一行寫的是「大觀園人物一覽表」接着便排列了好些人物：

賈母……劉老太太
賈政……司徒雷登
劉老老…Mme Bauer.
　　　　Mademosiel'e Holland（後補）
薛寶釵…黃（字未詳）正
　　　　胡（字未詳）副
林黛玉…（姓字模糊）
賈寶玉…不客氣是我自己

讀到賈寶玉是「我自己」三字時，我拂袖而怒生。連聲罵曰：「好不要臉」。要是知道那寫這人物一覽表的人的眞名實姓，我眞要不猶豫的去找着他，賞他以幾下請他去照照鏡子的耳光。當憤憤之餘，沒把以下的人物看完，便撕成粉碎了，拋在湖波裏。

春天的課餘，應當找點閒熱的書看看。製造一些花鳥和美人，安置在自己的周圍，不至使自己感到寂寞。但自己就少有這類的書，上同班的房裏去找。我找來了一本「春水」零碎的看完後，並沒有在自己的周圍，製造出什麼花鳥和美人來。但也不後悔，因爲得到了一點花鳥和美人之外的東西。湊巧前兩天又看見了「春水」的詩人。正是她往丙樓走的時候，我敬謹的隨着她的行影，抬頭又看見晴藍的天宇裏，那幅美麗的西山的圖畫，我喑自低吟着：

詩人！
不要委屈了自然罷，
　「美」麗的圖畫，
　　要淡淡的描呵！
我想讓她聽見，又怕她聽見了。

說到詩人，我又想起詞人了；想起了我們的顧隨先生。顧先生的大擘，可謂別開生面。然而上唇上的那兩丿鬍鬚，是特別俏皮。我想要是顧先生的鼻鈎做了皇帝的話，不免也要點恭維，問着兩旁的朝臣鬍相曰：我們這個樣兒像個甚麼？善於恭維的一個應聲而言曰：我們這個樣兒，可謂「高明配天」。

青年人往往是自己搬來石頭，塞死了自己的前路。反來坐在石頭下，哀哭自己的不幸，說是環境害了他，說是社會害了他。因此便有理由去浪漫，去沉淪，去高唱悲觀與厭世的調子。當然我自己也不比別人強，一樣的扳着石頭傷了自己的脚，却去怨天尤人。不過我現在明白，自己扳來的石頭，還得自己扳開，才能鬆快的往前走。

Madame Bauer

吳 世 昌

——我所遇見的教員之一

我說，你沒有上過老太太的法文不是？你要上過她的課，我敢罰咒，你不願再上別的無論怎樣有趣的功課了。今年我因為有一趟功課和另外一班法文衝突，終於又改到她的班上去了。老太太是我的舊教師。我生平就沒有碰見過這樣和善的教員，雖然她沒有一堂不罵我是「八哥」，當我祇能用頂普通頂習用的字造句的時候。她也罵班上別的「麥蕭庵」和「麥達麥穗兒」是「小小孩子」（Le petit babé），如果他或她用頂簡單的字句回答她的問題。 那一天我進課室的時候，她已經高高的坐在講台椅子上，左手叉着腰，右手把一本「法國和法國人」高高的舉在前額，一雙鑲着黑邊的眼珠從眼鏡上面攛了出來看着書。她的眼鏡，不知道為什麼，我從來沒有見她規規矩矩架在鼻梁上過；不是推在她的額角上，眼珠從眼鏡底下溜出來看書，便是爬在她的鼻尖上，眼珠從眼鏡上面翻上去看書。剛才她正在書上找問題來問學生。她那些問題，照例是她自己找出來即發問，她自己解釋，她自己回答的，因為她的「麥達麥穗兒」和「麥蕭庵」或許因為她說的太快，或許因為怕做「八哥」，對於她的問題，照例是用臉紅來代替答句的。他們老是紅臉，實在也非常使她生氣，她每次照例得神彩煥發的痛罵一頓，她那悠揚宛轉的罵聲，實在比那些運動員掮了網拍從球場回來的時候哼着的英國情歌好聽得多。但不論她罵的是怎樣利害，她罵到末了總是掌不住要笑了出來，敎一般不懂得法文的人見了分不出她是在罵人，在演講，還是在獨唱。

她年紀並不大，才祇六十八歲，可是她的情感，十八歲的少女比不上她的熱烈，四五歲的孩子不會比她更天真。她敎法文眞熱心。去年敎第一年法文的時候，她說她要使她的一班成為三班中成績最好的。在課堂裏，叫，跳，哭，笑，做鬼臉，拖舌頭，凡是她認為可以幫助學生了解法文的種種姿勢，她決不顧惜。她的課室是永遠震蕩着不斷的笑聲的。

但最精彩的一幕却是「到黑板上去。」那個被她叫上黑板去的學生，鮮有不給她奇形怪狀的姿勢，弄得七昏八顛的。如果你稍微遲疑一下，她也許以為你沒有勇氣上黑板，也許以為你聽不懂她的問題，她或者對你扁一下嘴脣，翻一下白眼，或者哑你一下。再不然，她就扯開五根指頭，亂抓亂扯呵你的攙。坐在第一排的「麥達麥穗兒」首當其衝，往往給她抓得笑岔了氣。假使你的句子做得不錯，她就點着頭，說，「好！」或「很好」！至少三次。要是你的句子做錯了的話，喜劇可就開場了：當她看着你的句子的時候，她的眉毛漸漸飛舞，她的嘴漸漸張開，（牙齒可是咬緊的。）她的

　肩胛漸漸扛起，直到她的脖子完全埋入她的雙肩，嘴裏說着「嗚—嗚—嗚—」。於是她把你趕到牆角裏，先用大姆指指你一下鼻子，再把雙手叉住你的脖子亂搖，唇角掛着天眞的譏笑。於是全班就閧然大笑。

　近來，她不罵我們「八哥」「小小孩子」之類，而罵我們猴子了。最後一排的老吳和老王頂倒霉。他們一撩天，她就問：「那邊的猴子在幹嗎？」如果你不回答她，她笑嘻嘻罵你一聲「這猴子！」也就罷了。你要是告訴她你們在談些什麽，她的話就多了。譬如說，你們剛才談起昨天晚上的新劇，她就告訴你，第一幕好的，第二幕不成話，如果你說：「老太太，你的話是眞的嗎？」

　「啊，怎麽不眞？」她誠懇地說，「我的乖乖，(mon petit) 我有經驗，我知道好壞，我和你們要好，我巴望你們好，所以才告訴你我的經驗，怎麽不眞，我的乖乖？凡是我所說的，都是眞話，你們要記在腦筋裏，」她拍幾下自己的腦袋，「這個，記在這個東西裏！」

　記得她第一次叫我們 le singe 的時候，老周過於裝作不懂：「老太太，什麽是 Le singe？」

　「le singe？」她臉上一紅，覺得對不起你們似的，「le singe 就是猴子。」

　「爲什麽，老太太，你罵我們猴子？」

　「猴子嗎？」她急了，「我也是猴子，我也是猴子，——猴子頂好！我們的祖宗全是猴子變的。」

　這以後，「猴子」就成了我們班上的通用語了。老田紅着臉瞪着眼回答不了問題的時候，不等老太太說話，坐在他隔座的老周和老黃，就「這猴子」「，這猴子」，的亂叫，叫得老田的臉脹的更紅，眼瞪的更大；老太太看着他迷花眼笑，前排的女同學看了老太太那股勁兒，用手絹蜜着嘴笑，老田恨恨的說，「你才是猴子」！於是全班閧堂大笑，問題也就乾脆不用回答了。

　「猴子」這名詞漸漸普遍起來。起先，祇是她的學生，而且是在回答不了問題的時候，她才算罵你一聲「這猴子」！後來，你就是把問題回答了，她也是叫你「猴子」；再後來，不是她的學生，她也叫他們「猴子」。平常上課以前五分鐘，她已先到班上，門外看報的人聲音很嘈雜，「那些猴子在幹嗎？」她開出門去：「嗳，你們這些猴子，幹嗎這樣鬧？」門外的「那些猴子」不懂得法文，對於她所說的莫明其妙。她對於他們嘁嘁嚓嚓所議論的當然也不懂；但她看了學生佈告牌上紅紅綠綠貼滿了佈告，預料學生會中又有事情了。於是就回到課堂裏來，說，「他們想在燕京革命是不是？吳世霜，你是革命家不是？」她一向以爲我是革命家。

　「不是，不是。」我說。

「不是，不是。」她樂了。接着，她就發表她的政治哲學。「世界上有兩種人」，她說，「一種是抱耳顯微客，一種是好好的人。凡是好好的人，都好好的做工。那些抱耳顯微客是該死的。他們必須砍頭，」她用左手抓住自己的頭髮，右手抹着自己的頸子，「他們必須砍頭，必須砍頭！昨天丁文江演講，他說些什麼？」她忽然想起來了。

「他攻擊了共產黨，」我說，

「不錯，凡是聰明的人，都要攻擊共產黨。你們要思想一下，」她拍着腦袋，「要用腦袋思想一下。燕京的學生也有兩種，」她繼續說，「一種是好好念書的，一種是抱耳顯微客。我的孩子，（mes enfants）她用極懇摯的口氣說，「你們要好好的念書，不要學抱耳顯微客，因為他們是必須砍頭的。」我們聽了，都很感動。忽然她又說，「我知道燕京一共有四十二個孔米尼絲。我的班上有兩個，一個是吳汝顯，一個是吳世霜。」吳汝乾和我都嚇了一跳，「什麼？老太太？！」

「哈！哈！哈！哈！」她這次可眞樂了。她拍着手，笑得我幾乎滾到地下，「哈！哈！哈哈！不是？不是？哈！哈！哈！哈 goodness！goodness！呀－－goodness！」

她為什麼說「吳汝顯」是「孔米尼絲」我不知道；但她說我是「孔米尼絲」，我知道是因為我的頭髮太長。她曾經扭我的頭髮，咬着牙齒說，「為什麼這樣長！」不等我的回答，她就走了，所以始終也不知道為什麼這樣長。她以為大概孔米尼絲都是長頭髮。正如同我小時候以為太平天國的人都渾身生着長毛一樣，所以就從我的頭髮，結論到我是孔米尼絲。下了課我問她為什麼說我是孔米尼絲，她轉着眼珠想了一想，忽然又拍手大笑起來。

第二天上午我又在丙樓樓上碰見了她。

「早晨好，老太太。」我說，

她一聲不發，咬緊了嘴唇，捏緊了拳頭，向着我來勢洶洶，我莫明其妙，只好退避，退到歷史學系門口，無可再退，她突然上前一把抓住我的胸口，把我拉了出來。

「怎麼啦！？」我摸着頭腦。

「你為什麼當真？我說你孔米尼絲，我說着好玩兒，你怎麼當起真來了？」

「我並沒有當真，老太太。」

「並沒有當真！」她呸了一聲，捏着一個拳頭向我額角上比一下，又扁一下嘴唇，揚長而去了。

她以為凡是世界上的人彷彿都應該懂得法文，她不論對誰都說法文，除非發了急，用中文說「這個這個」「不是不是」。你如果聽不懂法文。她就生氣：輕則罵為猴

子，重則暴跳如雷。據說有一次她從北京回來，兩隻手裏提一包，掛一包，拖一包，挾一包……一身大大小小弄了十七八個包裹；在燕京下車的時候她發現丟了一條毯子。她滔滔不絕的和汽車處交涉了半天，出乎她意料之外的是那些「猴子」竟全不懂得法文，這一下真非同小可，直把她氣得解開了大襟的紐子竟忘記扣上。（她穿的是中國式的旗袍。）

　　她最討厭英文，她以為法國是世界文化最高之國，而燕京的大多數人祇會說英文而不說法文，她不僅認為「遺憾」，簡直有點憤憤不平。那一天我問她為什麼還不買雨果的 Les miserables，她把雙手向左右一坦，嘆了一口大氣說，「我的孩子，沒有書哪！上海，天津，北京！什麼都沒有。竟是那些英文，英文！英文！別的什麼都沒有！」她一提起法國就興高彩烈，色舞眉飛。她滿嘴就是 très très bien, très très joli（好極，極了，美極，極了！）如果你多問她一些關於法國的話，她更高興：「麥達麥穗兒，你到樓上我的辦公室裏，拿這個這個──」她這一次可顧不得什麼，法文，中文亂用，「桌子上的畫片，法文報，這個這個法文大字典在書架上，那一邊，那一邊，」她恨不得把有的話一句都說了，結果是話更多。這一堂，也許她就讓你們看一點鐘的畫片和報紙「C'est finit la！」

　　忽然有一天　她說請我們到她家裏去吃茶，說下星期五是她的生日。

　　「老太太今年幾歲了！」

　　她並不回答，拿了粉筆在黑板上恭恭敬敬用花體阿拉伯字寫了68兩個字，然後望着你迷迷的笑。

　　「老太太，你把我們全體都請？」

　　「啊──育！當然全體都請了。」

　　禮拜五那一天她上　堂的時候，換了一件新袍子。頸上掛了一塊漢玉，雕作老壽星騎鹿。下了課，我們就到她家裏去。

　　她家在軍機處。一進門，就有她的唯一的伴侶──那只又大又黑的大黑狗出來歡迎你。她先是大嘩大叫，以後是在院子裏直轉，轉得又圓又快叫你瞧着都頭眩。她聽見黑狗叫，就開她客室的門。「阿──哈，我的乖乖，您來啦。快坐罷，要可可還是加非？老王，──咄！這傢伙真笨！老王，可可。──我知道，小孩子愛喝可可，是不是，我的乖乖？──怎樣，您自己切哪！麥達麥穗兒，你給他一柄刀子。──老王，拿到這兒來──阿唷，你讓一下子老王過來。──糖！糖！老王你怎麼不把糖拿來？這笨東西。」

　　「老張說那面沒有糖。」老王說。

　　「米有！米有！怎麼米有？那面有的。這笨東西！」

老王氣極了。「你瞧她那股勁兒！」

她雖然聽不懂老王說些什麼，但看神氣知道他不是好話。

「海，海，好得很！」她咬着牙齒說。

老王鼓着兩頰，使勁砸一下子門，出去了。

「怎麼，他們都不來了？祇有你們幾個人。這些東西可吃不了啦。不礙，我明天拿到班上去。」

這時候你如果偷出一點時候來看一下她的客室，你會疑心這是一爿古董店。單就老壽星而論，玻璃櫥內少說些也有十來個：水晶的，漢玉的，珊瑚的，柳楠木的，磁器的，⋯⋯騎在鹿上的，跨住鶴頭頸的，盤膝坐在荷葉上的。四週壁上，除了繡花桌圍和風景片之外，到處爬着大大小小的磁器盤子，雖然有好多是僞造的宋磁，但她的架子上還有唐宋的墓俑，就這一點，已可見她的見解和嗜好遠在那些俗不可耐的美國富翁之上。東邊牆上還掛了一張襯着紅綾子的鏡框，綾子上寫的是「壽比南山」。

「你們等一下，」她把悲多汶的片子攔上話匣子以後，披着黃皮大氅到臥室裏去了，一回兒她又出來。她往口袋一摸，「你說美不美！這是我三十歲的照片。這是四十三歲的。——這不是，對了，她是我的學生，現在法國學音樂。這是我的兒子，你看怎麼樣，他要是沒有戰死，今年——我看，今年四十二歲了。」最後，她又從胸口摸出一張六寸的來。「你看，這我的全家的照片。」她的眼圈兒紅了。「你看，這是我的全家的照片。」

「他們都在法國，老太太？」

「都在法國！」她的聲音有點嗚咽，「在天上！一個炸彈把十四個人炸死十三個，就是我沒有死。那個炸彈，我明明記得，我們都在吃飯——一個飛機從屋頂飛過，我們知道不了，趕緊想跑，那裏來得及，十三個都給一下子炸死了。」

老太太的身世真是演着不斷的悲劇。她自己因爲主張非戰而被逐出國境。她兒子卻上前線去戰死。從祖國放逐出來她到俄國——她母親是俄皇的公主——辛辛苦苦從工作積下來的錢，兩次革命把她的財產沒收，再騙逐出境。現在六十七歲了，還要爲麵包而工作。她腰痛發作的時候，常常一隻手攔在桌上枕着自己的頭，一隻手灣轉去敲着自己的背，自己向自己嘆氣道：「Pauvre madame' travailles pour gagner ta vie！」

下星期上課的時候，她早十分鐘就到了，坐在桌子上老等。等學生到齊了，她就罵：「你們這些猴子，真是滑稽極了。我預備好了茶點，要你們來，你們——哌！你也不來，你也不來，真是滑稽極了。」罵完了，她把攔在窗沿上的一個白布包打開，却是一大盤可可糖蛋糕，七八付刀叉。「哈！哈！我可把點心拿出來了。」全班的人

笑到傴了腰直不起來，她却用刀子從容不迫的把蛋糖切了，然後給那些沒有到她家去的，一個人一把又。再把盤子「帕司」。她見麥蕭庵田吃蛋糕那種怪樣子，可可糖屑子直往他漂亮的西裝上掉，她忍不住了，把剛才的白布包擠成一團，劈頭夾腦丟了過去，「嗳，猴子，把牠舖在膝上，省得把衣服弄髒了！」

聽說每禮拜六，她就進城，到協和醫院去看有沒有燕京的學生病着，如果有，她就買了些花，逕到病人的房裏，用法文和病人談天，問他吃的藥味兒苦不苦。病人並不認識她，也不懂得她的法文，她就用她發音不準的英文告訴他：「你在這兒生病，要是沒有人來看你，你一定會很苦的。因為我從前生病的時候，我天天望人家來看我，可是沒有人來，我覺得苦極了。所以我來看看你啊！」

四，二十，一九三一

木蘭花
— 永陰詞 —

春楓換盡春顏色
落日西風秋懋懋
蘭花開處綠如油
百草枯時紅似血

常時爭信秋光薄
此際才知春日落
殷勤收拾待春來
暖向窮秋傷寂寞

鷓鴣天
— 永陰調 —

短帽輕彩出舊京
斜風疏雨柳絲輕
秋山淡碧長林醉
野草微黃落照明

新景物舊心情
無人知處冷清清
西風落盡長楊葉
皓月穿窗欲作聲

留 燕 舊 話

羅 嘉 華

　　遠看着一層灰色的瓦，中間更矗立着一座灰色的塔，這便是燕京——是我曾如作客般地居留過一個時期的燕京。

　　燕京就是這樣：外觀純是灰色，而內容却具有很複雜的古色古香的玩意兒。朱紅色的柱子，彩畫的天棚，結綺的窗櫺，襯着八角的宮燈。以外便是幾千年前的甲骨，鐘鼎，彝尊，和脆黃的紙鮮藍的套的真真假假的宋板明板線裝書。這是一個世界，是世紀外的一個世界。

　　投身到這樣的環境，領會着充盈的古雅的意味，想要做學者，把周身都染上幾千年前的古銅色，走出去能給人聞着初出土的氣息，可惜這件事沒有成功。祇是被歲月在時光的冰場上拖着滑了幾年，落得聽了些笑話，看了些趣劇，夢了些瑣碎的糾紛。結果一無所得，一無所成，可是大限已到，便抗着三年前從先農壇展轉偷出約一塊白石柱頭悄然而去。

　　這事情到今天又是一年多的工夫了。經過一年多的工夫，却依然故我。雖是多添了一點經驗，不過祇是認識了比「千面孔郎陳尼」還能變化層出不窮的有錢人們底臉兒。除了這一點，還是一無所有，一無所成。

　　在這個世紀裏，偶然也回想起另外的那一個世界，可是什麼都模糊了，再也記憶不清。現在遺留的影子最清楚的，除了那雍容溫雅的西山，便是這不幸者底碑石。

　　在居留的這個時期中，沒有對任何東西結下了緣，惟有對那遠遠的山容和茂草環生的魏碑却結下了深深的緣分。這究竟是什麼原故呢？自己也不知道。西山——那樣偉大的西山，所容易被人所愛，自在意中，爲什麼這碑却能夠永久地堅立在我底心裏？

　　從行奠基禮那一天，我便覺得是在我底心裏奠了碑基。那一天我記得是下雪，夜

中,悄悄地到碑基那裏,從被雪覆蓋着的花籃裏摘了兩朵花,嗅着冷馨,感到短促的人生之凄豔。

碑石立好之後,每夜必到那裏巡視一周,整理套在碑上的花圈,安放欹斜了的花籃。無所謂,也無所感,却總是這樣地做着。

過了幾天,因爲風太大,把花圈和花籃都吹散,零落在地。碑前的兩行小柏樹也枯死了幾棵,這時再也沒有人來此憑弔,祗任碑石獨自立在那裏寂寞着。

幾年的工夫,我始終沒有冷落了它。春天的風夜,靠着碑石,聽湖水的波瀾拍岸的聲音,旁邊土山上的松濤如吼,深深地感到宇宙的不安和人生的顛簸,似乎祗有這碑石在屹立不動。秋日的斜陽中,坐在碑側的紛披的茂草上,看暮烟漸漸地浮出林表,蟋蟀在草際曼聲高唱,這是,總是在心頭湧起一種不知何自來的興衰之感。冬天下雪的時候,夜中也要到這裏流連一回,直等雪都壓滿了帽沿,才回屋裏。月夜,無論什麼時候的月夜,多是把半宿的時光消磨在這裏。倚着堅冷的碑石,凝望着澄明的天宇,似乎可以在那遙遙的空際發見了什麼秘密,但是始終這秘密也沒有被我發見。我祗感到生命之飄忽,又感到青春之悽寂;而這不幸底意外的殺害,更深深地刺戟着我,同碑石底冷意一直透過了我底心田。溫情漸漸地變成憤慨,死者彷彿是我自己,這碑石彷彿就是我底碑石。回身趁着死白的月光注視碑石上慘綠的字跡,忽然那些字跡變色了──都變成血樣的顏色,而且每一畫都彷彿才寫完似地向下流着血滴。這景象是在一夜裏見到,而從這一夜以後,那碑石底字跡在我眼中永遠成了血樣的顏色。

現在和這碑石隔絕了一年多的工夫,聽說它又搬到一個更寂寞的地方。我沒有忘了它,而且那血樣的字跡彷彿越發鮮明地在我眼前顯耀。我相信它底字跡一天比一天要擴大,濃重的血色也在預備塗着別人底心。

在灰色的瓦灰色的塔的燕京居留了一個時期,不特沒有做成學者,連那少許古色古香的玩意兒都已忘淨,所能結下緣分的,除了西山,就是已經移往化學樓東南角上的那一座石碑。

「三,一八」前十日作。

五年前的回憶

因百

一住幾年的燕大，應當是第二故鄉似的很值得留戀了，不知何以年來總感覺到厭倦，不想再住下去；其實也眞該走了，因爲若連「出亡在外」的一年算上，已竟是五年，差不多佔了我全生命的十分之一。我執筆寫這篇文的時候，又不免有些悽愴，這並不是因爲畏懼着將要蹈進渺茫的人海，這人海我已己蹈進去，雖然徼倖沒有被波浪打得「沈底」，我的悽愴只是一種傷今感舊的情懷而已。

記得五年前的秋天，我們才到燕大，也就是燕大才到海甸的時候，我們在現在的宗教樓裏所設的臨時辦公室辦完一切手續，又到門口堆滿了亂石頭乾草的三樓將行李安置好了以後，便結隊出去走，同行的有小謝，小韋（後來變成韋大爺又由韋大爺而變成老韋了）還有「肥豬猴兒何」先生等等。那時遍地是半人高的野草和荆棘，我們就在這荆棘叢中亂撞，並且很不易的環行校湖一週，不但荆棘叢生而且高低不平，低處還有積水。於是我們引吭高歌，遙想哥崙布初到美洲，也就是這樣吧。

那時校湖的水仿彿還沒有現在這樣深，但因爲蘆葦裏面的蘆葦剷掉，所以划船是很方便的，可惜沒有船，於是就有人仿照「木排」的遺意，將幾塊給木板聯綴起來，人站在上面，就可以划着走；以後群起仿效，北方旱帶的燕大，居然很有水鄉風味了。有一次我同「鐵公鷄」先生（這個綽號有點欠雅，但他的確是「一毛不拔」的）一同在湖裏划木排，因爲細故吵起來了，以致於打架，自然多半是打着玩。從校湖的南而繞着島，轉戰而北，到了通四樓的石橋爲止，結果是我失足落水，變成「落湯鷄」，他的一隻新的手表掉在水裏成爲犧牲品，大槪到現在還在那裏安眠吧？

過了些時，有些人湊錢令造船隻來替代木排，這當然更平安而舒服，於是聞風而起者有六七起，那時已竟是春天，當着春的夕陽照在水面上的時候，總有幾隻船在那裏轉，於是又從饒有野趣的水鄉變成畫船斜日，貴族式的湖了。我們也曾提議集股造船，因爲會划船的沒錢，有錢的不會划，誰也不肯的出力，結果是通不過，只揩人之油，坐幾回「蹭船」，或到湖南岸的土山上，登高一望，也就算過癮了。前些天偶然看見當時最出風頭的「輕鷗」「箭影」兩隻船頹然裏队在湖邊，無人過問，卻私幸我們的船沒有造成功，至於滑冰，已竟是到校第二個冬天的事，因爲我到冬天向例是「入蟄」的，所以也就莫明其妙了。

當是印象最深的就是校湖和附近的一帶地方，水上的木排，地上的荆棘野草，夜深露重時的蟲聲，都是不易忘懷的，這只是因爲野人好野趣的原故。現在陸上是一片「康莊」，水裏也無復澤國的風味，這裏一片花，那裏一堆山石，很象員外爺的花園子，但同時總會有些個工人在那裏蓋了又拆，拆了又蓋，就沒見夜裏肅清過，也許這就是使我厭倦的地方吧？

圓 明 園

谢 冰 叔

是一個圓明園清涼的黎明，
獨自徘徊覺得十分的冷靜；
天邊閃着三五明滅的晨星，
草上默着千萬露珠的晶瑩。

想起來嗎星夜默默的同行？
記的潸靡湖邊靜靜的談心？
曾幾何時往事感喟着莫名，
真使人覺得時光過的可驚！

獨坐四望蔚藍無涯的長天，
遠山如畫罩着漠漠的薄煙；
殘缺的石柱和琉璃的瓦片，
同回憶一樣的零亂在心田！

好像黃鶯的婉囀仍在耳邊，
好像紅梅的清影時現目前，
深刻的印像說不盡的牽連，
使人怎能辨出是苦還是甜？

忽然聽見遠遠幾聲的晨鐘，

隨着微風更顯音波的沈重；
牠提醒了寂寞靈魂的虛空，
牠擊中了別後心裏的隱痛。

可記得臨別夜那樣的匆匆？
彼此相顧只有勉強的笑容；
為何臉上忽然像玫瑰一紅？
自然沒聽見最後那聲「珍重！」

如果一想起來也覺得有趣，
為什麼獨自的來這裏長吁？
中心呀說不出月來的積鬱，
只有長吁吐出無限的情緒！

是不是感慨這圓明的廢墟？
是不是歎惜那興亡的過去？
無名的惆悵只像柔絲一縷，
常繞在內心不能解脫須臾！

暑期中于燕校·

捉　摸
素　英

「我雖不希望他愛我，但終於放心不下，總想知道他究竟愛我，還是不愛我。原是的，我在愛他以前和愛他之後，都沒有改變我的態度，或更易我的主張。在小說上或任何讀物上看到了「失戀」的名詞，我總是從鼻管裏哼着氣，暗笑他們的不通。「愛」是無可比擬的，只能爲愛而犧牲一切，斷不能因愛而謀利己。假如施必望報，那還成什麼愛呢？只是自私吧了。只要我能永恆地愛他，永遠地戀着他；如果他也愛我呢，當然是更美滿，更甜蜜。萬一他不愛我，或已愛上了別人，我敢說我對於他的愛仍是有增無減的。我會因此失望，怨苦麽？永不！因爲「愛」眞是太神秘了！我一想到他時，愉快的情緒便隨着全身的血流周轉着。一種無可言說的神秘的意味，使我陶醉在無可言說的神秘的幻想之園裏。只這般沈醉着已夠甜美，神妙了！何必一定要………？我只深深地愛他，使他影像的，永恆地佔據着我的心懷，永生我的全部的靈魂之海裏。他愛我與否實在沒多大關係呵！這並不是片面的單戀，只是超乎一切的最純摯的至情。所以我說失戀的人盡是些濁物，不懂得眞愛的自利者。爲了得不到報償，所冀求的不能滿足，便哀傷，失望了，多麼可笑！他們原不知什麼是爲戀愛而戀愛呢！

「哈，我愛他！假如需要時，我願將我的全生命貢獻給他，爲他服役至我最終末日！哈，我只知我愛他就是了！………」

絢女士拿着一册日記，儘翻，儘翻，翻到了上面的一段，逐個字慢慢兒地默誦了一遍，一片微笑浮上了她薄薄的唇邊。但在她頰上的笑渦還沒有消失以前，空氣中已響着她歎息的低沈的聲浪了。

她的苗條的軀體欹斜地在寬大，舒適的藤椅裏坐着。閒逸，自然的態度，完成了她的靜美。她坐的地位是在一個小小的洋臺的鐵欄干前。往前望去，遠山的峯尖深埋在迷濛的雲靄中。光明之神正策着金輪歸去。只利晚霞片片掩映在落日的餘輝裏。東西風儘輕柔地吹拂着。在歸鴉噪括的煩維裏，臺下的馥都的薔薇發出香甜的微噓，慵憊的嬌態表現了沈醉的倦意。但點綴成這絕妙的黃昏的畫圖的一切，都沒有引起絢女士的欣賞。她是給腦海裏同樣美妙的波瀾，浸潤於理想的醇酒的濃香中了。

展開了的厚厚的一册日記攤在膝上，左手枕在籐椅的扶手上，托着腮兒。右臂斜垂在另一個扶手上。蓬鬆的頭微卬地靠着椅背。曼妙的雙眸凝注着深紫的長空。她正在「望風懷想」「悠然神往。」

怪呢，哲學是哲學，人生是人生，理想儘是理想，事實終仍是事實。絢女士兩月前寫下的她的愛的哲學，現在牠的根據已發生了動搖，和她的心理互相矛盾着了。她的偏重精神的唯靈論，終究是做不到的空談，只純然是理論吧了。

　　她心內熱戀的狂潮，近來更澎湃得厲害。她的變態太顯然了。往昔是天真爛漫地嬉笑憨跳着的，只要有她發言的機會，便總可以聽到她嬌脆的語聲一種巧妙的滑稽神情，尤其是同學們所喜愛的。現在呢？可不同了。從前的絢女士已在那偶然的神秘的刹那間消失了。愛神的羽箭貫穿了她的心頭，她感到心胸和抽口的錢袋兒那麼緊抽着。和豁然開朗的濃霧後的麗日晴空般，一個新的時代之幕在她眼前展開了。現在的絢女士是那麼柔靜，沈默。同學們都詫異着她的突然的變態呢。她開始了對於美的自覺。上課時加意地裝飾起來，走路也特別婀娜。靜坐的時候只是默默地沉思。還時時獨自痴笑。這些僅是她形式上的變更。她的心境還有更甚的差異啊。

　　那真是神秘的神秘呵！他正是人類的奇蹟。最可驚異的是她淺淺的腦海，狹狹的胸腔，小小的心房，竟存儲下如許，如許的他的影像，只要他曾參加過的任何一幕，無論何時，何地，只要是她和他在同一的時間與空間相遇在一起的一切情狀和背景，都連帶地攝上了她心靈裏的鏡頭。尤其是他的優雅，沈著的姿態，更比其餘的一切獨特地清晰。她的記憶力已回復到童年時代那麼強盛——但只限於記取他的一切，對於他人的舉動和其他事物，可不如此——他或坐，或立，或俯或仰；讀書，談話，歡笑，沈思；走路的步聲，甚而他挾拿書本的形式，種種態度都那麼生動，活躍。簡捷地說，她整個的心坎完全給他的憧憧不息的無盡的影像佔據了。絢女士真是異人。她的周圍彷彿通着電流，感覺的敏銳真是罕見。他遠遠地從她背後走過，或坐着，她都知道，像後面也長着眼睛似的。

　　他是誰？是她的級友壯濤君。他們同學已有一年多了。她什麼時候開始愛他的呢？誰知道？就她自己也不知吧。人類的心田裏原都埋藏着愛的種子。只等愛神把玫瑰的溫馨向他吹拂，將露珠的甜蜜替他灌溉，立刻就會萌芽，蓬勃地滋長的。就開花結果，也是一瞬間的事吧，不過愛神的行踪和手腕太詭秘，太玄妙了，猶如湖上的春冰溶化時那麼的了無痕迹，誰都不知他工作的日期和真相的。

　　壯濤君在青年中算是最羞怯的一個，假如多幾個女性望着他時，他只能低頭注視地上。侷促的神態真有些近乎少女的嬌羞。為了和女性周旋的不自然和惴惴不安的心情，他只能用欣羨的眼光，略含妒意地瞧着室友胡君對王女士的猛進。他明白像他這種惰性，便只合做戀愛途中的落伍者。雖則他未嘗不思冒險一試，但假如接受到對方的冰人的冷氣，和蔑視的暗示時，那他簡直要氣憤而發瘋了。為了避免自討沒趣，和他認為最難堪的被人蔑視戲弄的恥辱，故終於鼓不起勇氣。而這種強自壓抑的反應，使他加倍苦悶。他雖有時用嘲笑的口吻對胡君說，「我看你忙成這個樣兒，真像花間的蜂兒似的，怕越忙蜜越多吧！」接着他又對自己作無聲的自語，「充其量也不過做女性的奴隸吧啊。歡樂過了還不只還留痛苦的殘痕。美人黃土，紅粉骷髏，還不是同歸灰爐？戀愛麼？愛在那裏？一切都是夢幻般的。我還是清靜些吧！」

假如世間的理論盡可實行，人類至少可以免除一半的苦惱。但情慾是專和理智作對的呢。愈想曠達就愈不得曠達。可憐的壯濤君正是陷於這種可憐的境地。他一面抑制自己，慰解自己，而同時愛的覓求也愈急切，其實他也早已深深地愛着絢女士了，雖則他還沒有顯明地表示出來。

他們是同級，有兩種學科是相同的。所以差不多天天都可以見面，上課的時候，壯濤君遠遠的在坐後排，頭略向左側，絢女士的整個背影都可一目瞭然。拘謹而羞怯的他，除了在背後偷偷地欣賞，更沒有較好的方法了。他一進課室坐定了後，準是歪着頭，托着腮兒。無盡的遐想，煩擾着他跳躍的心，每隔幾分鐘必得將視線從書本上移向絢女士的面部。或假裝專心聽講，臉是對着那指手畫脚的教授，其實他的眼睛是斜向左邊的呢。講師的瀑布般倒瀉的滔滔宏論，於他只是工人唱的可厭的哼哼調，又像煩人心緒的斷續的鴉啼，只聽得聲響却不知牠的意義。偶然聽到三幾句，也只薄薄地浮在腦膜上，他的注意力已給他引去了。上其他的課時，絢女士不在一起，但雖沒有他注意的對像。然而甜美的幻想，更足以陶醉他枯燥，鬱悶的心靈，在寢室裏的時候，或頹然地倚着窗沿，或抱頭橫臥床上；有時呆瞧着天花板，有時閉目凝思，儘在回憶過去，幻想將來。悶極的時候偶然也會覺悟，哂笑着自己：「人類中最難對付的是女子。最不好惹的是女子。一入她們的圈套簡直就是遭殃。自尋煩惱，何苦來！」可是他無論怎樣堅決想排除她的影像，而事實上竟不可能。於是他又轉而怨怪自己：

「我眞是怯者，懦夫！其實我的機會正多着。在級會裏我和她都是職員。她是記錄，我是文書。開執委會或大會之後——是呵，她曾和我作過四次公事式的談話。她的音調是那麼柔和，嬌軟，雖只簡單的幾句話，已深深地刻在我的心坎上。固然只是幾句無關緊要的話，但奇怪，比任何功課都純熟，簡直倒過來都背得出了，——眞的，我是笨牛，許是魔鬼迷住了我。爲什麽我不利用那些絕好的機會呢？唉，早曉得，……」

他從心底裏懊悔。憫惜那已經失却的機會。這眞是他生平唯一的憾事。他正籌謀着下次遇有機會時該如何利用，可是昨天晚上執委會散會後的時機，又給他羞怯的心情犧牲了。他甚至不敢多對她看，因爲怕洩漏了他的心的秘密。

今天早上絢女士爲了借一本參考書（大學裏的參考書是捷足者先得，是實行搶的主義的）借不到便在圖書館巡視一周。看見壯濤君正在看，她便走前去請他看完後轉借給她。絢女士說話時是如何地曼情呵！晶瑩的眸子誠懇地注視，臨去的時候還微微地嬌笑。這一次的印像眞是永遠忘不了。

以前在課室裏她雖曾屢次回頭，都不及這次的意味深長。他的勇氣陡然的增加十倍，心裏暗暗地欣喜，他深深地呼吸，默想着：

「她也愛我的吧？最低限度，她是不憎惡我，假如我能勇敢地表示，她未必會鄙視我的。何妨試試？然而………要找個機會才好。」

當壯濤君熱烈地懷想着時，絢女士也正在回味她晚上做過的甜美的夢境，他倆的血流都被愛之火煎沸着。但表面上都是那麼淡漠，冷靜，誰都沒有真確的表示，他是羞怯，在未確知對方的態度時，是不敢冒險的，而且也不屑效那些浮滑的青年們作卑鄙的燥急的追逐。她呢？她是唯靈哲學派。那傳統的女性的虛僞的倨傲——除了極少數具有特殊的傲性——她認為是做作的尊嚴。假如說保持尊嚴的話，男子就不該保持嗎？男女的心理原是相差不遠的，許是女子得天獨厚，眞有獨持的尊嚴？只是受風俗培養成的因襲的觀念，而且性質也特別地害羞，所以就將一切隱藏在尊嚴的假面具之下吧。究其實，女子還不是和男子同樣地具着戀愛的狂慾的麼？還是男子率真些，自然些。對愛人作誠摯的表示，毫無虛假的直認，難道是可恥的事。故絢女士原不願效普通的人的違心的虛飾。她以爲任何一方，如必要時都可以自然地盡量表示，而並不至低減他或她的神聖與尊嚴。不過莊重的態度是雙方都該有的。她自己爲什麼不表示呢？那是因爲她的情感太沉潛，以爲沒有表示的必要，怕說出了便要失去幾分神秘與意味。看她那段日記就可知她是偏重靈感的唯心主義者。集合了兩方怪異的心情，遂構成了咫尺相思的啞劇！

落日已跨過地球的另一面，天上繁星爭着從雲海裏探出頭來。初夏的晚涼天氣裏，倘殘留着春的神秘。絢女士懶然地掩起日記簿，心內感到無盡的空虛。她重又念着，「我雖不希望他愛我，但終於放心不下，總想知道他愛不愛我。」接着她又把他改換了；「不！我是希望他愛我，切盼着他的愛。愛而不被愛，終竟是太空虛！空虛，可怕的空虛！我渴望着他的愛來充實我這無盡的虛空呵！——噫，可鄙的自利者！施必望報，還成什麼愛呢？我的思想是多麼矛盾？是的我的思想只合於理而不近於情，我原是人呵！所以脫不了人的常情。然而我太不忠於自己了！唔，矛盾！難道我便永久在這矛盾中討生活麼？我恨自己，更恨他的呆木！最好，——」

「梅小姐！外面有人找，」宿舍裏的女僕在寢室的門前叫着。

絢女士彷彿夢醒般離開了籐椅，用驚異的聲調問，「誰找？」

「是萬先生。」女僕說完便走開了，」

這突如其來的壯濤君，在絢女士看來眞是出乎意料之外，簡直太湊巧了！她的脈搏加快了速度，似乎欣喜，似乎驚惶。只是說不出的一種心的緊張。她匆促地整理了一下頭髮和衣服，一步一步地下樓，走出宿舍的門口。

更可憐的是壯濤君，焦急，驚惶，羞怯，偏促不安，忐忑的情緒在他的內心裏打成一片，假如女僕沒有去通知她的話，他眞想逃了回去。他在正彷徨着進退不得的時候，絢女士已玲瓏地現在他的眼前。在那最後五分鐘他不能不鼓起勇氣了。

「密斯梅，真對不起，累你跑一趟。因為有一點兒小事要煩你，昨天我們的執委會不是議決下星期開大規模的同樂會麼？可是什麼時刻我已忘了，是星期六午後三時還是二時？」壯濤君漲紅了面囁嚅地說。

「都不是的，是四點半，在飾綺樓。」絢女士欲笑不笑地答。

「還有交際股報告的大會秩序，我因當時在起草一封信稿，沒有把牠記下來。明天晚上是要弄好了送去印的。密斯梅的記錄上怕有的吧？請借給我抄一抄，可好？」

她有些明白了，也可說是會意，她想：「這些事儘可去問交際股長陳君，再不然，主席王君也知道的，何必一定跑來問我。許是借機會吧？然則他也………？」

他見她未即刻回答，便笑着輕輕地說：「假如不方便也不要緊的。」

「可以！那有什麼不便？請略等一等，我就去拿來，」

「那倒不必忙在一時，明天上課時順便帶給我好了，謝謝，」

「這點點小事也用謝？」

「……………………」

他倆呆站着，他是垂着眼注視地上，她是微仰地斜望天空，默然地相對。彼此間電浪的感觸，心海裏的思潮的激盪，是沒有第三者能代他們感覺。陡然絢女士覺得這種沈默太突兀了，乃搭訕地問：

「今天的上物實驗，真難極了。我做到晚膳時才完，密斯脫萬怕也做好了吧？」

「我那裏有你這樣用功。誰及得你這真正的學者呢？特別是我的心緒雜亂得很。今天更甚，什麼事也無心去做，想起了級會的事所以跑來煩擾你………倒還是八點半的音樂會密斯梅可去聽聽？」他的視線銳利地直射着，她垂着眼有些躊躇了。最後她輕柔地說：「我還有幾十頁的參考書沒看完，也許去的，也許不去，現在還沒定。」

壯濤君似乎有些失望，口唇翕動着像要說什麼，又突然停止的樣子。略停一會才遲鈍地說：「煩擾你許久，對不住得很，再見！」

「再見，」她說着的時候，他倆不約而同地相對作神秘的剎那的直視，隨後便各自轉身，低着頭相背而行。

「呵笨伯，懦夫！我用盡了我全部的勇氣，只行了我的計畫的一半。我準備了許多話」，怎的一見了她便忘個乾淨？這樣依然是不得要領！她為甚麼說不去聽音樂呢？悔不再懇請她。她的半冷半熱的態度，叫我怎捉摸得住？難道我便永遠這麼無結果地捉摸着嗎？」壯濤君行了十幾步把頭回過來，而絢女士的身影已在閃爍的星光之下消失了。

這種神秘捉迷藏，什麼時候終結呢？誰知道？

燕語拾零

冠

湖上潮流時易方向，去秋甫開學間有政潮，當是時也，傳單亂散，口號高呼，或目努臉青，紛拏於議場，或輕聲秘跡，促膝於密室，日中猶奔走校園，宵深尚奮筆作檄。政見既定，誓死力爭，雖至友不讓也。聖誕節前後忽空氣一變，某某教授訂婚也，某某同學結婚也，日必有聞。訛言相戲亦復以此為材料，時訛傳某博士將備喜筵，某生聞之，信以為真，親置繡枕成雙，作賀儀，待聞其偽也，懊喪不已。新歲初球賽風行全校，男女健兒爭獻身手，男生兄球橫行華北，女生排球亦園校飛譽，今則球潮已告尾聲，遊潮繼起稱雄矣。春假前後各種遊歷團風起雲湧，其旅程多不一。大祗四年級生依戀湖山，其遊踪恆不出西郊。經濟學系生徒志在觀光實業，多往津沽一帶。其他同學遠則大同，泰山，近則香山，碧雲各從所好焉。

球將薛卓鎔人呼為老五而不名，拾球小兒聞之耳熟以為其姓五也，伺其抱球拍出時，爭向之兜攬生意曰，「五先生我給您拾球！」

湯德臣亦球場名將也，以碩長著，因得高湯之號，頗沾沾自喜大有長子拾我其誰之慨。某次南開校隊來比技，隊中有出人頭地之一人在焉，高湯趨前與語，首乃僅及其肩，大愕。

吳文藻，黃憲儒，梅貽寶三博士人稱之為燕京之贅婿。蓋以吳黃梅三夫人均為燕京畢業生或教授也。

協和學生強半為本校醫預或看護預科之同學，儕輩眷戀故校，每逢暇日輒成群歸來，其歡躍情形儼若外孫之歸舅家，而燕京亦遂有『姥姥家』之號焉。

自女生體育館落成後，燕南園中居民紛紛報喜，詩人冰心女士首獲麟兒，年前戴鳳冠行嘉禮之倪女士，亦慶添丁，而范天祥夫婦得一千金，尤喜不自勝，又家政學系主任密爾女士，心理學系教授魏翠瑛女士，亦先後宣佈婚約，一時園中賀儀與客共來

，極熱鬧之至，有識堪輿者謂人曰燕南園之所以如此興盛者蓋為第榮之女生體育館鎮住好風水之故云，雖迷信語不足為錄，然其附會事實之技，則堪佩也。

名者實之賓，常有見其名未見其人，腦中即能模想其人之形態者，然不中者蓋亦常什八九焉，楊玉君體魁梧，面黧黑，藍布其褂而和尚其頭，固一極誠懇之關東大漢也，而先生每點其名不應將輒向前排女生座中覓人。高冲天君不知者恆以為必萬性園前剪票者之流亞，實則君中等身裁殊無冲天之勢。班書閣似圖書館中之書架。張中堂似穿朝珠補褂之胖官，見景生然之名便宛若眼前有一疊太液池畔之玲瓏山石。見林風之名亦能使人聯想到松濤竹韻與夫萬木怒號之概。

綽號之起也率非無因，陸麗嬌人呼為琉璃廠，關瑞梧人呼為灌水壺，以姓名之諧聲相戲也，許實際之秀才取其神似，惲思之勃爾祁登取其貌似，鄭林莊綽號曰本丘八，則以其生長日屬朝鮮且又短小精悍也。綽號之名類頗多大概以屬於食品類者居最多數，如黃沘，麫包，雞子兒，白梨，饅頭等等，無一非可吃之物，蓋學校中人幾盡視食如命，對於食品名稱印象最深，不知不覺便將其Apply到別處去也。綽號之風，每班皆有，用字強半刁鑽古怪，刻劃盡致，受之者每多怫然，獨王承詩聞人命之為冰桶，欣然色喜，絕不為忤。

採桑子
— 荒原詞 —

赤欄橋畔同攜手
頭上春星
腳下春英
隔水樓頭上下燈

欄杆倚到無言處
細味人生
事事無憑
月底西山似夢青

燕京選民錄

燕京小姐： 胡夢玉
燕京 Clara Bow： 1. 吳佩球
　　　　　　　　2. 金允澤
大人國來的一夥兒： 1. E. O. Willson 教授
　　　　　　　　　2. 楊　玉
　　　　　　　　　3. 盧靑山姑娘
Lilliputians： 1. 唐佩珍姑娘
　　　　　　　2. 谷杏春姑娘
　　　　　　　3. 齊　崴
　　　　　　　4. 徐祖正教授
我們的音樂家： 鄺文偉姑娘
Our Blue Stockings； 1. 趙羅甦
　　　　　　　　　　2. 譚超英
　　　　　　　　　　3. 李素英
Des Litterateurs： 1. 鄭　騫
　　　　　　　　　2. 燕京布衣
我門的藝術家： 1. 0 7 5
　　　　　　　2. 關瑞梧姑娘
　　　　　　　3. 張郁棠
Sissy： 齊　崴男士(？)
The Biggest Book-worms： 1. 劉義光
　　　　　　　　　　　　2. 左德貞姑娘
　　　　　　　　　　　　3. 布衣君
Tomboy： 1. 楊　繢
　　　　 2. 楊月英
大飯桶： 1. 郭本道(哲學家)
　　　　 2. 林啟武
Our Clown： 1. 薛老五
　　　　　　2. 王鳳振
全能的運動家： 1. 黃志民
　　　　　　　2. 斯頌德 (In other sense)
風頭家： 1. 曲季英姑娘
　　　　 2. 梁治耀
The Most Social Girl — 1. 黃憶萱
　　　　　　　　　　　2. 吳靄靑

好惡調查

你爲什麼進燕京？
　　（1）風景好　（2）女生多　（3）混資格　（4）求知識
你最喜歡做什麼活動？
　　（1）上姊妹樓　（2）做愛　（3）School Politics
你最喜歡什麼問題？
　　（1）兩性問題　（2）政局問題　（3）出路問題
你最喜歡那一種運動？
　　（1）打網球　（2）騎驢　（3）滑冰
你最喜歡以什麼爲消遣？
　　（1）Bridge　（2）看電影　（3）看閑書　（4）跳舞
你最喜歡讀什麼書？
　　（1）紅樓夢　（2）矛盾的三部曲
你最贊成什麼文學？
　　（1）普羅文學　（2）浪漫文學
你最崇拜誰？
　　（1）誰都不崇拜　（2）崇拜我的愛人　（3）崇拜我自己　（4）崇拜燕京小姐
你最恨誰？
　　（1）誰都不恨　（2）恨……　（3）恨我自己
你最喜歡那一本有聲影片？
　　Love Parade
你最喜歡那一本無聲影片？
　　（1）Resurrection　（2）Red Hair　（3）Camille　（4）The Way of All Flesh
你喜愛誰的影片？
　　（1）Greta Carbo　（2）Clara Bow　（3）Maurice Chevalier
你最愛聽誰的歌曲？
　　（1）Jeanette Mcdonald　（2）梅蘭芳　（3）女同學
你最得意的是什麼？
　　（1）Kiss my sweetie　（2）大致得 E
你最懊喪的是什麼？
　　（1）失戀　（2）小致吃了小手槍　（3）錯過一個的好機會　（4）四年完了一肚子草包　（5）光桿而來光桿離去
你以爲燕京風景以何處爲最勝？
　　（1）姊妹樓　（2）睿湖畔　（3）圖書館中
你以爲中國政黨以何黨爲最好？
　　（1）不知道　（2）大概還沒有產生
你以爲中國政治領抽誰最有希望？
　　（1）看不出來　（2）好像沒有這個人
你贊成什麼主義？
　　（1）吃飯主義　（2）虛無主義　（3）共產主義

編 完 以 後

一 志

年刊編輯的工作，現在大功告成。我們對本期的內容並不敢自詡為精美，可是能夠按期在暑假以前出書，不能不自信是空前的成績。本來我們來辦這一期是頂困難的。我們所遇到的阻礙較任何一期為最多。在年刊社沒有正式組織以前，有打倒年刊之呼聲。既成組織以後，則聽見許多善意與惡意風涼話。在工作的進行中，我們又發現前年刊社替我們後來的人擲死了許多道路。他們盡幹了一些過河拆橋的勾當。例如，他們把廣告拉來，而不給廣告戶的書，可是他們當初又要答應給人家書。於是他們喪失信用於廣告戶。印刷局替他們把書印出，而他們却無錢取書，於是他們又喪失信用於印刷局。他們向同學要了年刊費，而不給同學的書，於是他們又喪失信用於同學。他們領受學校七百元的津貼，允許暑前出書，而竟使一九三〇年刊延宕到一九三一才出版，於是他們又喪失信用於學校。人家以為同是燕大年刊社，不管是前人後人大概總是一丘之貉，於是我們召廣告戶碰了釘子，到印刷局去碰了釘子；向同學收年刊費，費了很多的口舌；向學校請求津貼，受了不少褒貶。

然而我們不願一切的困難與阻礙，到底還能在畢業典禮之前出書，打破從來之記錄，恐怕這是出乎同學意想之外，也是出了我們自己的意外。這不能不歸全功於我們勞苦功高的劉總經理了。廣告是他一手招來，印刷是他全權辦理，雖然他未擔任任何編輯名義，可是編輯的大部份工作還是他替我們代勞。

有人以為刊物辦的愈久，刊物的內容應當愈好。編者以為這種理論不盡可靠。這種理論用在別的性質的刊物上，我許相信，可是以說年刊，我以為大謬不然。因為年刊內容無論如何不能離開大學的生活。一個大學的生活社會範圍究竟有限。第一我們的攝影編輯就遇到了困難，凡可取材的，差不多都已一一為前數期所搜羅。重複取材，一定不能使同學發生興趣。而我們的年刊社又遲至去年十月底才正式組織，僅僅經過短短的五六個月，到本年四月就全付付印了。而且在這半年中學校各項的活動又特別的沈寂,可做我們取影的材料,實在不多。幸而努力的結果,所收集的還富有餘裕,至於精采與否,我們自己不便「戲台裏的喝采」,只有讓大家來批評,不過請求諸位評論的時候,不要忘了我們所遇的困難,包含一點。

在年刊的各部份工作中,似以文藝一欄最為清閑,最為易辦。可是事實上也不見很容易。拉人做文章是難事,拉人替年刊做文章更是難事。出題目抓人寫文章,在寫文章的人覺得比挨打攷還難受。年刊的文藝作品是要以大學生活為背景,無論詩歌散文總不外於大學社會的素寫,湖山的描繪。湖上雖不乏詩人文士,可是拿了題目去請他們作文章,他們總不大高興答理你的。所以編者雖要極力使文章的選擇大衆化,成績還很有限。自然這次的傑作也不少,然而編者自己總還覺得不很豐富。這是編每引為遺憾的。

文藝的體裁方面,今年與往年根本不同。這一欄旣指定為文藝的園地,編者始終抓住文藝的意義而定稿件的去留。起初編者自己也打算寫一點像「楓湖叢話」一類的小品文字。後來因為許多同學指責叢話文字儇薄,編者友人又勸編者少寫那些上海小報式的一類開倒車的文字。同時編者自己也覺可入隨筆的笑料與軼事都為「楓湖叢話」正續篇所羅掘,而且又必何揭穿別人的私事,而圖一快自家的筆墨呢?更忠實的告白,編者也絕沒有「楓湖叢話」的作者那樣俏麗流暢的好手筆,又沒有這位自稱「詩人兼政治家」的幽默,還是不獻醜為妙。所以隨筆結果未作。其實當作編者偷懶解釋也未始不可。

這里所選登的幾篇都是以湖上風光為「模脫兒」的寫作,性質都是屬於文藝的國度的。至於大選等等非文藝的東西本打算不擱在文藝欄裏,但是不擱在文藝欄又能放那里?只好勉強填在空白處。好在大選並不含有政治意味,亦為湖上勝境裏面的一件韻事,牠的性質也很不俗,我想或不致有犯文藝的莊嚴罷。

關於大選,這次又惹起一番樓談院議的熱鬧。同學投票的踴躍與對於選舉的關心,真是予我們以意外的欣悅。選舉以後的一兩星期,編者簡直不敢出去,只要一走在樓前的道上,便有一些同學攏來,要我告他們「燕京小姐」是誰,「克拉寶」是誰。有時

　　坐在自家的斗齋中，還有一些專誠來拜訪的，逼着我告訴他們一切，跟你一股勁兒糾纏。費盡了口舌，才能把他們打發走了。眞是比應付舊年除夕的索債之客還困難。並且還有人不斷的出匿名的紙條子與在周刊上發表言論，要求公布選擧結果。編者似乎應當說明當初不懇公布的動機。

　　最初被大家一糾纏，本打算公布了也罷。後來一再攷慮還是和諸位同學開一個玩笑。你們越急，我偏偏不急。索興等到年刊出版才讓你們知道，或者還可以增加大家對於年刊的興趣。說一句透底的話，年刊社擧辦大選根本不是要來捧某人，或是自己出出風頭，根本的動機只在替年刊添一點有興趣的材料而已。若是老早的公布了，那麼在年刊上遲遲的登出，還有什麼味兒！所以還是使大家耐心等着在年刊上尋找你們的「小姐」與「儀禮」罷。

　　在選擧票還未收齊的時候，就有人在丙樓貼出一張小黃紙條子，攻擊我們內定「燕京小姐」。編者鄭重的聲明絕無內定的事。編者也很知道有某派與某派在競選。競選也是一種好玩的事情。不過因爲要擁戴某人而用卑汙的字樣去侮辱無辜的某人，實在是不道德的行爲。票子還未收集，你怎麼敢武斷已經內定某某姑娘。退一步說，即使眞已內定，那只是主辦選擧的編輯無恥無聊，與某姑娘又有什麼關係，恐怕被內定的人自己也未見知道她自己被內定爲「燕京小姐」吧。以那樣下流的話去侮辱一位純潔的女子，編者深爲寫黃紙條子的人的人格惋惜啊。

　　在周刊上署名「多事」的某君深恐編者一時風頭慾盛，弄出自吹自擂的玩意兒。自己也來一個什麼 Elector of Elegance 眞是慚愧，大政客的帽子偏偏落在編者的腦袋上。可是自覺這副腦袋不配，已仿挂冠的故事，把帽子虛懸在那裡以待來者。其實校內無政治，又那有政客？一笑！在選民錄上本想加點插畫與註釋。但因文藝欄園地的狹窄，只得委曲選民諸君了。

　　年刊大選絕無什麼重大的意義，只是儕輩的調侃，其目的無非在博閱者之一粲，希望大家不要認眞才好。

和濟印刷局

北平後細瓦廠八號　　電話南局三一五四

承　辦

中西圖書	銀行簿記	有價證券
五彩商標	地圖文憑	表册雜誌
銅模鉛字	銅版鋅版	中外紙張
各種文具	如蒙惠顧	定期不誤

HO CHI PRINTING CO.,

NO. 8, HOU - SI - WA - CHANG

PEIPING

PHONE: SOUTH 3154

Printing and Lithographing: Books, Periodicals, Bonds, Stamps, Trade-Marks, Bank Notes, Certificates, Visiting Cards, etc.

Molding: Lead Types, Figures, Laces, Copper and Zinc Plates.

Dealing: Chinese and Foreign Papers, Rubber Slamps, etc.

Special Fitures: Best Quality, Reasonal Price, Prompt and Punctual.

THE LEADER

Independent, Liberal, Constructive

Issued daily, except Mondays and days following holidays

Edward Bing-Shuey Lee Editor

Publication and Editorial Office:　　　2 Mei Cha Hutung, Peiping, China
　　　Telephone 1641 East　　　Telegrams: Leader, Peiping.
Business Office: Telephone 1649 East

Any communication with regard to material for the news columns of The Leader should be addressed to the Editor. All manuscripts submitted for publication must be typewritten. Correspondence relating to advertising and other business matters should be addressed to the Manager.

SUBSCRIPTION RATES

Subscriptions		Postage Extra	
Single Copies	10 cents	Domestic, one month	26 cents
Two week	$ 1.00	Domestic, six months	$ 1.56
One Month	$ 2.00	Domestic, one year	$ 3.12
Six Months	$ 11.00	Foreign per month	$ 1.50
One Year	$ 20.00		

Subscription discount to teachers, students and missionaries

SUBSCRIPTIONS PAYABLE IN ADVANCE

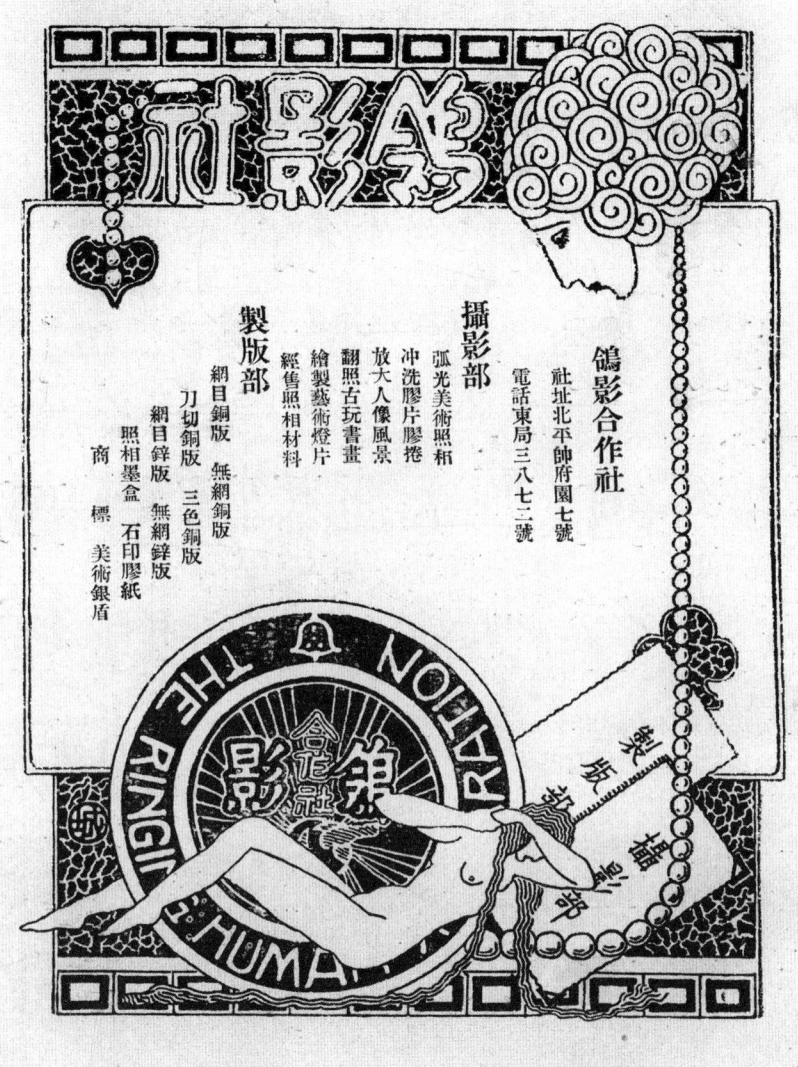

鹽業銀行
金城銀行
中南銀行
大陸銀行

四行聯合營業

四行儲蓄會

經政府批准以四千五百萬元資本保本保息 鹽金中大四行以上之 營業獨立會計公開 種類如左

利厚又分紅利 會員儲金二年期滿兩年內營業紅利照分 短期

定期儲金 息七厘二十五元起碼十五個月滿期年息一元每月一元二十五元起碼十五個月滿期年息紅利照分

分期儲金 七厘二十五個月內營業紅利照分年息

長期儲金 照二十五元起碼十年五年者每半年複利一次年息七厘紅利五年者每年一次

活期儲金 甲種週息四厘乙種三厘可分紅利甲以五百元為限乙種以五千元為限

代理所 天津及各地 鹽業銀行 金城銀行 中南銀行 大陸銀行 專代收定期長期分期三種儲蓄金

天津儲蓄會 英租界中街六十七號北平分會宮北大街 電話經理室三〇六三六 辦事室三〇〇四五

上海 交民巷匯昌大樓 四川路六十八號虹分會卡德路四民街四十五號四區分會

漢口 章程儲蓄須知函索即寄

四行準備庫

中南銀行鈔票由四銀行在津滬漢合設專庫發行十足準備公開辦理 流通及準備數目每星期公告一次 並請會計師查帳查庫 以昭信實 **隨時兌現**

本庫 在天津英租界中街六十七號 北平分庫東交民巷 宮北分庫宮北大街

電話 辦事室三一八六五 庫長室三二七五三 宮北分會二一二四二 北平分庫東局二八〇七 北平分庫東局四〇七五

文泰生華洋雜貨發莊

北平前外鮮魚口抄手胡同

本莊統辦環球名廠經理

出品之學界應用文具及各種絲絨毛紗織品高等化粧香品家庭中之必需品並精美樂器中西唱機唱片玩具等完美俱備種類頗多不及詳載如蒙惠顧無任歡迎

經理
日本森下博仁丹
上海中國化學工業社三里牌化粧呂
上海家庭工業社無敵牌牙粉
上海瑞寶洋行霍爲脫香皂
香港廣生行雙妹牌化粧品
上海雙輪公司雙輪牌牙刷
上海大陸藥房雅霜
上海中華第一針織廠各種絲紗襪
美國勝利公司西樂唱機唱片
上海粵興廠各種紗線襪
上海中國化學工業社調味觀音粉

電話分局 二五一一三一九 號

電報掛號 三九三二

分號

北平文泰和號
上海文泰生莊
大阪文泰生莊
天津文泰生號
天津文元泰工廠
濟南文元泰號
庫倫瑞泰恒號

同利源建築公司

設計監理承修
建築鐵路土木
工程如橋樑山
洞河道水利測
量市政及各式
樓房工程

公司
天津法租界
老西開教堂
前電話南局
一七三八號

TUNG LI YUAN

ENGINEERING AND CONSTRUCTION CO.

Designing, Contracting, Supervising Railroad, Bridges, Tunnel, River-Improvement, Water-Works, Surveying, City Development and Buildings of different types.

Office Tientsin
French Concession
Lao Si Kai-Near by the Cathedral
Telephone 31738

RUGS

Thick Pile

    Guaranteed Dyes

        Beautiful Designs

            Expert Workmanship

WE CORDIALLY INVITE YOU TO INSPECT OUR STOCK AND SEE RUG MAKING IN PROCESS ON THE PREMISES. SPECIAL ORDERS QUICKLY EXECUTED.

E. A. Punnett & Co.

FACTORY	SHOWROOM
41 SOOCHOW HUTUNG	NO. 100
TEL. 4087 E.	GRAND HOTEL(E PEKIN

天豐煤棧煤售廣告

本棧開設清華園車站分號海甸車庫胡同敝棧向由山西陽泉採辦大宗鏡面紅煤並由京綏路大同府口泉採辦最高大同塊煤大同末煤以及門頭溝塊煤末煤大小煤球炸子無不應備倘蒙

賜顧價值從廉

天豐煤棧謹啟

電話西二分局八十號

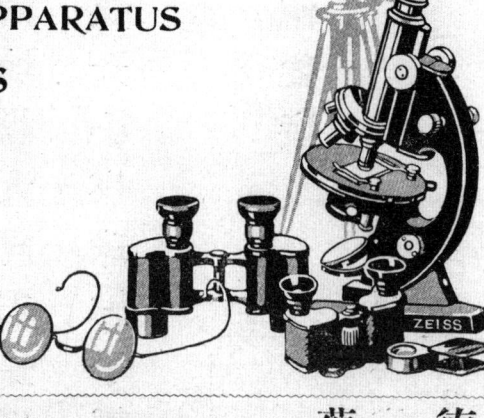

本行資本銀元二千五百萬元

政府特許為國際匯兌銀行

全國設有分支行九十餘處

中國銀行

- 各種存欵
- 中外匯兌
- 貨物押欵
- 各種放欵
- 留學匯欵
- 自建貨棧

歐美日本均可直接通滙

倫敦自設經理處

- 津行 - 法租界八號路
- 總行 - 上海仁記路
- 平行 - 北平西交民巷

天津市內設有六辦事處

北馬路・大胡同・梨棧・旭街・金湯路・小白樓

北平市內設有四辦事處

西河沿・崇外・東四・西單

STANDARD OIL COMPANY
OF NEW YORK

26 BOARDWAY   NEW YORK

The Mark of Quality

SOCONY PRODUCTS

Illuminating Oils   Lubricating Oil and Greases

Gasoline and Motor Spirits   Fuel Oils

Asphaltums, Binders and Road Oils   Paraffine Wax and Candles

Lamps, Stoves and Heaters

Branch Offices in the Principal Cities of

Japan, Philippine Islands, Turkey, Indo-China, Netherlands India,

Bulgaria, China, Straits Settlements, Syria, Siam,

South Africa, Greece, India,

Australasia, Jugoslavia.

A MESSAGE

China is an important producer and exporter of raw materials, which are keenly needed by the industrial and manufacturing nations of the world. Her products find on the whole a ready market, but their sale is retarded and checked by the irregularity of supply and want of standards. In other words, our raw materials (and, indeed, our manufactures, too), vary very considerably in quality and in quantity from year to year, to the great inconvenience of our buyers.

To raise and fix the standard of our supply to Foreign buyers of raw materials, as far as our exports are concerned, is the aim of the Company.

China must develop her industries to relieve her economic burdens. She must improve her methods of agriculture, develop her means of transportation and establish the more important modern industries. The aim of the Company is to help in the importation of modern mechanical contrivances and of chemical and other scientific discoveries for the material development of China.

As the business of the Company grows and extends, it hopes to employ more and more on its staff young men and young women trained in the modern way, who will devote their lives to the development of China's Foreign Trade to her advantage and profit.

司公限有份股業商陸大國中

THE CHINA CONTINENTAL COMMERCE CO., LTD.

IMPORTERS, EXPERTORS, COMMISSION MERCHANTS.

HEAD OFFICE: THE CONTINENTAL BUILDING, TIENTSIN

PEIPING BRANCH: 64 Shen Tang Pu Chieh.

BOARD OF DIRECTORS:
Dr. W. W. Yen, Chairman.
    Former Prime Minister.
Mr. L. S. Tan, Managing Director.
    President, The Continental Bank.
Mr. F. P. Hsu, Managing Director.
    Tientsin Manager, The Continental Bank.

MANAGING SSAFF:
Mr. A. C. Lee, Manager,
    Former Tientsin Manager of Wah Chang Trading Corp.
Mr. M. T. Tsao, M.B.A. (Harvard), Assistant General Manager.

An Evidence of Public Confidence

New Insurance Issued

1920 — $52,268,849
1925 — $64,672,656.
1930 — $82,057,914.

Insurance in Force

1920 — $178,710,411.
1925 — $318,342,930.
1930 — $529,984,752.

Assets

1920 — $33,920,910.
1925 — $59,839,954.
1930 — $109,027,467.

Total Income

1920 — $8,639,229.
1925 — $16,581,898.
1930 — $27,366,034.

Dividends to Policyholders

1920 — $408,598.
1925 — $1,198,798.
1930 — $3,003,170.

China Electric Co., Ltd.

HEAD OFFICE:
3 HSI TANG TZE HUTUNG, EAST CITY, PEIPING

TELEGRAPH ADDRESS:

MICROPHONE

Codes Used
Liebet's (Standard)
A. B. C. 5th edition
Bentley's Phrase Code, Improved

BRANCH OFFICES:

Shanghai, Canton, Tientsin, Mukden Hankow

Manufacturers of and agents for various
Telephone, Telegraph Equipment, Power Plant, Radio
and Electrical Apparatus of all kinds

SOLE AGENTS IN CHINA FOR:—

International Standard Electric Company	*New York*
Western Electric Company	*New York*
Nippon Electric Company Limited	*Tokyo*
Standard Telephones and Cables, Limited	*London*
Rates Expanded Steel Truss Company	*Chicago, Ill*
Templeton, Kenley Company	*Chicago*
The Gamewell Company Newton, Upper Falls	*Mass*
United Incandescent Lamp and Electrical Company	*Ujpest*
Western Electrical Instrument Corporation	*Newark N. G.*

復新建築公司

設計監理承築
鐵路土木工程
如橋樑山峒河
道水利測量市
政及各
式樓房
工程

總公司
天津法界路
電報掛號一七八八號
電話三十五號局
一九六八號南

分公司
奉天
大西邊門外大街路南
電報掛號四六三九號
電話西京總道三十一號第一一二二號

北平
西城西四牌樓道裡中國十五道街
電報掛號六七八三號
電話西局二三九一號

哈爾濱
道裡中國十五道街
電報掛號六六七八號
自動電話三五四零號

FU HSIN ENGINEERING & CONSTRUCTION CO., LTD.

Designing, Constructing, Supervising, Railroad, Bridges, Tunnel, River-Improvement, Water-Works, Surveying, City Developments and Buildings of different types.

BRANCH OFFICE, PEIPING.	HEAD OFFICE, TIENTSIN.	BRANCH OFFICE, MUKDEN.	BRANCH OFFICE, HARBIN.
31, Si Kin Chi Dao West City Peiping, China.	Ngan-kui-li, Rue Sarbourand French Concession Tientsin, China.	South Side, Main Street Outside Big West Gate Mukden, China.	China Street No. 15 Dao Li Harbin, China.
Telegraphic Address 4639 Telephone W.O 3491	Telegraphic Address 1788 Telephone 1968	Telegraphic Address 1788 Telephone 1122	Telegraphic Address 6678 Automatic Telephone 3540

THE CHINA AMERICAN ENGINEERING CORP.

Heating, Sanitary and Electric wiring Installations

RUE DE FRANCE
TIENTSIN

中原有限公司
天津日租界旭街

推銷中華國產　統辦環球貨品
發售五彩禮劵　定期活期存欵

舖面	二樓	三樓	四樓	五樓	六樓	七樓
洋雜部	綢緞部	首飾部	鐘表部	象牙部	但樂部	公事房
化粧部	西服部	音樂部	銀器部	皮貨部	大劇塲	露天花園
文房部	儲蓄部	鏡器部	電器部	鏡畫部	大酒樓	
烟草部	函售部	玩具部	光學部	皮箱部		
洋酒部	罐頭部	運動部		漆器部		
水瓶部	批發部	靴鞋部		玻璃部		
五金部	禮劵部	珠玉部		磁器部		
西藥部	理髮部	衣邊部				
糖菓部	疋頭部					
水菓部						

附設函售部價格一律挑選精細包裝妥善付寄迅速
中國,無綫,電報掛號:中文"六一六五"西文"CENTRALIZE"

THE CHUNG YUEN CO. LTD.
UNIVERSAL PROVIDERS
Asahi Road, Tientsin, China

天津 大公報

是——

民眾真正的喉舌
時代忠實的歷史
社會確的公僕

定價

	半年	全年
郵費	大洋伍圓	大洋壹圓
外加	洋伍角	洋拾叁角

大公報每週增加副刊。星期一為文學。星期二為社會科學。星期三為戲劇。星期四為醫學。星期五為社會問題。星期六為兒童。此外每日附刊有轉載文藝小品之小公園讀者論壇等欄。內容異常豐富完美

社址 天津日租界旭街四面鐘
電話 三零九四五
電報掛號 五二零四

國聞周報——是

現代歷史忠實的紀錄
最新思潮誠摯的介紹
新舊文藝融合的結晶

感覺生活煩悶的人們!!!
快來領受

新生命的營養液!!!

定價表

報	每週一冊 每月四冊 每季十三冊半年廿五冊全年五十冊
	一角五分 五角五分 二元 二元六角 五元

郵費	日本	國內	本埠
	一分四分	半分二分	一角五分
	一角三分	六分半	二元五角
	二角五分	一角二分半	
	五角	二角五分	
		五角	

歐美	南洋
三角	九分
六分	六分
一元七分	一角
二元五分	二角
四元五角	五角

社址 天津四面鐘對過
郵票代洋九五扣合外國鈔票照津市合價不通用者退還

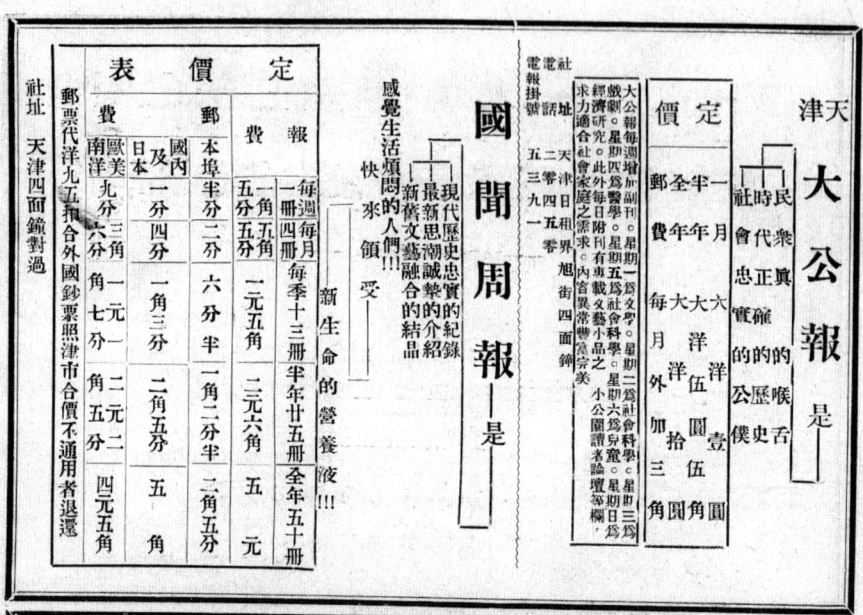

漢士洋行
J. E. Hayes Engineering Corporation
FEDERAL INC. U. S. A.

ENGINEERS AND CONTRACTORS IMPORTERS
OF
ENGINEERING SUPPLIES

49, TAKU ROAD, TIENTSIN, CHINA

Telegraphic Address: "*JEHAYES*"

Telephone Nos. 30250 *and* 32132

莫律蘭工程司

燕京大學校建築
工程師

北海圖書館建築
工程師

輔仁大學校建築
工程師

北平西總布胡同
三十三號

電話東局三千三
百十九號

V. LETH-MOLLER & Co.
Consulting Engineers & Architects

23 HSI TSUNG PU HUTUNG, PEIPING

Phone: 3319 East

Cable Address: Leth, Peking

Codes: Bentleys

Universal Trade Code

Buildings Under Construction
for
Yenching University
Metropolitan Library
The Catholic University

永利製鹼公司
紅三角牌

國貨純鹼

最高基本化學工業

中國惟一無二特產

色澤純白

品質精良

價格低廉

交通迅速

總公司 天津法租界三十二號路一號

總工廠 河北省塘沽

開灤礦務局
京兆售品處

自運本礦塊末
烟煤清水焦炭
精製缸磚缸管
路磚火土美術
建築磚瓦價值
克己運送迅速
兼有燒烟煤洋
爐潔淨精美
辦事處暫設北
平瑞金大樓電
話東局四八三
號

美富汽車行

本行代理
燕京大學
汽車處往
返燕大及
北平間長
途汽車營
業並兼出
賃新式轎
蓬汽車定
價克己如
蒙賜顧無
任歡迎
本行謹啟

MEI FU GARAGE
YENCHING UNIVERSITY BUS SERVICE

Bus and Motor Car Traveling between Yenta and Peiping
Apply to No. 9, Nan Chih Tze Street, Tel. 3003 E.O.

TIME TABLE

PEIPING TO HAITIEN	HAITIEN TO PEIPING
7.00 A.M.	8.00 A.M.
12.00 NOON	1.30 P.M.
7.00 P.M.	6.00 P.M.

SATURDAY, SUNDAY, HOLIDAYS

There will be additional special service as follows:—

PEIPING TO HAITIEN	HAITIEN TO PEIPING
9.30 A.M.	10.30 A.M.
4.00 P.M.	30. P.M.

SANITARY FUR COMPANY

(AMERICAN REGISTERED)

FOR COATS, CAPES, EVENING WRAPS, STOLES

From the Mongolian Cat to the Siberian Sable

All furs Scientifically tanned by the process introduces by Dr. H.S. Vincent of Yenching University.

SATISFACTION GUARANTEED

Prices Reasonable

Show Room.
18-20 Legation Street Peiping

Pioneer Tannery:
Cable: address: Westimpson.
12 Tung Shui Fu Hu Tung N E Corner, P.U.M.C.

美大西法洗染公司

本店精洗男女衣裳無
論皮毛絲綢一經洗染
莫不變新手工精良取
值底廉定期不誤對于
燕大仕女特別歡迎取
價從廉
開設王府井大街34號
帥府園口

長順和（長三飯館）

承辦宴會酒席
應時便飯小吃
烹飪精美
招到周到

館設燕京大學東門外

猶理世界
各大名廠
收發音無綫電報
機永備牌話
各種乾電
並辦大小
接裝工程

RCA 牌真空管 是非常準確而經濟的
RCA 牌收音機 是用法簡便而聲音宏亮的
RCA 放音器 是樣式新異而堅固的

中國無綫電業有限公司

天津法租界馬家口
北平東城八面槽七十三號
奉天大西邊門外十一緯路

醒原照相館

本館攝影優美冲洗
精良兼售各種照相
材料軟片卡紙等一
概俱齊如蒙惠顧無
任歡迎

開設海甸成府街

裕源木廠

本廠成立有年承包
土木工程測繪中外
建築修作新式木器
倘蒙惠顧無任歡迎
廠設

The National City Bank of New York
花旗銀行

Peiping Branch — Legation Street

HEAD OFFICE:
55 Wall Street, New York
CAPITAL, SURPLUS AND UNDIVIDED PROFITS U.S. $242.973.000

BRANCHES AND AFFILIATES:

ARGENTINA	ITALY
BELGIUM	JAPAN
BRAZIL	PERU
CHILE	MEXICO
CHINA	PHILIPPINE ISLANDS
COLOMBIA	PORTO RICO
CUBA	REPUBLIC OF PANAMA
DOMINICAN REPUBLIC	SPAIN
ENGLAND	STRAITS SETTLEMENTS
FRANCE	URUGUAY
HAITI	VENEZUELA
INDIA	

GRAND HOTEL DE PEKIN.
THE ONLY UP-TO-DATE HOTEL IN PEKING.

On the Legation Glacis

200 BED ROOMS　　　　　　　　　　200 BATH ROOMS

EACH WITH CITY TELEPHONE

Beautiful Iron Concrete Building Classical Concert During Dinner

DANCING EVERY NIGHT

ROOF GARDEN IN SUMMER

Teleg. Address
PEKINOTEL

Peking (Peiping)

Thos. Cook & Son Ltd
in the Building

J. ROUSTAN,
MANAGER.

Socony Pump

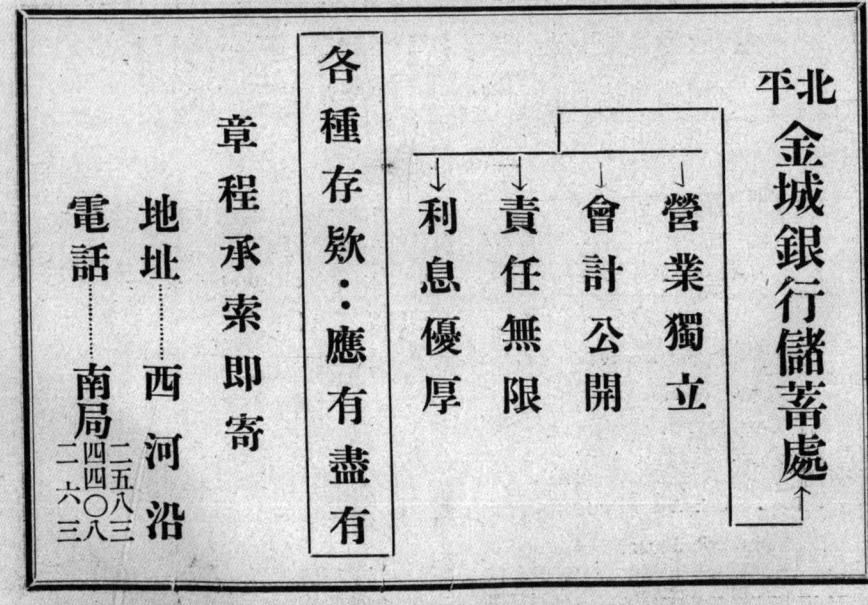

Heng Kong The Tailor
SHANGHAI

LET US
PLAN YOUR TRIP
Every Detail Attended to No Booking Charge

STEAMSHIP RESERVATIONS...............	{ To America. { To Europe.
RAILWAYS TICKETS........................	{ China. { Japan { Trans-Siberia.
TRAVELERS-CHEQUES	{ Safest and Best. { Accepted Everywhere.
BAGGAGE INSURANCE	Low Rates.
SHIPMENTS FORWARDED	To any destination.

THE AMERICAN EXPRESS COMPANY. INC.
Grand Hotel des Wagons-Lits   Telephone E.O. 1213

MENTOUKOU

ANTHRACITE
THE IDEAL FUEL FOR OPEN FIRES,
STOVES, ARCOLA AND ALL OTHER
HEATING SYSTEMS

MENTOUKOU (SINO-BRITISH) COAL MINING CO.

CULTY CHAMBERS—LEGATION STREET—
PHONE E. 4518.

Complete Lines of

WATERMAN'S, CONKLIN'S, SHEAFFER'S, PARKER'S, AIKIN'S,
WHAL-EVERSHARP'S, KUOCHIYUN'S, UNITED'S, ETC. ETC.

BEST SERVICES FOR REPAIRING

經售歐美各名廠自來水筆
修理自來水筆及接配零件

F. K. KUO CHI YUN & CO.
61, Teng Shih Kou, Peiping

北平東城燈市口街
郭紀雲圖書館

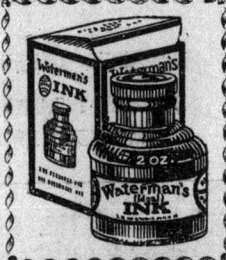

本場成立已八載於茲向以提倡農業
己任於農業改良及試驗方面尤倶細心未
敢少忽以期我國農業早臻完善地步本場
年來籽種及家禽家畜試驗均收美滿效果
今為推廣起見願將已經試驗結果最佳者
以亷價讓與農業界諸同志俾得各盡所能
力行提倡則我國農業於最短期內定可大
有進步也今僅將分讓物品名目列左

注意
歡迎預約

交配用白脂羊玉米	Itatian White Corn
選種美棉屈里斯	American Trice Cotton
乳用公牛	Guernesy Breed
白來航鷄	Leghorn Hatching Eggs
白來航鷄孵用卵	Leghorn Chickens
紅島鷄	Rhode Island Red Chickens
紅島鷄孵用卵	Rhode Island Red Hatching Eggs
蘆花鷄	Barred Plymonth Rock Chickens
純種中波油用猪	Poland-China Pigs
純種布克沙爾油用猪	Berkshire Pige
混合種太母維斯猪	Tamworth Pigs
罐頭西紅柿	Canned Tomatoes
各種中外菓樹苗木（一年生）	Apple, pear, peach, apricot plum, cherry, persimmon and walnut trees (one year old)

北平燕京大學農事試驗場謹啟

北平華北電影公司
經理北平三大影院

平安
裝設最優
有聲機器最佳
嚴選影片
有聲影片

東長安街電話東局七九號

眞光
選片謹嚴
音樂精良
堂皇富麗
華北無雙

東安門大街電話東三二二一號

中央
雕樑畫棟
院址寬宏
片美價廉
地點適中

北新華街電話南二二六三號

燕大年刊一九三一

鑫華西服莊

自運各國呢絨
嗶嘰承做男女
時式洋服專為
燕京而設價值
格外克己

燕京大學東門外
鑫華西服莊啟

林記西服莊

自運各國呢
絨嗶嘰承做
男女西服軍
裝樣式時髦
價目克己

開設燕京大學
東門外新胡同

上海銀行廣告

專辦國內國外滙兌發行
旅行支票提倡各種儲蓄
存欵辦事詳敏手續簡便

天津上海銀行啟
天津法租界八號路
北平西交民巷口

中國旅行社廣告

通商大埠及火車輪船所
達地點均有分社專誠指
導遊歷招待旅行經售出
洋留學車船票代辦護照

中國旅行社啟
天津法租界八號路
北平西交民巷口

東昇祥綢緞洋貨店
北平東四牌樓南路西

THE CLOCK STORE
General Silk & Cotton Company

Chinese Silks Satins Brocades,
White and Colored Grass Linens, Korean Cloth,
Camels Hair and Woolen Goods Cross-Stitch Linen Table Covers,
and Foreign Materials Everything of Best
Quality and at Moderate Prices

27 Tung Ssu Pai Lou　　　　　　Telephone No. 1435 E.
PEIPING

CHINA AMERICAN ENGINEERING CORPORATION

RUE DE BARON GROSS
TIENTSIN
PHONE- 31428- South

HEATING   SANITARY
VENTILATING   ELECTRIC WIRING

INSTALLATIONS

中原有限公司
天津日租界旭街

推銷中華國產
統辦環球貨品

發售五彩禮券
定期活期儲蓄

電話
｛鋪各部……二一九六
儲蓄部……二一五一五
二 各部……二一八六六
三 各部……二一八三六｝

電話
｛四樓各部……二〇七八〇
公事房……二一五九五
大劇場……二一五一六
大酒……二〇四五八｝

電報 中國大東大北無綫
中文掛號……六一六五
西文掛號……ENTRALIZE

本廠專做中西時式木器並應一切油漆彩畫雕刻等工精價廉期不誤久蒙各界謬許今茲重張伊始特登諸刊端望惠顧諸君駕臨是幸

本廠暫設成府東首路南

鼎興木器廠謹識

北平通易信託公司

優待學生儲蓄

提高利息並與學生以便利

儲欵……照章加給一厘
匯欵……可以免收匯水
墊欵……另有通融辦法

印有詳章函索即寄

地址 西交民巷七十七號

北平中國銀行

為我國唯一的國際匯兌銀行辦理銀行一切業務手續簡捷

國內　各省各市均可通匯
國外　歐美各國直接通匯

英國倫敦自設分行

優待學界

照碼八扣

▲但看圖畫上的伏案書生，你知道他害眼病了麼？他患的是什麼病呢？他患「近視」，他看書費力，雙目繾綣不足，目力毫無，你們看他那幅害眼害目的慘狀，同樣能得到明爽之效，本書所購來秋，精神百倍，所以我告訴諸位先生，眼鏡戴與不戴之比較，戴「慎昌」眼鏡，諸君請一試，當知效力非淺！

地點
北平前外觀音寺街
慎昌眼鏡分行啟
電南四二一七

大生銀行廣告

資本六十萬元
公積金二十八萬九千八百六十七元
辦理銀行一切業務

天津總行　北平辦事處

總經理　蘇國華
副經理　吉學謙
協理　魏濬卿
襄理　張鴻泉
　　　黃獻臣
　　　孫在周
　　　葉瀛洲
　　　張裕之

交通銀行廣告

資本總額國幣二百零四萬四千九百五十四元一角八分
公債金二千萬元 營業辦理存款放款

事項 (一)代理政府特許發行之債票並代經理本付息還本事業 (二)代理公款經理國庫及關稅鹽稅等款並辦理本付息之委託事業 (三)辦理其他經理公事項並獎勵及發展實業之事業 (四)代理一部分之國庫及關稅鹽稅等款並及經理事項 匯兌信託等業務經政府特許發行債票之本付息代理事宜

總分支行「總行上海」「分支行及辦事處」江蘇(南京上海南通鎮江蘇州無錫常熟揚州) 浙江(杭州) 河南(開封鄭州) 安徽(蕪湖蚌埠) 山東(濟南青島煙台濰縣龍口) 河北(天津北平唐山保定) 湖北(漢口) 湖南(長沙) 江西(九江) 福建 廣東 四川 雲南 陝西 山西 甘肅 遼寧(瀋陽遼陽南滿站四平街營口孫家台吉林富錦) 黑龍江(哈爾濱道裏包頭) 察哈爾(張家口綏遠) 熱河(朝陽) 歸化

北平分行

總管理處 地址上海三馬路一號 電話總務部三三四六總經理室六一一業務部三三四六 會計股南局二一三零號出納

北平分行 地址北平西河沿電話家南局五三二二號又南局四一三六

中華汽爐行

本行專造各式鍋爐片爐各種機器
按裝汽燀汽澡盆臉盆

朝陽門大街
電話東局四六三八號

北方印刷所
HE NORTHERN PRINTING COMPANY

PRINTERS, BOOK-BINDERS, STATIONERS
AND
INDIA RUBBER STAMP MAKER.

TELEPHONE 3025 E. O.
103 SOOCHOW HUTUNG.
HATAMEN STREET,
PEKING.

崇內蘇州胡同　一百零三號
經理　葉璧橋
　　　趙善堂
　　　李文芳
電話東局三千零二十五號

北洋保商銀行廣告

本行專營存欵放欵匯兌貼現
兼營各種儲蓄存欵詳細章程
函索即寄並發行兌換券十足
準備隨時兌現
總辦事處　設於北平西交民巷
分行　天津　北平　綏遠　石家莊

中孚銀行儲蓄部

本行儲蓄部依照部章資本另撥會計獨立辦理活期
定期零存整付整存零付等各項儲蓄利息優厚手續
敏捷詳章函索即奉如蒙
惠顧竭誠歡迎

上海總行　仁記路廿五號
天津分行　法租界八號路　西區支行 靜安寺路
北平分行　前門大街　定縣辦事處 舊考棚內

卓宏謀出版書目

一、蒙古鑑（第三版）詳載蒙古一切行政 ……（定價三元）
二、蒙古新區域圖（第二版）詳載蒙古交通礦產 ……（定價一元五角）
三、包寧鐵路工程圖說詳註工程測量借欵築路 ……（定價五角）
四、西北鐵路及北方大港詳載開發西北建築大港（定價一元五角）
五、中國歷史圖考（第三版）教育部審定准作爲學校參考圖書 ……（定價一元二角）
六、中西曆年表（第二版）合註中西曆每頁百年作一世紀 ……（定價四角）
七、菊譜清香高傲不爲世俗所染足資良友 ……（定價四角）
八、南洋各島遊記詳載僑商情況實業計劃 ……（定價四角）

總發行處　北平東城干騅馬胡同卓宅
分發處　各阜商務印書館

Smoke

RUBY QUEEN

Cigarettes

上海商業儲蓄銀行

服務

個人——代爲解決經濟問題

家庭——提倡各種節儉儲蓄

社會——設旅行社便利旅客

全市——上海分行共有八處

全國——國內分行四十餘處

全球——各大都會均設代理

總行　上海寧波路
電話　六八〇五〇

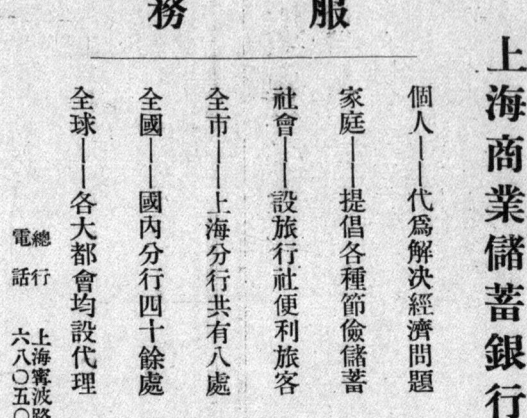

THE PEKING MODEL DAIRY

TSING HUA YUAN

Wholesome
Sanitary Milk
Pure Breed
Agrshire Bulls

清華園
北京模範牛奶場

爲目光計請戴時明眼鏡
中國時明眼鏡

配製合度
護光養目
優待學界
驗光免費

北平東單牌樓北口外交部街對過
中國時明製造眼鏡公司

中國農工銀行

股本總額壹千萬元

儲蓄部

- 保障鞏固
- 利息優厚
- 教育界存款利息格外從優

各行：北平　天津　上海　漢口　杭州　南京

行址：唐山

現已收足五百萬圓

DR. T. C. SHIH

Eye Specialist

REFRACTING AND FIXING GLASSES

Have Your Eyes Examined!

CHIEN MIN HOSPITAL
OPTICAL DEPARTMENT
5 Morrison Street, Peiping
Tel. E. O. 1895

史子健大夫

前任美國仁同醫院眼科主任

專門眼科
驗目配鏡
優待學界
一律八扣

北平王府井大街五號樓上
健民醫院電東一八九五號

永興洋紙行

天津東馬路東
電話五四二一三

本行專運歐美名廠文具儀器承辦中西文字印件印刷精美價目特廉

北平崇文門內大街
電話東局一四五三號

YUNG HSING STATIONERY CO.

TIENTSIN

STATIONERS DRAWING OFFICE
SUPPLIERS AND PRINTERS, BOOK-
BINDER AND RUBBER
STAMP MAKERS

李民新呢絨西服莊

自運各國名廠應時衣料

北平王府井大街三十五號

MEN HSING Co.

Gentlemen and Ladies Tailor

FROM SHANGHAI

No. 35 Morrison Street

PEIPING

雙和木廠

本廠承辦歷有年所頗蒙中外各界
所贊許倘蒙惠顧無任歡迎
承包土木工程
測繪中外建築
修造橋梁道路
專作新式木器
本廠開設在海甸成府街

致信長鞋鋪

承做普通鞋運動鞋
跳舞鞋滑冰鞋等等
式樣入時材料優美
價格便宜準時送貨
開設燕京大學
東門外大成坊

盛錫福帽莊

天津法租界

自製四季帽品
第一分銷處　天祥市場
第二分銷處　梨棧大街
出進口部　設總號內
第一貨高價廉

榮康祥西服莊

本舖自運各國衣料
承做男女時式洋服
取價特別便宜定期
決不有誤
開設燕京大學
東門外大成坊

Dr. H. C. Chang

Dental Surgeon

Office hours:	Chien Min Hospital
5-7 p.m. daily	*5 Morrison Street, Peiping*
9-12 a.m Sunday	*Telephone 1895 E. O.*

張樂天牙科大醫士

診治時間： 每日下午五時至七時
　　　　　星期日上午九時至十二時

醫院地址： 健民醫院開設在北平王府井
　　　　　大街五號

電　話： 東局一八九五號

CHINA & CO.

燕華西法洗染公司

Specialist in Dyeing, Cleaning and Pressing Wool, Silk Feather Fur Embroidery,

All Kinds Gentlemen's and Ladie's Clothes and Carpets

Our Work is First Class and Guaranteed Prices Moderate

Outside East Gate of Yenching University

MR. S. T. CHEN.

CHENGFU

燕京大學東門對門城府大城坊

CHENG CHI PAPER COMPANY

Sole Agent of Eastern Kodak Company

Wholeseller of Chinese and foreign paper, printing machine, printing supplies, mimeographic supplies, and
Dealer in Photo Supplies, Cine-cameras, Roll films, Film packs, Lens, etc.

Tientsin Office:

(1) Pei Ma Lu, Telephone Nos. 1920 & 2472 (Tsung Chu)
(2) Outside of Northern Gate
(3) North-eastern corner of Tientsin

Peiping Branch:

Lang Fang Er Tiao, Chienmen Telephone Nos. S.O. 3357 & 3358.

A. C. HENNING & CO.

Sole Agents in Peiping
FOR

FIRE INSURANCE
North British & Mercantile Insurance Co., Ltd.
Law Union & Rock Insurance Co., Ltd.
China Fire Insurance Co., Ltd.

MARINE INSURANCE
Yangtsze Insurance Association Ltd.

MOTOR CAR INSURANCE
Motor Union Insurance Co., Ltd.

SHIPPING & GENERAL
Cie des Messageries Maritimes
China Navigation Co., Ltd.
Blue Funnel Line
Malthoid Roofing
"Red Hand" Anti-Corrosive Paints
"Izal" Disinfectant
"Pabco" Paints
Siscolin Powder Distemper
　　　　　　&c., &c.

"UNDERWOOD" TYPEWRITERS

Telephone 881 East　　45 *Wai Chiao Pu Chieh*
　　　　　　　　　　　　　Peiping

本社總經理
ABC各種內衣襯衫
上海 三友實業社 天津發行所啟
門市部 郵售部 法租界光明社對過

GRAND HOTEL
Des Wagons=Lits, Ltd.
Peking

TELEGRAPHIC ADDRESS: "WAGONLITS"
CODES: BENTLEY'S

ENTIRELY RENOVATED AND
UT TO DATE

The only Hotel situated in the Legation Quarter

WITH TWO MINUTES' WALK OF
THE PEKING-MUKDEN
RAILWAY

Guides for trips to the Great Wall, the Ming Tombs, and sights of the City can be obtained in the Hotel

---

CAMERA CRAFT Co.,

No. 2 Morrison Street
PEKING, CHINA

Telephone E. O. No. 1586

Enlargements in Sepia and Hand
Colored Largest Assortment of Colored
Post Cards and A Very Fine
Collection of Peking Views
also
Black and White and Colored
Lantern Slides Hardwood Carved
Frames, Repair Cameras etc.

Cine Kodak Films Always in Stock

BRANCH
AT
Grand Hotel de Pekin

清華園天豐煤棧

本山口大西提大廉
棧西泉同山淨小價
辦煤炭大原硬煤批
煤煤炸球發

燕大年刊一九三二

《燕大年刊》（1932），由燕京大學學生會出版委員會年刊部於1932年出版。

1931年《燕大年刊》出版不久，即發生"九一八事變"，1932年初又有"一·二八"抗戰。因此本刊的獻辭寫道："我們以敬意將這本小書獻給九一八以來死國的諸英烈們，對於他們，我們實負欠着，所以便應當供獻我們所有的一切。"

本年繼續刊登"因真理、得自由、以服務"校訓。校訓之後是校花和校歌。

本年年刊部部長惲思在"緒言"中對1928年以來《燕大年刊》的沿革特點做了概括總結："我校自戊辰始撰年刊，羅君裕鼎於己巳翻新體制，釐定刊型，及庚午翁君初白等主筆政，於文字美術，編次經營，燦然成帙，精力尤不可及。辛未年刊則以脫板迅速見譽於衆。"談到本年年刊，"緒言"說，"國難未已，寇氛方熾，茲刊幸不因世變而中絶，詎復思藻飾枝蔓以炫耀邪"？

根據本年目次，本年年刊主要内容爲：景物、董事及職教員、畢業生、級次、會社、體育、生活、文藝，與1931年年刊完全一致。

本年"景物"部分刊登的12張校景，有一定特色和水準，四張雪景尤佳。

"董事及教職員"部分，校董事成員變動較大，由16人變爲8人，上年的董事保留艾德敷（D. W. Edwards）、司徒雷登、顔惠慶、孔祥熙、赫約翰

（J. D. Hayes）5人，新增全紹文、周詒春、高鳳山，其中周詒春曾是多年的董事。各部主任方面，陳其田代理法學院院長，蔡一諤升爲會計主任並代理總務主任，注册部改爲教務處，梅貽寶仍任主任，田洪都由圖書館代理主任升爲主任。各院系方面，郭紹虞代替馬鑑任國文系主任，新增體育學系，雷潔瓊任社會學系助教。本年未交照片的教員甚多，洪業、顧頡剛、鄧之誠、張東蓀、謝婉瑩、吳文藻等都在其中。

"畢業生"部分，只有名字、籍貫和專業，去掉了小傳，或許由於當時形勢所迫。本年研究院畢業三人。本科畢業生153人，排列順序不再按院系，而是按姓氏，物理系的李連捷、袁家騮，英文系的吳世昌、趙蘿蕤，社會學系的林耀華，歷史系的翁獨健，，後來都成爲著名的學者。另有專修科畢業生16人。本年畢業生中，有位叫周壽康的不幸自殺，年刊刊登了許寶騤寫的《紀念周壽康君》一文。

李連捷（1909—1992），土壤學家。美國伊利諾大學博士，曾任北京大學土壤系教授兼系主任，北京農業大學土壤系主任。1955年當選中國科學院學部委員。

吳世昌（1908—1986），吳其昌之弟，文史專家、紅學家。畢業後入哈佛燕京學社國學院研究所，獲碩士學位。後任北平研究院史學研究所編輯。抗戰期間任教於西北聯合大學、中山大學、湖南國立師範學院、中央大學。1947年到英國牛津大學任高級講師，1962年回國，任中國科學院文學研究所研究員。

袁家騮（1912—2003），物理學家，袁克文三子。1940年獲加州理工學院博士學位。後在美國多家實驗室和大學從事研究工作。1942年與著名物理學家吳建雄結婚。

林耀華（1910—2000），民族學家、人類學家、社會學家。1935年獲燕京大學社會學碩士學位。1940年獲哈佛大學博士學位。先後任雲南大學、燕京大學社會學系教授。1952年後，任中央民族大學民族學教授，兼藏族研究室主任、民族研究所所長、民族學系主任等。

"級次"部分，除了刊登研究院學生合影和文理法三院畢業生合影，以及未畢業各級合影外，還刊登了許寶騤的《過去的四年》一文，回憶了1932級從報到至畢業的經過，總結每年的特點，如說三年級，"大家都有點露露頭角的意思，有的去幹所謂政治的活動，有的以運動見長，有的不言不語地去交女朋友，處處得手應心，無往不利"。本部分最後有一組題爲"紫禁宮的開禁——現在與將來"的漫畫，應指當時"宿舍開放日"的現狀，以及對未來的暢想。

"會社"部分，首先依舊是燕大學生會組織機構和成員名單。在各社團合影之前，有許寶騤所寫的《演講比賽得勝記》，記錄1931年夏天由北大學生會發起，邀請燕大、師大、輔仁、清華四校參加的校際演講比賽中，燕大學生獲得英文組前三名，中文組前兩名的好成績，並附有獲勝者五人合影。文中說，"這在本校底歷史上不能不說是很光榮的一頁了"。獲獎的五位當中，物理系的褚聖麟以"物理學之重要"爲講題獲得中文組第一名，文中形容褚聖麟"說到得意處，大有舉手包萬象之意"。大概後來的人很難想到，這位大名鼎鼎的物理學家，當年在演講方面也是如此出色。學生社團方面，與上年年刊相較，新增的社團有德文學會、法文學會、培英同學會等。

"體育"部分，仍然是男女生各種球隊以及田徑隊合影，然後是各種體育運動和比賽場景的照片。

"生活"部分，刊登各種主題的照片，這些主題包括："抗日救國""愛國運動周中""打倒帝國主義！""賑災書畫展覽會""試驗室裏"等，此外還有學生旅遊、寢室、餐廳、音樂、游泳、溜冰、武術等場景照片，以及校園風景照片。

"文藝"部分，首先刊登的是許寶騤的"楓湖小記"，描寫校園風景建築，文字洋洋灑灑，生動可讀。如描寫湖中"無名島"的深秋景色："西風乍起，木葉搖落，但見雪蘆風柳，各自蒼涼，蕭蕭疏疏，凄凄瑟瑟。明湖一片，搖漾生紋，浪柔波嬾，如有無限幽思，不願訴與他人知道。楓樹兩三株，霜紅未熟，初露甜意，襯以水光雲影，直是一幅濃豔彩繪。……"另《識小錄》一篇，記人物掌故，頗多趣聞。英文文章則有 *Yenching in 1931—32*、*Sports of the Year* 等。此外，還登載了部分學生篆刻、繪畫作品。

大陸銀行

股本　伍佰萬元
公積　壹佰捌拾萬元
營業　經理商業銀行一切業務兼辦
　　　儲蓄信託貨棧保管
總行　天津
分行　北平 上海 漢口 南京 青島
　　　濟南 蘇州 杭州 哈爾濱 無錫
　　　其他國內各要埠均有代理店國外
　　　英美德法等訂有特約機關
北平分行　西交民巷東口
支行　燕京大學內 清華大學內
　　　東四牌樓 王府井大街
總經理　談荔孫

The Continental Bank, Ltd.

Capital.........$5,000,000.00　　　Reserve.........$1,800,000.00

HEAD OFFICE:　　TIENTSIN

BRANCHES AND SUB-BRANCHES:

TIENTSIN	NANKING	HANGCHOW
PEIPING	HANKOW	TSINGTAO
HARBIN	SHANGHAI	TSINAN
SOOCHOW	WUHSI	ETC.

Agents in all important cities throughout the country.

FOREIGN CORRESPONDENTS AT

LONDON, PARIS, HAMBURG, NEW YORK, SAN-FRANCISCO, ETC.

All descriptions of commercial banking business transacted, including Savings, Foreign Exchange, Safe Deposit, Trust, Warehousing, Etc.

Peiping Branch:　　Hsi Chiao Min Hsiang
Peiping Offices:　　Yenching University
　　　　　　　　　　Tsing Hua University
　　　　　　　　　　Tung Shih Pai Lo
　　　　　　　　　　Wang Fu Ching Ta Chieh

Inquiries cordially invited.

Cable Address "CONTIBANK"

President: L. S. Tan

中南銀行

資本總額二千萬元實收七百五十萬元各項公積一百十六萬餘元

匯機關　總行　上海　分行　天津　漢口　廈門　南京　北平　其地國內外各埠均有通

營業　辦理商業銀行一切業務

天津行址　英中街四十八號　電話　三〇三二〇　三〇〇九八　三一六三〇　三〇〇八三

注意　中南銀行鈔票爲公開辦理起見特由鹽業金城大陸及本行公共負責設立四行準備庫專辦保管鈔票準備金及發行兌現事項凡持票人除向下列各地四行準備庫接兌現外並得向各地鹽業金城大陸及本行隨時兌現

上海準備總庫　四川路六十八號　虹口北四川路四十號

漢口分庫　四民街四十五號

天津分庫　英中街六十七號　宮北大街

北平分庫　東交民巷匯昌大樓

金城銀行

資本總額一千萬元已收七百萬元
公積共計二百六十萬元

董監事　任振采　倪幼丹　吳達詮　朱鐵林
　　　　王景杭　胡筆江　錢新之　竇彩軒

總行　周作民

分行　北平　西交民巷東口
　　　天津　英租界中街
　　　儲蓄處　西河沿
　　　東城辦事處　王府井大街
　　　上海　江西路　西區辦事處　靜安寺路
　　　南京　中正街
　　　漢口　湖北街　武昌辦事處
　　　大連　山縣通一一七番地
　　　哈爾濱　道裏短街
　　　鄭州　興隆街
　　　青島
　　　蘇州

KINCHENG BANKING CORPORATION

AUTHORIZED CAPITAL	$ 10,000,000.00
PAID-UP CAPITAL	$ 7,000,000.00
RESERVE FUND	$ 2,600,000.00

HEAD OFFICE Victoria Road, TIENTSIN

BRANCHES

PEIPING　　SHANGHAI　　NANKING
HANKOW　　DAIREN　　　HARBIN
　　TSINGTAO　　SOOCHOW

With correspondents and agents in all the important cities throughout the country and in foreign countries.

Local Branch: Hsi Chiao Min Hsiang　Savings Department: Hsi Ho Yen　Morrison Street Branch: Morrison Street

PRESIDENT CHOW TSO-MING

鹽業銀行

股本 壹仟萬元 實收柒佰伍拾萬元
各項公積金等伍佰零玖萬肆仟餘元
總分行地點
　　天津　法界八號路
　　上海　英界北京路
　　香港　德輔道
　　廣州　太平路
　　　　　　北平　西河沿
　　　　　　漢口　湖北路
　　　　　　杭州
　　　　　　開元路
其餘大連及各省商埠均有通滙機關
各營業事項　辦理商業銀行一切業務兼營各種儲蓄
存款及貨棧事務天津上海香港本行內並特設保
管庫箱招租保管
兼辦儲蓄事業　另撥資本貳佰萬元基礎穩固會計獨
立帳目公開利息優厚手續簡單凡合於養老教育
婚嫁日常生活及一切個人家庭團體之各儲蓄應
有盡有全體董事及總經理對於儲戶負無限責任
以保儲戶安全詳章函索即寄

經總理　吳鼎昌

The YINN-YIEH COMMERCIAL BANK

AUTHORIZED CAPITAL $10,000,000.00
PAID-UP CAPITAL.. .. .. 7,500,000.00
RESERVE FUND 5,094,765.72

HEAD OFFICE AND BRANCHES:
TIENTSIN, PEIPING, SHANGHAI, HANKOW, HONGKONG, HONGCHOW AND CANTON

*Agencies in Dairen and All the
Other Capital Cities, Commercial Ports of the Different Provinces*

Every description of banking business transacted, including Savings, Warehouse, and Safe Deposit Departments. Safe deposit boxes for rent at our Tientsin, Shanghai and Hongkong offices and Warehouse at our Tientsin office. Catalogue concerning the details of safe Keeping may be obtained on request by letter.

President: D. C. WU

啓新洋灰有限公司

唐山製造
高等洋灰
速凝洋灰

洋灰房瓦
花磚方磚
缸磚溝管

附設新啓機廠

| 鑄件鋼機 | 爐片暖汽 | 熟鐵承貨 | 均可交貨 | 造速迅 | 格公道 |

全國華北有
鐵路各廠
各礦粵漢
津滬局以
工部政機
用馬不採
關牌爲洋
灰認滿成
續美勝品
過舶來

營業部電話
三一七四九
三三四六二

津浦鐵
路之黃
河鐵橋
用馬牌
洋灰建
築橋墩
基礎經
久不變

有無綫電報掛號啓字〇七九六

總事務所營業部設天津海大道
全國重要城市內均設有支店及經售處

開灤礦務局

經理耀華機製玻璃公司出品

煤 火磚——焦煤——火土

耀華玻璃 房屋外面磚塊

耀華玻璃，聞名遠東，光明潔淨，堅固耐用，價廉物美，歡迎主顧

如欲詳細接洽請向天津總局詢問可也

Banque Belge Pour L'Etranger
(SOCIETE ANONYME)

華 比 銀 行

Capital *(subscribed)*	Frs. 200,000,000
Capital *(Paid up)*	Frs. 147,000,000
Reserves	Frs. 120,000,000

Head Office:	BRUSSELS	66 Rue des Colonies
Branches:	LONDON	4 Bishopsgate E. C,
	PARIS	12 Place de la Bourse
	NEW YORK	67 Wall Street
	SHANGHAI	20 Bund
	TIENTSIN	Victoria Road
	HANKOW	Po Yang Road

ALLIED BANKS

AUSTRIA & HUNGARY	Wiener Bank Verein
BULGARIA	Banque Franco-Belge et Balkanique
RUMANIA	Banque Commerciale Roumaine
	Wiener Bank Verein
YOUGO-SLAVIA	Banque du Pays de Bosnie-Herzegovice
	Societe Generale de Banque Yougo-Slave
POLAND	Societe Generale de Banque en Pologne
SPAIN & MOROCCO	Banco International de Industriary Comercic
SZECHO-SLOVAKIA	Bomische Union Bank
EGYPT	Banque Belge & Internationale en Egypt.

CORRESPONDENTS IN ALL PARTS OF THE WORLD

天津中國實業銀行

本行辦理各種存款各項放款國
內匯兌並設有堅固保險庫內裝
德國著名保管鐵箱專供顧客租
用定價從廉另在舊俄界設立貨
棧代客買賣並經政府特准發行
鈔票準備十足如荷
賜顧無任歡迎

天津總行英租界道　電話三三九八〇
天津分行經理室　　電話三二三四四
營業室　　　　　　電話三〇四九七
　　　　　　　　　撥機三〇四九六
　　　　　　　　　撥機三一九七九
貨棧　電話四〇三二三
　　　　　　　　　四〇四七〇

天津
中國實業銀行
永寧保險總行

保險　水一運　火一輪

總行英租界領事道　　　　上行宮北大街中間
電話　　　　　　　　　　電話
經理室三三四六五　　　　二五五五
營業部三〇二八四

開灤礦務總局

自七月一日起本處售煤由英噸（二二四〇磅）改用公噸（二二〇四磅）即每噸重量為一千基羅較英噸每噸減少三十六磅（即百分之一・六）所有煤價亦即按照比例減少茲將改訂之煤價列左

| 煤斤種類 | 一號末煤 | 二號末煤 | 家常塊煤 | 清水焦炭 |

河東廠內交貨
每噸 十一元四角五分
每噸 九元五角五分
每噸 十四元七角五分
每噸 廿四元五角五分

送至甲區
每噸 十一元六角
每噸 九元七角
每噸 十五元
每噸 廿五元五角五分

送至乙區
十一元二角
九元三角
十五元三角
廿五元七角

送至丙區
十一元七角
九元五角
十五元五角
廿五元五角五分

● 甲區　牆子河以內之英租界法租界及特別一區二十三號路以北之特別三區

● 乙區　牆子河以外之英租界與特別一區二十三號路以南之特別三區意租界郭莊子襪莊子特別二區並日租界以上三區以外地方有欲購者請來函接洽

● 丙區

注意　凡購煤半噸者須照定價多加運費大洋一角

開灤礦務總局北方售品處啟

美富汽車行

本行代理
燕京大學
汽事處往
返燕大及
北平間長
途汽車營
業並兼出
賃新式轎
蓬汽車定
價克己如
蒙賜顧無
任歡迎
本行謹啟

MEI FU GARAGE
YENCHING UNIVERSITY BUS SERVICE

Bus and Motor Car Traveling between Yenta and Peiping
Apply to No. 9, Nan Chih Tze Street, Tel. 3003 E.O.

TIME TABLE

PEIPING TO HAITIEN	HAITIEN TO PEIPING
7.00 A.M.	8.00 A.M.
12.00 NOON	1.30 P.M.
7.00 P.M.	6.00 P.M.

SATURDAY, SUNDAY, HOLIDAYS

There will be additional special service as follows:—

PEIPING TO HAITIEN	HAITIEN TO PEIPING
9.30 A.M.	10.30 A.M.
4.00 P.M.	3.30 P.M.

A. C. HENNING & CO.

Sole Agents in Peiping

FOR

FIRE INSURANCE

  North British & Mercantile Insurance Co., Ltd.
  Law Union & Rock Insurance Co., Ltd.
  China Fire Insurance Co., Ltd.

MARINE INSURANCE

  Yangtsze Insurance Association Ltd.

MOTOR CAR INSURANCE

  Motor Union Insurance Co., Ltd.

SHIPPING & GENERAL

  Cie des Messageries Maritimes
  China Navigation Co, Ltd.
  Blue Funnel Line
  Malthoid Roofing
  "Red Hand" Anti-Corrosive Paints
  "Izal" Disinfectant
  "Pabco" Paints
  Siscolin Powder Distemper
  &c. &c.

"UNDERWOOD" TYPEWRITERS

Telephone 881 East   45 Wai Chiao Pu Chieh
                                Peiping

燕大年刊一九三二

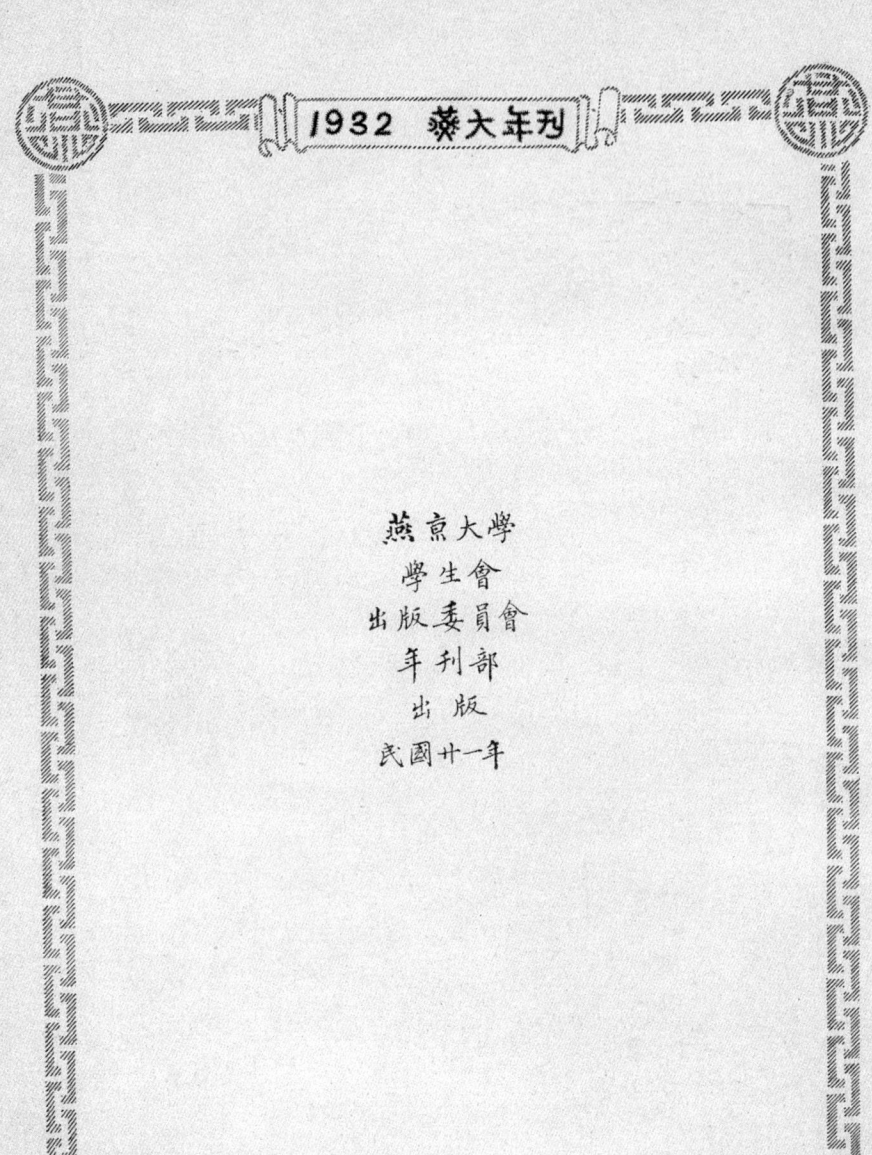

1932 燕大年刊

燕京大學
學生會
出版委員會
年刊部
出版
民國廿一年

1932 燕大年刊

敬獻

我們以敬意將這本小書獻給九一八以來死國的諸英烈們．對於他們我們實負欠着．所以便應當供獻我們所有的一切．

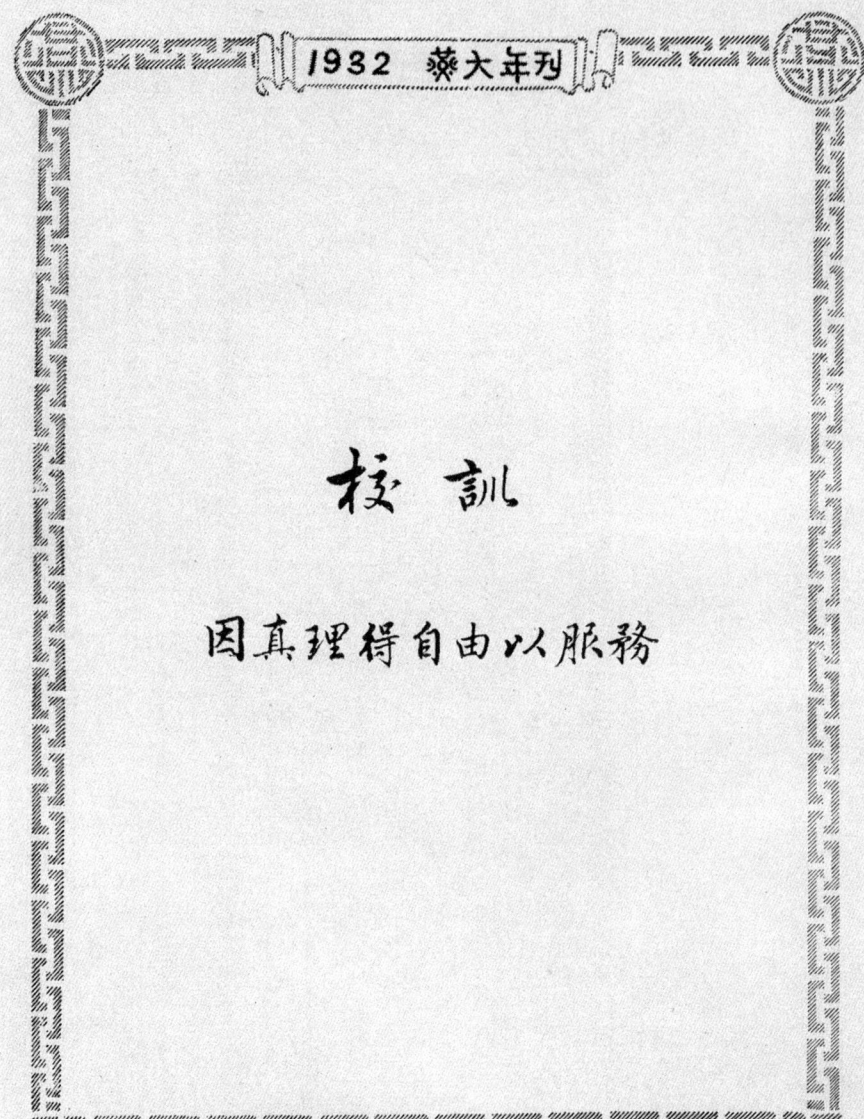

校花

目次

1932 燕大年刊

物 員 生 次 社 育 活 藝 告
景 教 職 業 級 會 體 生 文 廣
　　　業 及
董 事
畢

一 二 三 四 五 六 七 八 九
卷 卷 卷 卷 卷 卷 卷 卷 卷

绪 言

壬申仲夏，燕大年刊第五卷梓成。近一岁以来校中动态静态生活，编者颇思竭其力以辑集描画之，供爱燕大者之浏览，藉以知其兴革进退之所在。考我校自戊辰始撰年刊，罗君𣸣鼎于己巳翻新体制，奠定刊型，及庚午翁君祖白等主笔政，于文字美术，编次经营，烂然成帙，精力尤不可及。辛未年刊则以脱板迟延见誉于众。今岁师友同学之勖勉益殷，期望益厚。编者自维既不能追踪己午两刊而发皇光大之，复不欲草率从事，惟塞责而适增疚。数阅月来举凡荣文徵稿，一取一舍，罔不惴惴如临于谷。今幸约略成编矣，读者或曰尚不逾规矩则幸甚。若曰努力之余，颇有可观，则未敢悟然受也。国难未已，寇氛方炽，兹刊幸不因世变而中辍，谁复忘藉师校荩以焜耀邪？是有望于弘达君子之曲谅矣。　惇思

燕大年刊一九三二

飛雲表儀

重樓

午陰

1932 燕大年刊

倒影

1932 燕大年刊

玉宇

瓊枝

1932 燕大年刊

雪後

1932 燕大年刊

寒鐘

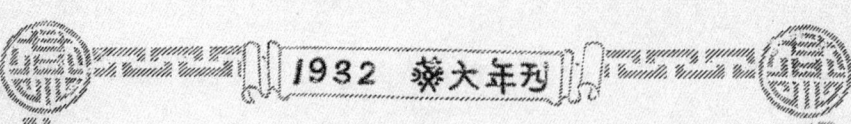

樓陰一角

水天一色

董事

顏惠慶先生　　全紹文先生　　Dr. J. Leighton Stuart　　孔祥熙先生

Mr. J. D. Hayes　　高鳳山先生　　Mr. D. W. Edwards　　周詒春先生

校長 吳雷川先生

校務長　Dr. J. Leighton Stuart

大學行政人員

研究院委員會主席
Howard S. Galt, Ed. D., D. D.

宗教學院院長
趙紫宸

文學院院長
周學章

理學院院長
Stanley D. Wilson, Ph. D.

法學院院長
徐淑希

法學院代理院長
陳其田

1932 燕大年刊

教務處主任
梅貽寶

會計主任兼代理總務主任
蔡一諤

學生貸助委員會主席
馬文綍

圖書館主任
田洪都

校醫
Basil L. L. Learmonth, M.B.C.M.

校長辦公處秘書
謝景升

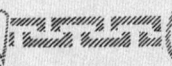
1932 燕大年刊

教務處校友幹事
曹　義

總務處庶務課主任
全希賢

教授

文學院

國文學系
郭紹虞　　　教授兼主任
容庚鑒川　　教授
馮雷川　　　教授
吳雷　　　　教授

祝廉先　　　專任講師
奉寬功　　　兼任講師
魏建功　　　兼任講師
黎劭西　　　兼任講師

1932 燕大年刊

英文學系

Miss Margaret B. Speer, M.A.	講師兼主任
Thomas E. Breece, M.A., B.S.	教授
Lawrence M. Mead, M.A.	講師
Miss Eleanor Lee Waddell, B.S.	教助

Miss Gwladys Wood	教助

歐洲文學系

George R. Loehr, M.A.	助教兼代理主任
Mme. Helene C. Bauer	助教
Eric Montmollin	助教

1932 燕大年刊

歷史學系
Richard H. Ritter, B.A., B.D.   講師兼代理主任
許地山   教授
Philippe de Vargas, Ph. D.   教授
Miss Lucy M. Burtt, M.A.   講師

張星烺   兼任講師
朱士嘉   助教
哲學系
徐寶謙   教授
黃子通   教授

1932 燕大年刊

教育學系
Howard S. Galt, Ed. D　　　　教授兼主任
周學章　　　　　　　　　　　教授
傅寶琛　　　　　　　　　　　兼任講師

新聞學系
黃憲昭　　　　　　　　　　　教授兼主任

Vernon Nash, B.A., B.J., M.A.　副教授
管翼賢　　　　　　　　　　　兼任講師
孫瑞芹　　　　　　　　　　　兼任講師
Samuel D. Groff, B.J., M.A.　　助教

Frank L. Martin, B.A.　　Exchange Professor in Journalism
　　　　　　　　　　　　from University of Missouri, 1932.

宗教學系
　趙紫宸　　　　　　　　　　　　教授兼主任
　誠質怡　　　　　　　　　　　　副教授
體育學系
　黃國安　　　　　　　　　　　　講師兼主任

　趙棐衡　　　　　　　　　　　　軍事訓練主任
　董桂樞　　　　　　　　　　　　軍事訓練教官
　賴愷元　　　　　　　　　　　　軍事訓練教官

理學院

化學系
　Earl O. Wilson B.S., S.M.　　　　教授兼主任

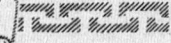

Stanley D. Wilson, B.A., Ph.D.   教授
張 銓   工業化學助教
生物學系
李汝祺   副教授兼主任
Miss Alice M. Boring, M.A., Ph.D.   教授

陳世驥   助教
物理學系
謝玉銘   教授兼主任
William Band, B.Sc., M.Sc.   副教授
地理地質學系
張印堂   講師

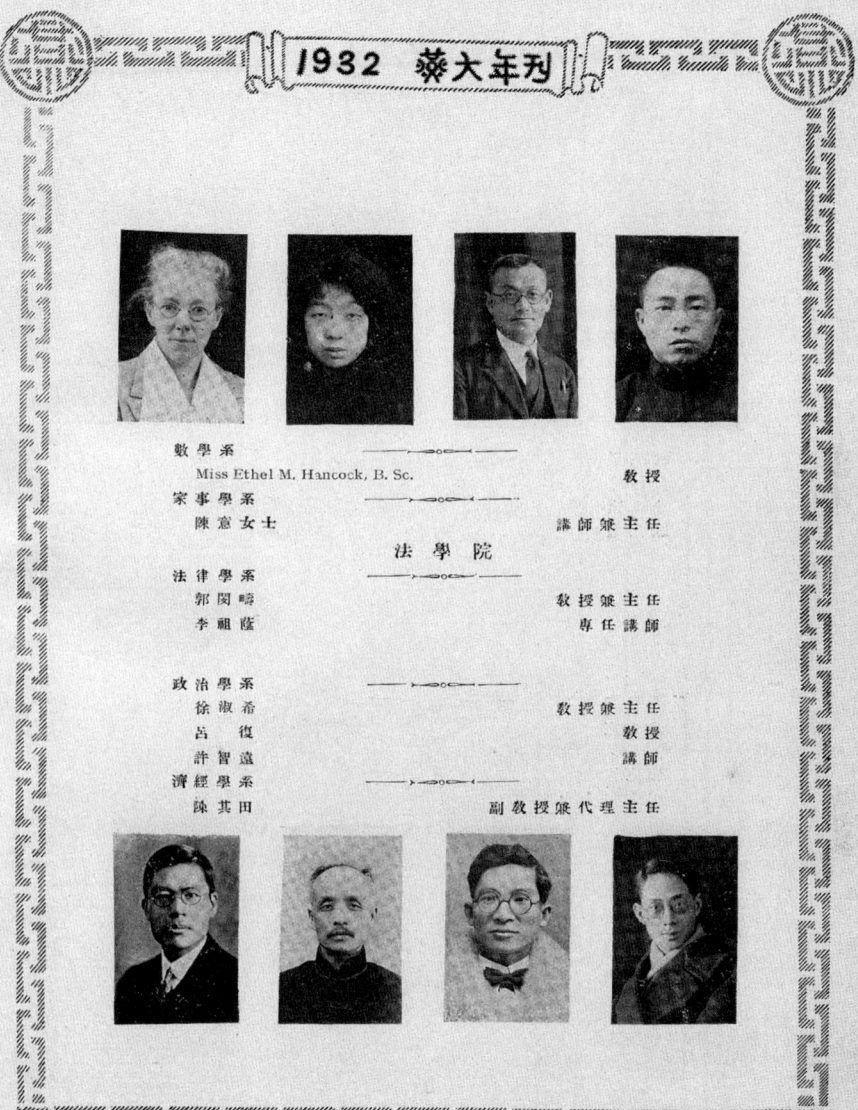

數學系
Miss Ethel M. Hancock, B. Sc. ———— 教授
家事學系
陳意女士 ———— 講師兼主任

法學院

法律學系
郭閔疇 ———— 教授兼主任
李祖蔭 ———— 專任講師

政治學系
徐淑希 ———— 教授兼主任
呂復 ———— 教授
許智遠 ———— 講師

濟經學系
徐其田 ———— 副教授兼代理主任

黃憲儒	副教授
董時進	娖任講師
余肇池	娖任講師
張訓堅	娖任講師

社會學系

許仕廉	教授娖主任
John S. Burgess, Ph. D.	教授
林東海	教授
雷潔瓊女士	助教

1932 燕大年刊

未交相片各教授
—— 文學院 ——

國文學系
  鄭振鐸   教授
  張爾田   兼任講師
  傅仲濤   兼任講師
  侯堮   兼任講師
  熊佛西   兼任講師
  顧隨   兼任講師
  陸侃如   兼任講師
  馬文玄   兼任講師
  沈啓无   兼任講師
  謝婉瑩   兼任講師
  張壽林   助教

英文學系
  Miss Grace M. Boynton, M. A. 教授
  Lawrence W. Faucett, Ph. D., M. A. 教授
  Ernest K. Smith, B. A., M.A. 教授
  Miss Anne Gochran, M. A. 講師
  Harold E. Shadick, B. A. 講師
  吳宓   兼任講師
  R. G. Stuckert, B. S. 助教
  Miss Gertrude Wood, M. A. 助教

歐洲文學系
  Louis E. Wolferz, Ph. D. 教授
  Mrs. Philippe de Vargas, Bacc. Litt. 義務副教授

歷史學系
  陳垣   教授

1932 燕大年刊

洪業	教授
顧頡剛	教授
鄧之誠	副教授
Miss Molona L. Cheney, M. A.	講師

哲學系

張東蓀	教授兼主任
張君勵	教授
Lucius C. Porter, M.A., B.D.D.D., L.H.D.	教授
馮友蘭	襄任講師

教育學系

蕭茝澤	副教授
曾楣香女士	講師

新聞學系

張繼英女士	襄任講師

音樂學系

Bliss Wiant, M. A.	副教授兼主任
Miss Ruth L. Stahl, Mus. Bac.	副教授
Miss Adeline Veghte, B.A., Mus. Bac.	助教
Mrs. F. K. Smith, B. A.	義務助教
Mrs. Bliss Wiant, B. A.	義務助教
Mrs. E. O. Wilson, B. A.	義務助教

體育學系

Miss Marguerite Mc Gowen, B. A.	講師
古志安	助教
李傳盛	助教

——— 理 學 院 ———

化學系

William H. Adolph, B. A., ph. D.	教授
曹敬槃	助教

王聲卿	助教
蔡鎦生	助教
生物學系	
胡經甫	教授
劉汝強	副教授
馬葳令女士	講師
物理學系	
楊蕴卿	副教授
孟昭英	助教
地理地質學系	
Walter, W. Davis, M.S.	教授兼主任
George B. Barbour, Ph.D.	教授
數學系	
陳在新	教授兼主任
Miss Emma L. Konantz, M.A.	教授兼代理主任
靳榮祿	兼任講師
心理學系	
陸志韋	教授兼主任
劉廷芳	教授
Randolph C. Sailor, Ph.D.	副教授
Roberta S. White, Ph.D.	講師
家事學系	
任清玉女士	助教

────── 法 學 院 ──────

法律學系	
潘昌煦	教授
彭 時	專任講師
Louis R. O. Bevan, M.A., LL.B.	兼任講師
李愷亮	兼任講師
吳奉璋	兼任講師

1932 燕大年刊

政治學系
- 蕭公權 .... 教授
- Robert M. Duncan, Ph. D. .... 教授
- 何永佶 .... 兼任講師
- 瞿汝楫 .... 助教

經濟學系
- John B. Tayler, M. Sc. .... 教授
- 任宗濟 .... 副教授
- 李泰來 .... 副教授
- 李炳華 .... 副教授
- Augusta Wagner, M. A. .... 講師
- 宋以忠 .... 兼任講師
- 曾同春 .... 兼任講師
- 侯樹彤 .... 助教
- 黃 卓 .... 助教

社會學系
- 楊開道 .... 教授
- 吳文藻 .... 副教授
- 張鴻鈞 .... 講師
- 朱馥女士 .... 助教
- 熙景鯤 .... 助教
- John B. Grant, M. D., C.P.H. .... 義務講師
- Ida Pruitt, B.A., B. S. .... 義務講師
- Lennig Sweet, Ph. D. .... 義務講師

研究院

邱繼建
福建澄海
歷史

黃啓顯
福建思明
物理

鄺震寰
廣東番禺
教育

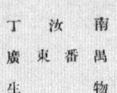

一九三二班

丁　汝　南
廣　東　番　禺
生　　　物

丁　廷　爵
福　建　晉　江

丁　兆　敏
山　東　蓬　萊
經　　　濟

1932 燕大年刊

王 大 倫
河北灤縣
政　　治

王 平 元
江蘇吳縣
經　　濟

王 殿 文
遼寧鐵嶺
經　　濟

1932 燕大年刊

王榮第
山西猗氏
政　治

王碧雲
河北大興
英　文

王鵬舉
浙江杭縣

王懿芳
廣東番禺
經　　濟

水　泗　長
江蘇阜寧
政　　治

方道元
安徽貴池
經　　濟

1932 燕大年刊

伍子俊
廣東台山
經濟

朱木祥
廣東五華
英文

朱逢三
廣東開平
數學

1932 燕大年刊

瑛興大
全眷
河北 教育

智興田
湖北廣濟
英文

增鯉
李廷
河北深
歷史

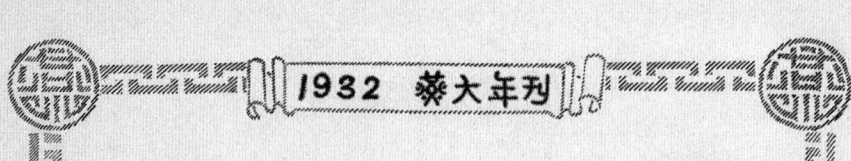

李健全
廣東新會
社 會

李蓮捷
河北玉田
地 理

李雲寧
山東濟學
哲

1932 燕大年刊

李遇之
山東泰安
政治

李蓂罄
廣東陽江
數學

李贄麟
河北香河
政治

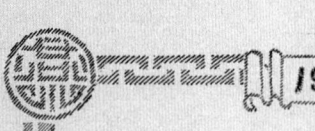

李 蔭 鑫
河北天津

吳　大　錚
浙　江　杭　縣
國　　　　文

李　鶴　田
河北蠡縣
化　　學

1932 燕大年刊

吳汝梵
浙江吳興
經濟

吳序燦
福建南安
政治

吳世昌
浙江海寧
英文

吳 鞠 珉
江蘇江陰
音　　樂

吳 慕 賢
廣東惠來
經　　濟

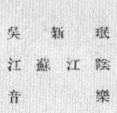

吳 毓 聲
浙江餘姚
家　　政

沈祖歡
浙江海鹽
政治

沈鴻濟
河北固安
歷史

沈迺瑾
浙江吳興
心理

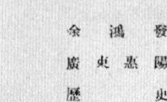

1932 燕大年刊

發陽史
余鴻惠
廣東
歷

甫山濟
余志
廣東台
經

春安文
谷杏固
河北
國

1932 燕大年刊

竇連杜
河北遵化
歷　史

言雍熹
江蘇常熟
經　濟

佘慧珍
廣東順德
經　濟

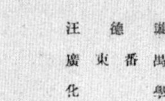

汪德謙
廣東番禺
化　　學

何憲成
廣東南海
經　　濟

林廷芳
廣東新會
經　　濟

1932 燕大年刊

林同騄
福建閩侯
經濟

林卓園
福建永定
化學

林瑜鑑
福建思明
教育

1932 燕大年刊

飛海濟
馮南
林廣東
經

林藻勇
廣東番禺
數　　學

華田會
檀古
林建
福社

1932 燕大年刊

成樂范
江西九江
醫預

馮慈姚
武邵建福
社會

瀛霞姜
河齊東山
法律

梁治罐
浙江杭縣
政　治

梁振超
廣東番禺
政　治

梁議生
廣東三水
社　會

高青孝
山西平遙
新聞

高長舜
山東歷城
政治

高慶賜
河北遵化
國文

1932 燕大年刊

袁永貞
河北通縣
經濟

袁家騮
河南項城
物理

馬瑞斌
廣東順德
政治

1932 燕大年刊

馬慶邁
遼寧遼陽
宗教

翁喜光
廣東台山
化學

翁爾健
福建福清
歷史

1932 燕大年刊

師 玉 廷
河 北 大 興
敎 育

徐 允 貴
河 北 遷 安
物 理

孫 敬 亭
河 北 雄 縣
政 治

1932 燕大年刊

韋 鍾 庭
廣東中山
經　　濟

張　中　堂
山東泰安
社　　會

張　永　鉅
廣東開平
經　　濟

1932 燕大年刊

張家頁
廣東晉昌
英 文

張郁棠
江蘇江都
哲 學

張官廉
山西汾陽
心 理

1932 燕大年刊

張　振　德
山　東　臨　朐
教　　　育

張　振　芳
山　東　臨　朐
教　　　育

張　莊　坤
福　建　漳　平
經　　　濟

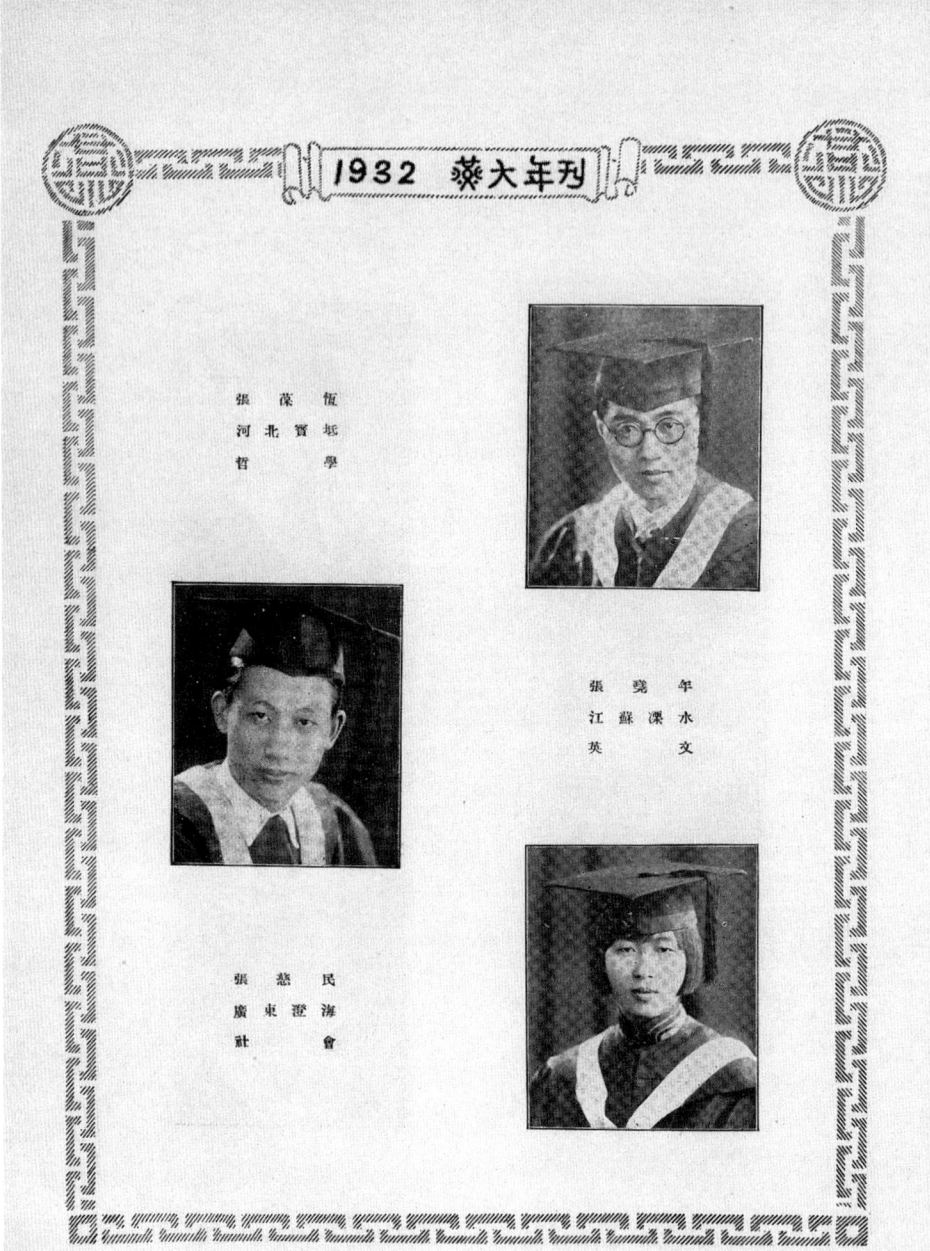

 1932 燕大年刊

張漢臣
河北玉田
歷史

張曉暉
河北高陽
法律

陳永昌
廣東寶安
政治

陳廣東政
北新治
海會

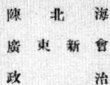

陳廣東政
光台治
潤山

陳廣東政
春南治
沂海

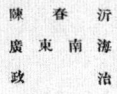

1932 燕大年刊

瓊候
品聞
陳福建
數學

陳國華
廣東梅縣

瑞山
湛治
陳廣東台
政

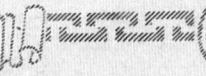

陳藻德
廣東順德
社會

黃志民
廣東花縣
經濟

黃禮候
福建閩安
經濟

1932 燕大年刊

黃天生
廣東台山
經濟

黃振強
廣東揭陽
政治

黃振勳
廣東南海
化學

1932 燕大年刊

黄菩梵
廣東連縣
經濟

黃鵬
江西清江
經濟

黄曉芳
福建閩侯
化學

1932 燕大年刊

郭德浩
黑龍江愛暉
國文

郭昌鵷
貴州盤縣
國文

盛希音
浙江金華
物理

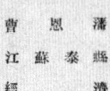

潘恩曹
江蘇泰縣
經濟

陸香泉
山東德縣
社會

陶辰中
稽會
浙江
經濟

 1932 燕大年刊

畢德顏
山東平陸
物　理

溫寶珍
廣東高要
家　政

湯佩煌
湖北嶄水
經　濟

1932 燕大年刊

枚宛文
北平
惲河國

思進
惲武
江蘇
經濟

琨禹頤
應番
馮廣東
醫

1932 燕大年刊

楊天扶
廣東鶴山
政治

楊有蓮
廣東南海
化學

楊式昭
河北臨榆
政治

1932 燕大年刊

慶會
國新會
黎廣東
廣東
社

鄺振明
廣東番禺
政治

趙永珍
河北天津
物理

殼寶濟
趙汝新
廣東
經

如強
趙 會
廣東新
經 濟

葵 縣
趙蘿杭夂
浙江
英

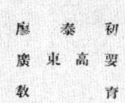

1932 燕大年刊

廖 泰 初
廣東高要
教 育

鄺 圖 亮
廣東寶安
經 濟

管 善 堂
山東恩縣
化 學

 1932 癸大年刊

劉克冲清
河北永清
法　　律

劉我英
福建邵武
政　治

劉鏵通
江蘇吳縣
生　物

錫建
劉鍚建
三明會
社

潘玉梅
山東掖縣
社會

撰濟
鄔友錕
浙江鎮
經

1932 燕大年刊

奚兆熊
江蘇吳縣
政治

鄧易圜
江蘇吳縣
經濟

歐陽純
福建南靖
社會

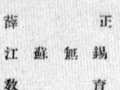 1932 燕大年刊

薛　　正
江蘇無錫
教　　育

薛卓嶷
安徽壽縣
數　　學

鄭文偉
廣東台山
家　　政

1932 燕大年刊

儲 鑫 禮
河北 天津
新聞

謝 維 銘
福建 閩侯
醫預

戴 振 春
遼寧 新民
數學

1932 燕大年刊

韓朝佑
河南孟津
生　物

韓雅言
浙江慈谿
教　育

譚允恩
廣東番禺
教　育

1932 燕大年刊

譚植謀
廣東台山
地理地質

譚景懿
廣東台山
經濟

關仲和
福建莆田
經濟

1932 燕大年刊

糜頌陽
廣東番禺
音樂

蘇良克
陝西西安
新聞

東莞
羅玉鄂
湖南鄂渚
政

專修科

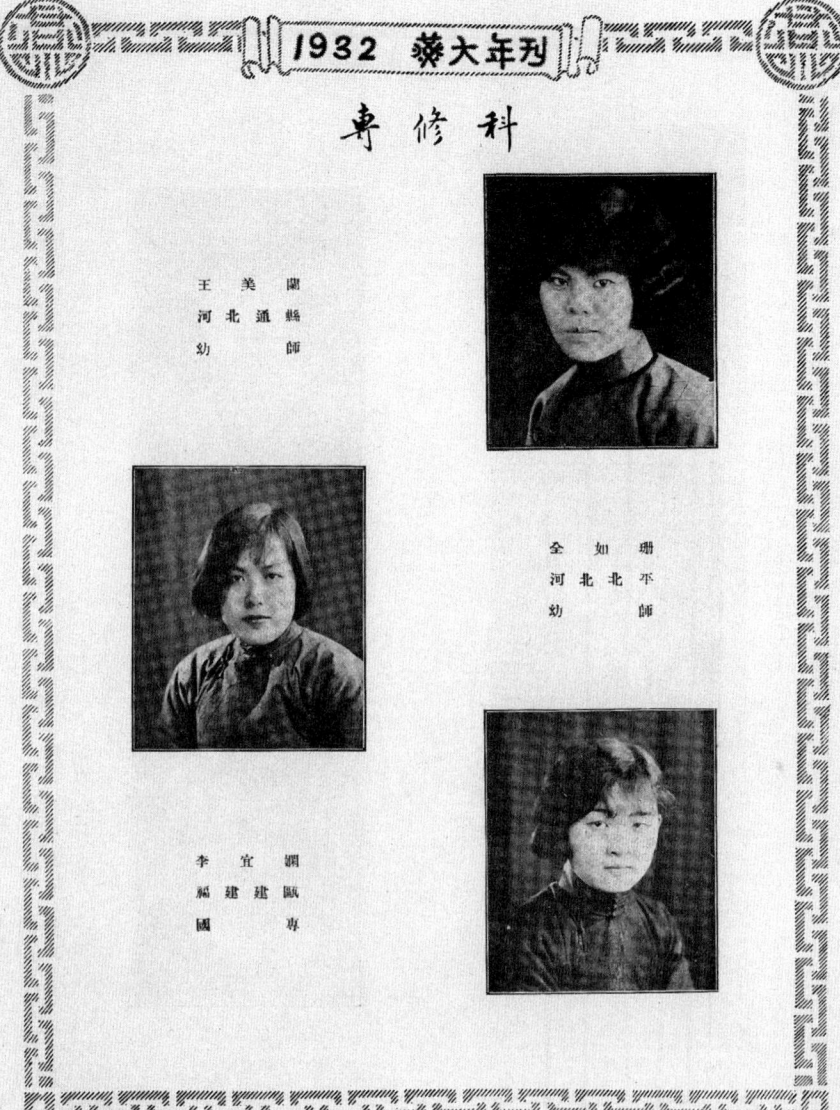

王美蘭
河北通縣
幼師

全如珊
河北北平
幼師

李宜淵
福建建甌
國專

1932 燕大年刊

玉 江
美 錦
李 江
江 燕 師
劼

李 靜 瑜
四 川 雅 安
劼 師

華 和
國 南 專
沈 北
河 國
國

1932 燕大年刊

姚 犇
江蘇吳縣專
國

胡 坤 逢
四川樂山
國 專

姜 緒 眞
山東恩縣
幼 師

1932 癸大年刊

陶芳辰
浙江紹興
國　專

常聘三
吉林雙陽
國　專

倪劍堂
福建晉江
國　專

張錫疃
陝西郃陽
國專

劉毓英
廣東潮安
國專

劉毓華
安徽懷遠
英專

1932 燕大年刊

溥安專
還
龐北
河
國

燕大年刊一九三二

紀念周壽康君

要他至而位歔欷不盡己遺人後即死底這樣紀
將了來；一自失。我他意見家最存康人一文
代束看人的們損了當。蕉未與作應生小這壽短啟
時結人的正感然欠一屋的見到渺出而用和篇寶
年然惋惜我途雖浚中執壽樣。說底說然有也這許
壯突在的中痛否美。事家時想一個以"死你我寫
的候，這可行的悲是於恨，回好于以靜常能則死友今耻
壽時是很旅行的侣得段富怨表常力，死是，我辱
康時得得值自很麼底到於可安，而實以朋嗎
人，好意組自很麼表底到於可安常則一以朋嗎
的活件伴值慣個我能則的何疑了。
開始少在良我它表及其的時大"
底生很道少更 是他門話

死 底照來 我死後後可說 以終沒總有 他們的以大
，無除 到別 如以而 我懇罷
前的之正 無 着為羞
前面外 想 興

壽康 之後 自
，是安辭康只
你寿是意了
你康不
活
已經
之他的 的 了 的
艱或那便意了顧你

知不壽什麼事死而底單一，在前
道久書作之在前
。作的於

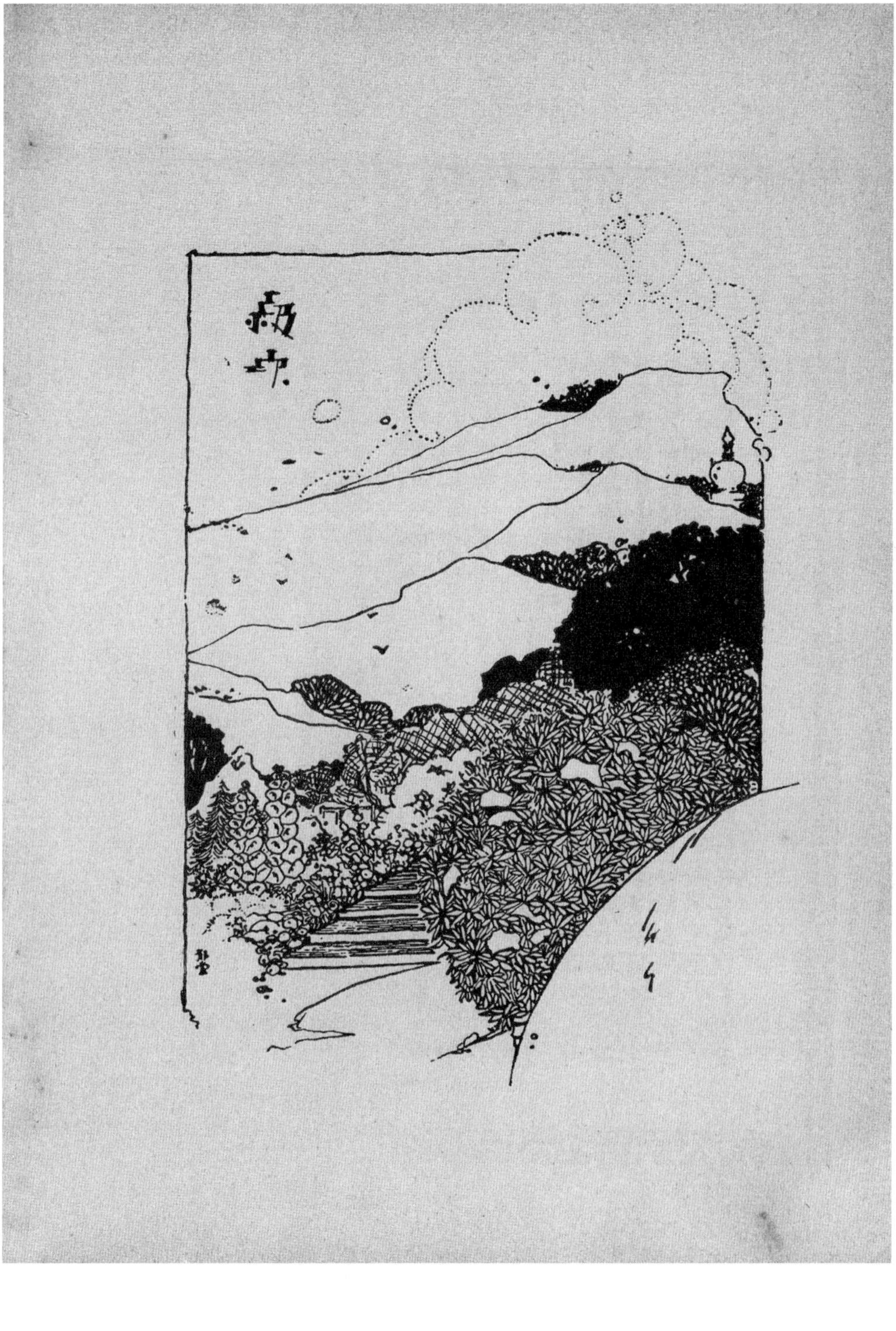

研 究 院

一九三二級文學院

一九三二級理學院

一九三二級法學院

過去的四年

寶騄

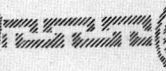

午，屋子裏看著，一天的光景大約都是這樣。是前二中，花萬尤球熟得見一年了地上，三號的洋服，都是一中耳色望一的，秋希第一班同學打叫"對"第二哥哥不覺，三百人彼此都是一學中的總可起過了這為這不知裏的，一天的色家同一結果起這為這瘦不知裏的，一天的色家同一結果第二相熟自己月，這是九百二十幾個新語家活新語家大學的歷八年，有來寧大字樓一處佳的什學ヒ邊的歷兩南門外兩女北門始個十二學北門燙髮叫那位二叫大街群西看那時群西看那時那大街下開這那一千樓他陌排"這級穆集們是人子誰到了神地來精香興

其一的出也眼會同非來有的會同非來有兒眾吃了兒眾吃了兄著有班着弟兩

1932 燕大年刊

恩思見得下的意動，
的意動，走舒
謂的運雰走舒
，無頭以着家
頭角以來。
心渺時得意
般的文禮
陰沉，們三
目光消沉級
很覺底是一大
氣集在
總堂同一
不大聲
到抑禮一個人
大謹集一拿起
九讓底結擁一再
三姊妹一個笑，、
二努力白微息
級光髮笑，、
的，婆，微
班兄定或、
上弟是是笑，
一途結來太
路上東了息
遛一了！擠
一個

但中會是走
是社上向
那級呢又
餘照？走
下片誰向
的，又中
或是會
一是一社
九一九級
三九三照
二三二片
級二之下
底級後，
結之者或
東後，一
者一是
，是一
一一九
九九三
三三二
二二級
級級底
底的結
結班束
束上者
者之，
，一或
或是
一一
三九
三

顯然應家環結無頭
得去大境果的以
長有政適露友本
手去言都出跟年
面心語不去面家大
舒可不利交二很家
服領順，二三有
不了利，的三意化
是，，謂結，不
過也許該個總前了
去許多兄，有，
了去不弟未點梅
也的無，免惜謹
怕，心又收別的底
莊起領又到倒追心
家來了總脫的憶裏
出。，想下尾，到
來適起了帽巴平這
。家來。適，淡一
回治。但、這微班
憶大得大方眾笑上
社政多幹帽眾，去
會幹，，子不方也
時起所也......同帽還
，來以許然——子要
於，舒起不這，留
這也服來，又下
張怕了心還不一
照莊，以要是這班
片家也領走不一人
上出顯服到同班
，來恩舒一的，
憂。得服班了一
愁從有。去。路
於此意。這眾遛
這又思我是眾一
淚可了們不不遛
那以。一同同又
是去

一九三三級

一九三四級

一九三五級

學生會

學生會職員

代表大會

許寶騤 主席	步春生 副主席	翟維其 文書
關頌韜 常務委員	言雍熙	李遇之
吳世昌	所頌德	卓遐來

審監委員會

金勤伯 主席	孫慧民 副主席	潘玉梅 監察部
潘家驥 監察部	趙玉英 審理部	孫慧民 審理部
金勤伯 檢察部	蔡國英 檢察部	

執行委員會

執行委員會理事會

言雍熙 主席	楊式昭 副主席	卓遐來 文書
盧惠卿 委員	楊繢	張郁棠

總務委員會

言雍熙 主席	楊式昭 副主席	史國雅 文書部
薛正 文書部	言雍熙 交際部	許桂苔 交際部
施紀元 財務部	蔡貞芳 財務部	楊式昭 庶務部
沈祖徽 庶務部		

日常生活委員會

卓遐來 主席	盧惠卿 副主席	宋玉珍 女生膳部
楊式昭 女生宿舍部	陳玉貴 男生舍務部	樊兆鼎 男生會務部
李遇之 男生膳務部	陳爾聰 男生膳務部	王鳳振 男生軍務部
王大倫 男生軍務部	黃志民 體育部	盧惠卿 體育部
黃振勤 交通部	王殿文 交通部	黃振勳 娛樂部
薛卓鎔 娛樂部	卓遐來 衛生部	譚海英 衛生部

出版委員會

趙石湖 週刊部	吳世昌 週刊部	董文田 月刊部
陳季春 月刊部	俞思 年刊部	徐允貴 年刊部

服務委員會

張郁棠 主席	楊繢 副主席	張郁棠 平教部
楊繢 平教部	蔡樹邦 救濟部	陳國傑 救濟部
吳佩玠 調查部	蔡仲和 調查部	

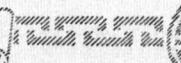

1932 燕大年刊

演講比賽得勝記

寶 騄

　　這件光榮的事發生在三一年底夏天,那年的年刊未及紀載,所以由本刊追記下來。

　　當時北京大學學生會發起了一個校際演講比賽,東約北平四個大學學生代表參加,計師範大學,輔仁大學,清華大學及我校,加上發起者的北大共五校,組織了一個臨時的五大學演講比賽會。

　　演講分為中英文兩組,每組預賽取前六名,決賽取前三名。結果是:英文組我校得第一第二第三,中文組得第一第二,第三之失去選是由於一位預賽已居第六的講員底因病缺席。

　　這在本校底歷史上不能不說是很光榮的一頁了。

　　選拔校際代表的校內競賽及初次與敵人交鋒的預

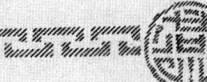

賽都不必多說，只省這次戰底情形。

沒賽時間是六月一日底上午下午，地點是在中山公園中山堂。空氣緊張極了，聽眾擠得滿滿的，沉靜地可是急切地睜著。幾位評判員是周詒春先生、金淑初先生和陳振先生，坐在評判席上，敏銳的耳目好像是在捉捕什麼。講員底心理誰知道怎樣，表現在動作上的是一種不十分自然的鎮定。他們演講底姿勢及音調大都練習得很不錯，自然我們底代表更為出色。雖掌規定是不許的，可是在我們代表每一位講完之後，掌聲便一陣，響起來，誰也止不住。

結果是我們底代表在敵軍震驚，聽眾喝采，同學歡呼中掙得那極大的光榮。

那幾位戰士是誰呢？待我把圖中的五人介紹一下。自左至右：一、褚聖麟，在這比賽中他奪得中文組第一把交椅。講題是「物理學之重要」，說到得意處，大有舉手色萬象之意。二、鄭成民，英文組第三名，態度大方，口音純熟。三、孫慧民，講「五四以來之中國婦女運動」，文章條理分明，講時聲音清脆，莫怪取得中文組第二名。四、鄭少懷，他底講題意思其實很平常，可是說到心口中真令人覺得莊嚴鄭重，這可見他底純英國學者味的英語底工夫了。他是英文組底狀元。五、楊詒祥，說一口徹底美國味的英文，口藝流暢，不知從何學來，更特別的是言詞典姿勢彷彿都帶著一股力，給人印象實深，這無怪奪得英文組第二名了。

除了他們五位底努力以外，教授們底鼓勵與指導也是此番成功底原因。還有言雅意若辦事勤勞也是值得在此提及的。

這話說來又是一年有半了，那五位老朋友中已有多數離校，我絕不能忘懷他們，誰也不能忘懷他們，因為他們曾分給我們好些光榮。

國 文 學 會

教 育 學 會

哲學會

景學會

歷 史 學 會

宗 教 學 會

法文學會

德文學會

新 聞 學 會

醫 預 學 會

物 理 學 會

化 學 會

生 物 學 會

地 質 學 會

數 學 會

政 治 學 會

法 律 學 會

社 會 學 會

經 濟 學 會

家 政 學 會

南開同學會

女校學生軍

女 生 籃 球 隊

男 生 籃 球 隊

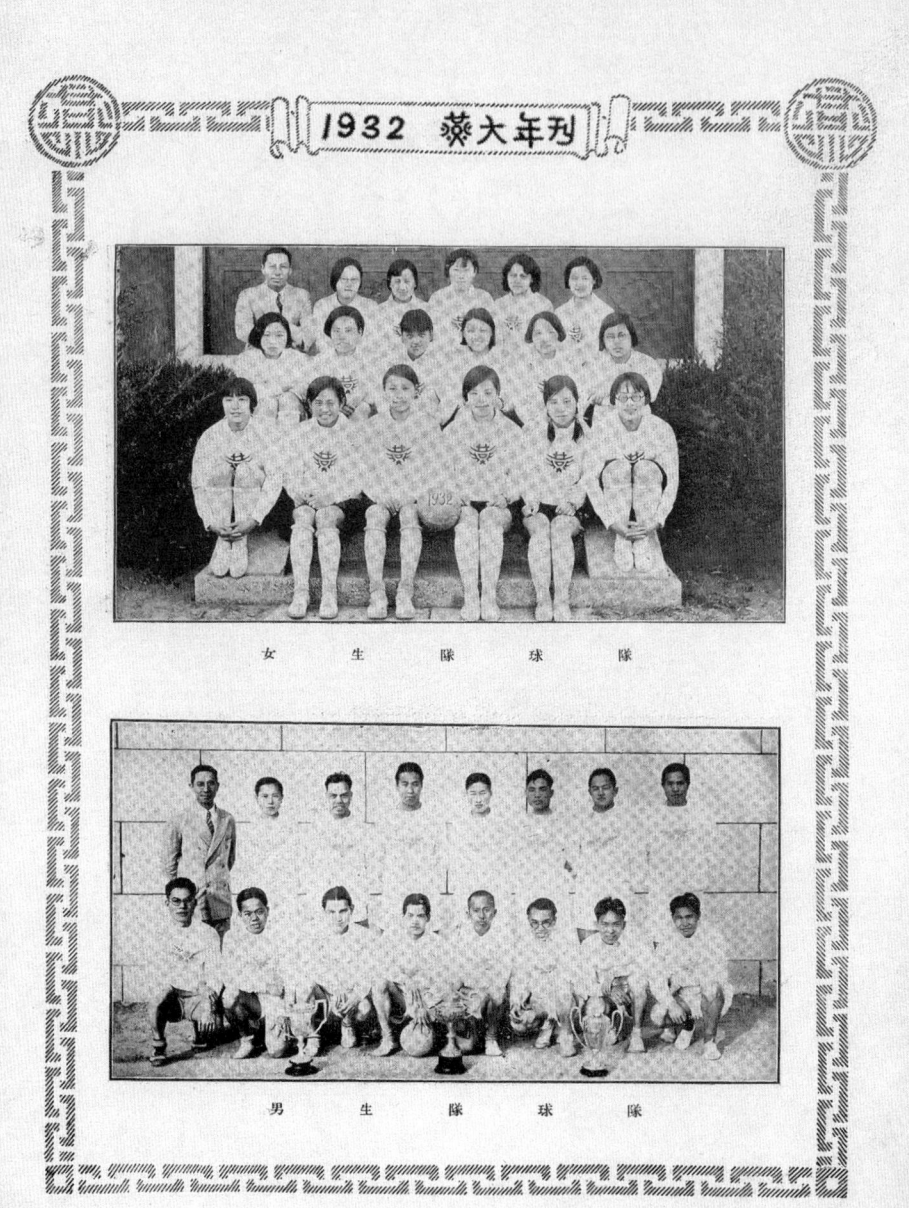

女生壘球隊

男生棒球隊

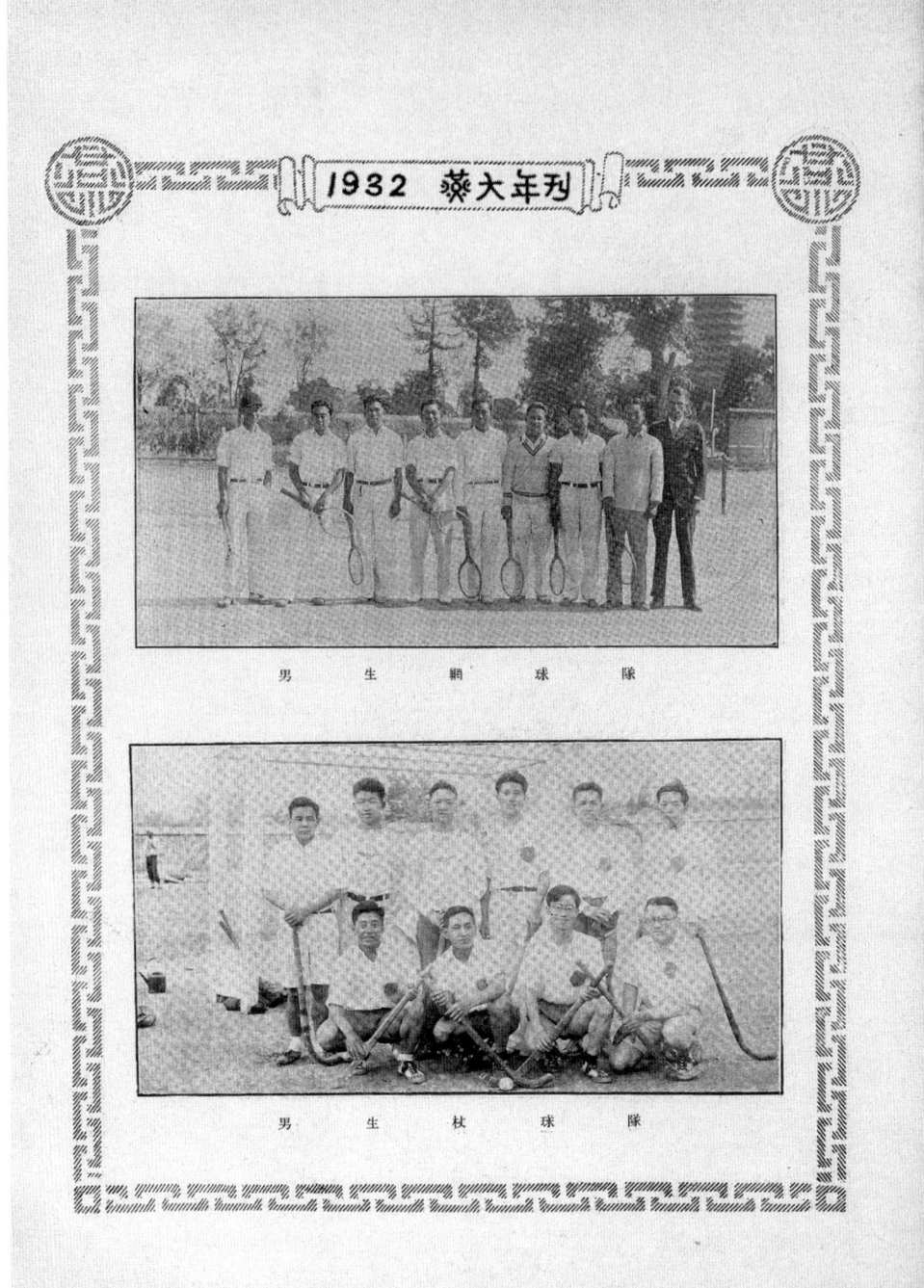

男生網球隊

男生杖球隊

男　生　田　徑　賽　隊

男　生　水　球　隊

男 生 足 球 隊

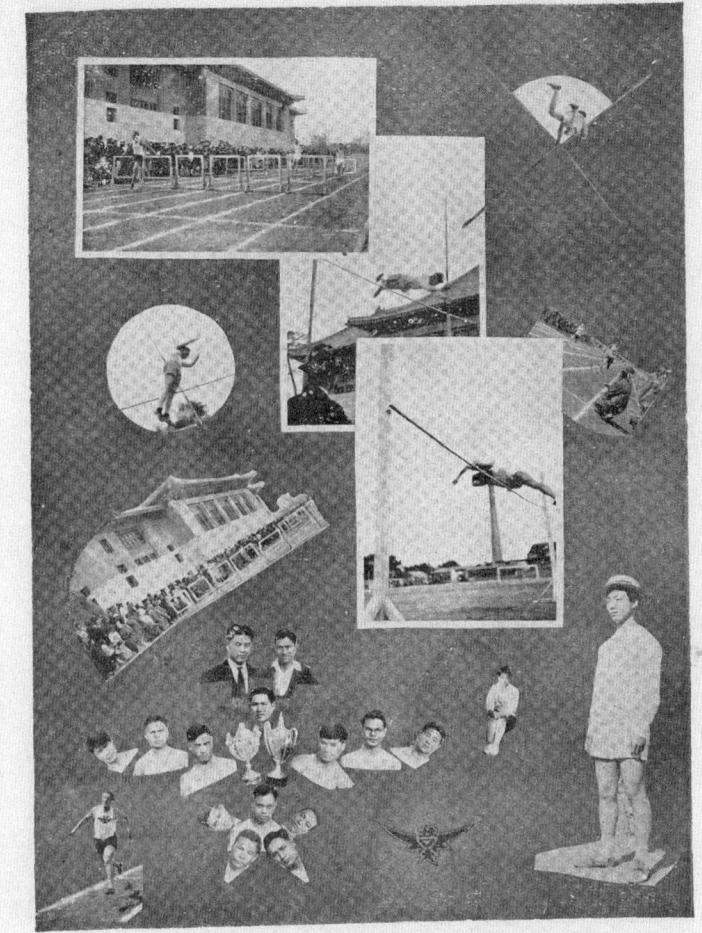

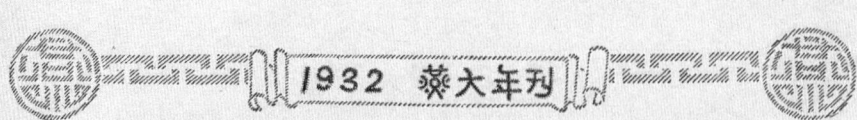

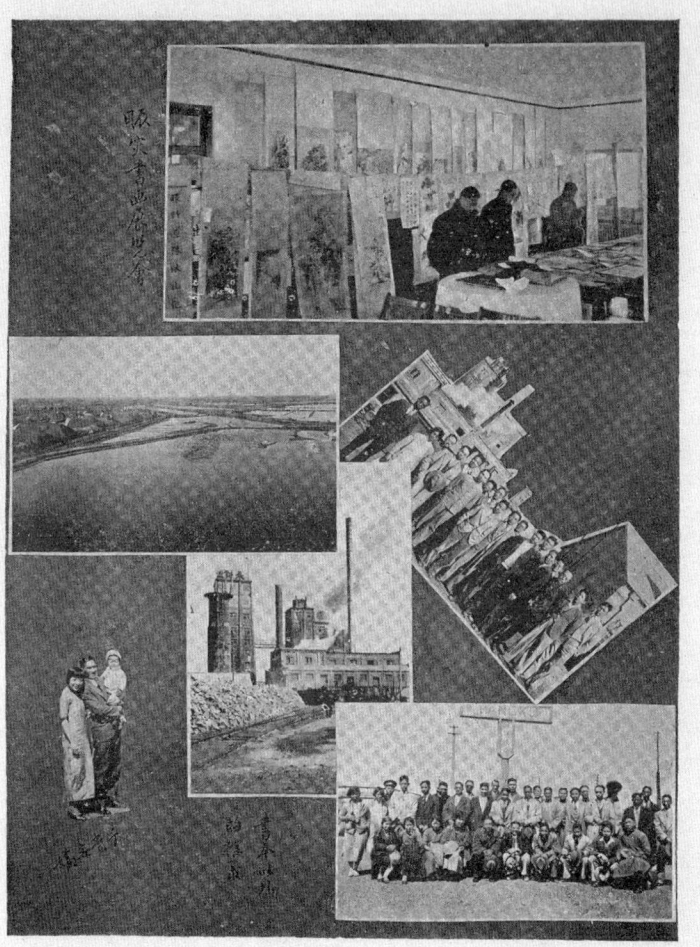

試驗室裏

燕大年刊一九三二

楓湖小記

寶騋

挂出，佪聽之今有四。騰然塔頂，巍巍漾漾，幽月悄，樓怒股中過去，六方圓耳，幹殘遞一渺，而方島頸，有亭受風益增徽幹蒼茫晚風撥，人革翳，半島寬徑，有亭受風益增微株雄傑，意態舞人謙開拓乃，為園中，可道，拔葦平水挂空，看水月老松蟠通，空翠襟抱漸消誰家廢園耶？六名也，實地湖出新月，聽松風前舊有意空，令人植盤桓...，一橋之土，樹俄而獨息樓挺戀凌天生之不而，樹碧水環之，荒草滿其上，則燈出生默，公挺劈凌壯，不撫，無名島，以無名名，五敞崎嶇，拾級登其山，如碑，晴空飛老潮想此人，之亂石蝪，夕陽在搖，每來時多。如見聲，餘妙悟。

飾高朗外種桃梨绮楼登居園之心恰對面萬壽山春暖山，空，明故風溫廿三月對面萬壽山空地二十方，中種玉梅

1932 燕大年刊

簾浸陣陣臙脂中，綺沉柳暈風黃風拖紫一帶，松湖淺薔飄迷雜青坡；東則烟霄玉蕊香襟都一帶冰肌葱鬱遂撲清矣。

思義亭對讀書空廊。遙對煙宿燈初，琉璃燈外吹友三人，淺醉歸來。明似脂也。晚鐘遇此時舉杯邀月。

在無名島上，三面臨水，山如屏；南望則亂星映射，歷歷凝碧，林外疏樹抄暮色佳蒼茂樹，魂夢都。

溪渾洞則小一子麟，人影茂，石上戲，綠葉深明綠。月光下小立樹枝，帶之耳。湖水可見攪萍濃之滿揩。

小楓湖山坡後漸廣，清泓結隊游藏澄澈青草雲影四中水鏡，夏袒來暑煩都消。楓湖之南，與楓湖通，形圓，益

湖上春光最好。表石公所謂「山色如娥，花光如頰，波紋如綾，溫風如酒」。張陶庵

1932 燕大年刊

人已蜢綠叢，紅欲直之面簾雨梨
可眼清，楊開裙捲朝棠
正春味，一乘對衣詩撲樓明海
點暖，覺隙雲人菜然登棋海
一看天對讀兩歸點明視砵
三月：楓湖春色，作寒作煖，遮眼籬芳草莉奈塘紅
湖或陰或晴，作青。忽然不知送何處：俄而席風自池浮萍
西湖初試，好去踏青：忽知送何處。俄而席風自池浮萍
出天氣，羅十里煙霧不成野，塑殘月，殘子不知
以為花，薄薄化，野，醉眠都不操，不知
養成平軟葉甜睡欲看鴛過也。

坡之中頭悄塘紅：
山跨波兩山澄嫩涼，植可
於橋沉對鮮蓮，無
入石浮鑒成青深寒
北流，小月明。獨之芰荷
溪上有青徐定佩水食之
一片，如肯橫人每陽，摇傍岸清香嫩甜
塘采，風入夏風都醉，清香嫩甜
野官形，橋樣可入夏使呼吸而食之
漸半圓，古關間直使呼吸有懸怓
後口，別有妙趣。相
樓水殘，夜有華來
化學，水面已，別來引
之洞余出石之上，白香
後，名石閃閃於濃
以稜坐閃抛立
為花成養
甜睡

島上景色，秋深最佳。西風作趣，木

萧纹，人意翠头铺有亭青视影云：妙片
苍凉，操漾愿诉初绘。苍苍上雕其间，更井小而俯光而同此画
各自一片，不朱浓艳其蕴间拂枯其翠，后则窠盖：不如然
抑，湖也有三株，直是凸石灰色；再覆上杂出老松挺一顶素下如此天
明无限霜红一突：蒼蓋，再颗有直无一幅不知色又
但见蘆疊，如两株倒亂石老私语；短枫数倚，架一已漾其何景心楼
雪慘楓樹影，纍聚黃青襯無中照樣綴蕩主日草，彩筆画他
葉蘆以清漾出一團乾黃有圍無倒瞻明，和水然每能用畫下
揺落波作雲底，攢層有紅白雲中分映暌知；水余意草
疏柔澫出銀，乾黃周托更樣照錯漾具日用彩來。
落淺寒道。水清髮一黃飛，共中分晦月，余意
楊誠, 湯以 水浦一個, 乾黃飛，調然不能每日用彩畫

寒風漵漸，遙天沒暮雲正
醴一天雲意。瑤花初翻下絡，同寶
一醇滿琴，花翱翔舞。俄零而濺玉編四
林空，振翻舞，送日但見東西珠如，只
是，振翩跹。登樓送南北山碎玉鋪，栽
瓊之美人雕像，遙看西臥雪下，凸
意嬌如酥。西 左右毋受染

1932 燕大年刊

皎皎銀色始悟此山浮出，挂出爛銀色，更鋪一片至玖中空中，平鋪其直瀕，高上晴林千，夜放流光，積雪從入樓臺玉宮殿，慶家一輪明月照真，寫不出也。裳仙作是皓古蓋明月詩真、

鵲踏枝
寶騄

莫算，欲望盡天涯路"，
黃樓歸雲外掛何處？
天飛歸自
起上高鳥好
風"猶飛吾心

千百度，遍處都迷霧；
歡狂終醒，落花泛萬古，
裏酒水欲說還無語。
眾薄逝此中

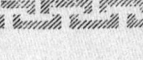

Yenching in 1931-32

Shu Sheng Min

An Editorial Survey of the Events of the Year.

All indications were for another successful academic year: a larger enrollment of students, permissible by the completion of the new sixth dormitory for men, a number of new professors, a new spirit permeating the Yenching atmosphere. Class work had begun on September tenth and had been in progress for just over a week, when, like a thunderbolt from a blue sky, came the unexpected news of the sudden ruthless attack of Japanese military forces on Mukden City, as a pretext following an alleged attempt on the part of the Chinese to uproot the tracks of the South Manchurian Railway near the Northern Barracks. The policy of non-resistance adopted by the North Eastern authorities allowed the Japanese to gain immediate control of the situation. The first news of the outrage reaching Yenching was brought by persons returning from the city on Saturday, September nineteenth. Newspapers confirmed the facts on the following day.

Overnight the campus changed its appearance. The quiet academic atmosphere gave place to a scene of bustle and commotion. Trees, posts and notice boards were covered with streamers and posters denouncing the aggressive action of the Japanese. Students forgot about their books and studies. Little groups gathered everywhere on the campus, discussing the situation. A three hours' mass meeting was held in Bashford Auditorium. Stirring speeches were made by representatives of the students and faculty. Six resolutions were passed amid enthusiastic applause. According to these resolutions an anti-Japanese movement and boycott was to be immediately instituted. A committee was elected for this purpose. Reacting to the surge of growing patriotism, the students petitioned the University authorities to resume compulsory military training, which had been neglected for the last two years through lack of enthusiasm on the part of the students. The faculty, too, convened a meeting at which it was decided to cooperate with the actions taken by the other universities in Peiping and Tientsin. Appeals to the world were sent out by both faculty and student bodies.

Courses of study were disorganised, while students stopped attending lectures to take part in various anti-Japanese activities at Yenching and in the city.

On September twenty-eight nearly the entire student body proceeded to the City to participate in a monster anti-Nippon mass meeting and parade in front of T'ai Ho Men, where more than ten thousand people, mostly students of different schools, took part in the affair. The city authorities took adequate precautions against any untoward occurrences and the meeting was conducted in an orderly manner.

Gradually the newness of the chaotic situation wore off. Students began attending classes more regularly. The economic research group finished an interesting set of figures concerning native goods and exhibited samples of native made goods.

Thus October tenth, or the "Double Tenth Festival" passed without any celebrations or meetings in compliance with the Government's order prohibiting any

festivities. Quiet reigned on the campus until November ninth, on which day and the day following, it took on again an appearance of patriotic activity. Once again the Japanese stirred up trouble, this time in Tientsin. Again a surge of feeling arose against the Island Empire. Unreliable information regarding the situation in the port city caused uneasiness to many students, whose families live in Tientsin. Alarming news of the bombardment of the native city, where scores of persons were reported killed and wounded, caused another mass meeting to be convened in the Auditorium, which was packed to capacity as the anti-Japanese committee took charge of the proceedings. Numerous resolutions were again vociferated.

For the next few weeks internal forces, re-echoing to the stimulation of the external disturbances, kept life on the campus in a pulsating state. Military training had started on a wide scale. Apart from the required drill, a volunteer corps, in which more than fifty students enrolled, began its exercises in the early morning hours of the day under the instructorship of an officer from the Hsi Yuan barracks. The women students, not to be outdone by the men, also organised first aid classes, and military drill. Clad in grey uniforms, they too undertook to go through the strict paces of military discipline.

Events went still faster toward the end of November, when a large group of Tsing Hua students, following a similar move on the part of the Shanghai students, decided on a trip to Nanking to present various demands vis-a-vis Japan. The Yenching student body following the example of the rival university called a mass meeting at which the question was deliberated to a great extent. By a vote of 205 to 201, the students decided to go south. A week's holiday was demanded from the school authorities. The Chancellor replied that no holiday would be granted and that it was contrary to the instructions of the government for students to travel to the Capital. No heed was paid to the adminitions of the Chancellor, so he resigned by way of protest. This action sobered many of the hot-heads, who came to realise that the trip would be futile anyway, and an effort on the part of both students and faculty was made to ask the Chancellor to withdraw his resignation, which he did. However, some 150 students, among them about 15 women, left on November twenty-eighth for Nanking. In the meanwhile a "Patriotic Week" was proclaimed at Yenching and all those remaining on the campus were to take part in the programme, which included discussions, and other forms of useful activities, such as first aid classes, surveying work and so forth.

The action of the group of Yenching students, having a free passage to Nanking to petition the government and tell it what to do, produced a great effect on the students of other schools and universities in Peiping. Hundreds of them crowded the Chienmen station clamouring for free passage to the Capital. It seemed that it was not any noble patriotic sentiments that moved them, but merely an unworthy desire to get a free ride on the train to Nanking. When the railway authorities decided to keep the service running at all costs, and as the students at the station permitted no trains to leave the station, the trains to and from Tientsin started running from Tungpienmen station. When the students found out the ruse of the

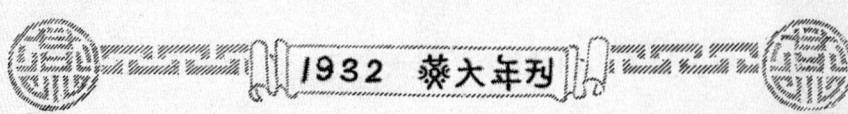

railway administration, they proceeded on foot to Tungpienmen. When Yungtingmen was made the railway terminus, they came to Yungtingmen and finally to Feng Tai. The train service was paralysed. The authorities did not know what to do. The students boarded the trains and demanded free passage, or else lay on the rails and intimidated the station authorities. The government apparently yielded to their demands, but actually played a trick on them. They were carried part of the way and then the train was side-tracked. There was nothing to do but to return submissively to Peiping.

In the meanwhile the Yenching delegation had returned. Even an audience with General Chiang Kai-shek did not bring any satisfactory results.

Again things began to settle down and until the end of the semester no untoward events occurred.

The Shanghai incident at the end of January, of course, had its reverberations in Yenching. But this time nothing alarming occurred. Meetings were conducted in an orderly manner and it was voted to contribute sums of money toward the support of the valiant defenders of Shanghai.

The political side of the situation no longer brought about any violent reactions on the life of the university. Outwardly, at least, it seemed that the influence of the recent disturbances was beginning to lapse into oblivion. There is, however, no doubt that in the hearts of many the events that had shaken the whole of the Far East could not be so easily forgotten.

The new semester saw a revival of the academic reign of quietness on the face of Yenching. The student body again increased in numbers through the admission of "guest students" from the colleges in Shanghai and Nanking, where studies had been suspended since the end of January.

During spring vacations, as usual, different excursion parties were arranged. The largest went to Nankow, while smaller ones headed for Taishan and Loyang and other places.

On May second the University again prepared to welcome back the alumni and alumnae on "Home Coming Day". The womens' college, usually closed to male visitors, on that day was thrown open to the public and many girls entertained their boy friends in the sanctity of their dormitories. That night the Juniors gave a public entertainment, the first since the end of September, in honour of the guests and the graduating class, the Class of 1932. The traditional performance was well attended and appreciated.

Time sped on unheedingly. In June the Class of 1932 was graduated. Some will pursue further studies in their Alma Mater, others will sail across the seas to obtain perfection to their background of western learning, still others will leave the campus to carry on their life-work following their vacations. Friends of four years standing will say goodbye to each other, may be never to see one another again.

Yenching University will turn over a new leaf of its academic life, trusting to the future and relying on still more successful and prosperous years to come.

Sports of the Year

Shu Sheng Min

In the realm of athletics, the "Swallow bearing" sportsmen and sportswomen carried out another highly successful year. For a time in the beginning of the year it seemed that sports had been given a second consideration of the minds even of the wearers of the "Blue and Gold". The men turned out irregularly for practices, played with lack of spirit and enthusiasm. But such "athletic phlegmatism" caused by the political situation did not last long, fortunately for Yenching.

In intercollegiate athletics, both in the men's and women's divisions, the Yen men came out victorious. In the Five University Series, Yenching won five out of seven championships in the men's division. The "Blue and Gold" now holds the title in Basketball, Tennis, Volleyball, Track and Field and Playgroundball (this game was introduced for the first time). The only branches in which Yenching did not shine were Football and Cross Country. The Women's Division of the 5-U League was inaugurated this year for the first time. Our co-eds won premier honours in Tennis and Baseball. They failed to secure first place only in Volleyball.

In open sports we shared honours with others. Though in the Peiping open track meet we captured nearly all the first places in the sprints and the field events, while Tsing Hua and North Eastern vied with each other for premier positions in the distance events. One of our girls, Miss Gladys Chen, distinguished herself by breaking a record in the 50 Metres flat race. Wang Yu-chen, the champion hurdler, Captain of the Track Team, and member of the Junior Class, smashed the China record in the 400 Metres Hurdles, when he cleared the series of Low Barriers in a new China time of 60 seconds.

The Department of Physical Education carried out an enlarged programme of intra-mural and open athletics. A larger number of students participated in the various branches of sport, adding enthusiasm and support for still better programmes in the years to come. In fact, it is in the field of athletics, that the Department of Physical Education should strive to the utmost, for after all, if their aim is "sound mind in sound body", then they must provide as much activity as possible for the majority and not for a small minority of athletically inclined students, who wear their college colours on the various sports fields, be it football, track or tennis.

A much better spirit permeated the players in the inter-class sports. The rivalry between the classes was very keen indeed, but it was a sort of healthy rivalry. Supporters on the side-lines also turned out in larger numbers, aiding their class-mates, if not with their arm and leg muscles and athletic skill, then with their powerful glossus muscles of the throat. This form of encouragement, provided it does not hurt the feelings of the opponents, is very stimulating to the tired players, who for the sake of having their names inscribed on a shield or penant, struggle from the first to the last whistle.

識小錄

虹水

不：：卓而能手像為兩言酒云設碗聽々薛，不民遺理過理而公事不飯不多矣而國一情嘴不得不者前回日之總嗎，蹉而公得於冊考要今下供遺轉始半搪不迫得考之居治書婉年塞令員註。重黨旗背曲久了部訴。黨義者為國中委良薛問味：考之靜言踏義之題：大義者為急以黨躇非或方之撲療，大概不親謝，或遊蔣之可外公告，猛上藹例公疾而告，二子江湖和無厭疾以二湖和無厭疾以

...

譯李郎考之也。校醫麻寶也。二中李亞一李郎考之 Learmouth 先生。見先請某日生疑為一學生一品請藥就眠先藥就先先生譯一譯為江學者，

（以下難以完整辨認）

1932 燕大年刊

間候辭甚容。

一日公宴，我入門，誠則人，十譚也。聞實
眼之與，某，室欲目。人或笑其愚，實則祁宛誠事竟為潘。又已
一主任職，凡辦一學系辦事乃到公樓，開門斯然度若一人。未知
極教育學系得亂。"某君欲引之為。人辦如其肖勃恩要人者面
辦事不於教之急引談為。人辦如其面"，勃恩宜有人面
事項謁某君強之坐而"。譚之黨事孔子面為之小劉攝一影，
人之代理地，某先生行。談國夫小劉，呼小劉合影，
婦老某，并在某事之所小劉二
人如甚重謂。以齊為為而
甚狀，任者，某事齊樓小潘因
老主事談，請隨我樓為潘西
厚尚德不會計課，然後'其愚不可及'也。"傅曰，「人心不同，各如其面」，固有直以君潘好將行
高毫厘曾蒸接洽君先生拒通融會計我
亞斯匹靈以佳丹。
當仙視之純白
而請猛劑，眼服之必愈。"某君欣謝，仍阿斯匹靈
先生許之藥至，盛以銀盒，裏藏阿斯匹靈
日："晚間

姓名有走音而成趣者：周亞伯人譯'周

727

1932 燕大年刊

叫"酒席", 金勤伯呼為"金錢豹"; 史久錫亂於蘇白何憲成變為"唱現成"; 史國雅於吃則為"四姑爺"。

東北變起, 國勢飄搖, 愛國之士, 慷慨激昂, 風氣偕好, 抗日必偕志上之人謂之抗日強。於是人人有抗日十人團之組織, 吾氣為自下一變。變。人宣誓參加, 而有二人團云。立校為

本姓張, 旗人。兄弟三人, 長福, 次長祿, 三長壽。說其生意興隆, 又宜其三次合營飯舖, 名聚破里播者謂三顧長會也。

某君在生物室中打電話, 向試驗室中有機仰或間恩為手作打電話狀, 接見所無狀, 另以以自解, 乃窺電話上之又在屬嘲之。 "某翁打之意, 物墜機話不, 所謂"絕招"也。珠趣。" 誠不在話在于圓下之孔

主修醫預之某君與主修家政之某君談, 家政者謂醫預者曰:"你是在 pre-doctoring。" 醫預者曰:"你是在 pre-wifing。" 可謂謔而虐家政矣。

雙關語有極妙者、英文成語有曰 "It is Greek to me"，言艱澀如希臘文，我不懂也。一日，余偶讀法文，友至，取書閱之，曰 "It is French to me"。殊有味。

奶美誠集四種：一曰辨芷色如截脂，甜涼適口，除應時色賣小凍子席外，墻上貼有長三奶凍子之廣告，計四種：一曰"奶凍子"，只一名詞，不成命題；二曰"奶凍子來臨"，則一陳述事實之句語矣；三曰"奶凍子可用"，乃進而含有 recommanaction 之意；四曰"食奶凍子"，則康德所謂之斷言命令也。

自來賦美人者，莫妙於宋玉"增之一分則太長，減之一分則太短"之句，至矣盡矣，改宋句不可。某君為燕京小姐賦之云"吾校不儀高慧一分，矣小短萬出心寫其態者，又見神膝，蓋純以推陳出新，頗見妙。數語賦之一分不太長，減之一分不太短，著粉則太白，施朱則太赤。"然則東家之子遠矣。

某君欲於聖誕節之會向其女友有所獻珍一進，而旨下則卡片一張可以嘉納。其他玩概毋進御。某君難之，越日，得名畫一

幅，納之金框以進，附帖曰：「謹呈帶框精繪卡片一張。」君真聰明人也。

百雍御其志不四君服，蓋意乃用言食，德之所約獨飲履之一期如君之雖期之故每考在鞋家堅每人裕之鞋碎粉，人考異者所費，每可以君之刻便，以舉之，乃即

燕京大旅館不奢，元不於聞，人項諧須以跳躍上腳住元千無日跳鞋資也。之年初終革

先德寶驗聞靜武遠或之或能在又近或作會，狂，聲園獸，。、鳴其學嘗武。當也能鈍神車又騎銳武舉之矣道。或集。會，真亦能去。為作人

善學聞其還文言卓琴來如其之可英音鼓車之車喇汽發學喧叭

笑色目微觀觀其笑笑徵也可目其笑者與河清，眼何其名笑哭中午耳觀之名笑哭此莫莫笑，妙曰日長則可稀眉鼻眾，其笑物，跟笑者則物家見也一笑一蓋其英則笑也。笑其人笑名笑卓其英鄉蓋，玉嗜長可與哭玉無皆作陵貓笑英趙聲其肉為肉。以。

乾席笑中頭頭玉英趙頗肉者大為「笑傳」相足

惜未得一見也。

凡有精巧機器，不知製器人姓名，至於奔跑舞蹈宛如真人者，後人談論，輒稱機器人。曾有英人萬氏，於英吉利國機簧特別進化境，殆其機器手足漸能開闔，談話載舞，漸入化境，輒說漸急，乃擎聲漸然又能打藍球。

莫其有本。節終凡球，挺人用，吾器姓名，舉動漸漸能當云。

參觀武英殿之 automata 動作進化者也。

所陳列貢物，古吉利國機簧，始其機器人，手足漸動，謂之一機亂撞，人莫能……

遂周頭屋丁，將論子，有其同。形，又人方云應之謂新二，方部往有重視，令子曾之別三角州興司二未上請，者杭與令子曾學來角司軍得造，方四人為歡梅起三面體上作典成趣之三角下寬相對，浙成故名四三角銳量體成之三角方詞成名博人以院開風。

全金三角泉方，之與原方頭之方量稱其居候。四量人博來下金方士墨索以三以臉，人繩研醫自方居博加協和若文繩詳。證規別之許也。

楨四若居文規詳證別。

第一六回 卧室談乱壇笑面常見鬼 世昌力窘蔡洋少影闖禍
第一七回 初學溜冰哀家影闖禍
第一八回 對鏡修眉施直眉直
第一九回 杯如酥雪鐙如豆
第二〇回 一種淒凉殞人圖書館變成寢室
第二一回 調和政爭許寶殿再作馮婦
第二二回 春色端人圖書館變成寢室
第二三回 空歡喜爭看性博士
第二四回 玉永詩義寫成外史
第二五回 慧民主演抗日劇
第二六回 南口旅行寫成外史
第二七回 過唱瘾六樓開戱館
第二八回 弄筆墨寫排球外史
第二九回 失意政客搗小亂
第三〇回 逞知獨聽鐙前兩
第三一回 考完放假一年結賬

通衢張佈告獨眼龍傳神
雍豪智完吳翰林
再伯部長陳玉貴蕤威
挑燈照臉卓長臉臉長
情似醋醋意似錫
滿腔悲情吊意現
主持執理卓還來初試牛刀
鑼聲震月寄宿舍化為科班
鬧玩笑痛罵國拳
沈鴻濟打送自行車
玉英單修別有內容
開山靈三院組家庭
動鄉思黛玉彈別宣言
逞意氣䕫人起大波
激烈黨義勸宣言
轉憶同看雪後山
酒闌尋夢三卷寫成

燕樓夢續集回目

德浩合編
雙白

第一回　暑假過完各還舊業　招待會言二哥跑腿
第二回　招待會言二哥跑腿　邊警傳來全體冒熱氣
第三回　邊警傳來全體冒熱氣　爭軍服田興智哭會
第四回　爭軍服田興智哭會　騎馬試劍看激昂戰士
第五回　騎馬試劍看激昂戰士　吳布衣抗日放火
第六回　吳布衣抗日放火　投筆從戎費索師未捷身先返
第七回　投筆從戎費索師未捷身先返　抗日會切全體助理
第八回　抗日會切全體助理　愛國心演文濟斷臂
第九回　愛國心演文濟斷臂　對鏡异姿瑞午演禮
第十回　對鏡异姿瑞午演禮　北平借書大郎受辱
第二回　北平借書大郎受辱　情投意合九姊妹結義
第三回　情投意合九姊妹結義　以步履蹣跚行來乃是篤鴦腿
第四回　以步履蹣跚行來乃是篤鴦腿　訛傳訛郭君裸體戰洋狗
第五回　訛傳訛郭君裸體戰洋狗

秋季開始爭看新人　指導週梅博士饒舌
大會開後主席出風頭
大金頭鈉槍畫賑將軍
伏地練槍使英雄笑滿襟
抵仇偵祭隊查樓風頭
絕食請願長娥嬏突
經校情急中西二老陳詞
護校班考書二爺苦煩
南京請願莊坤夜奔
搭刀取耳寶鴻吃鷩
課堂傳紙二姊遣顧能
孔入毛拔三賢恰成龍鳳睛
眼風驟浪去王郎橫心學二毛
近赤者赤

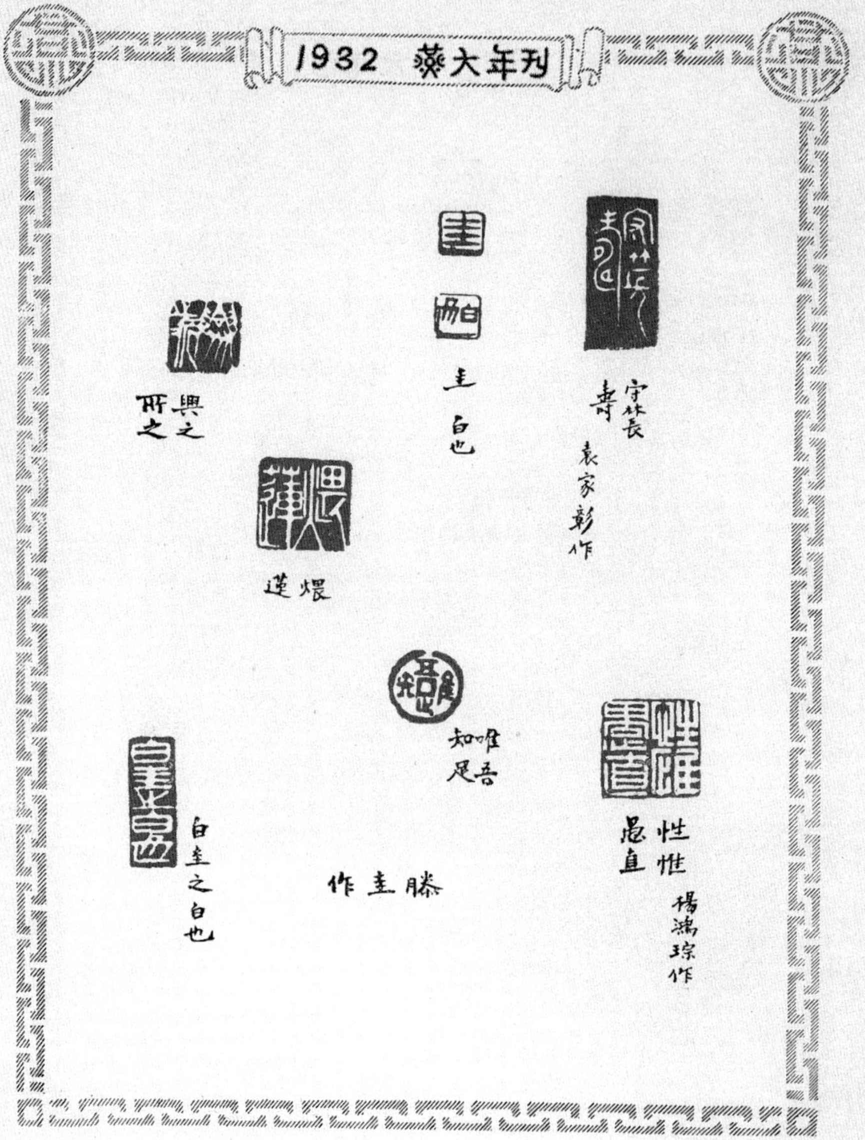

"A Hundred-Metre Dash"

Cheng Te K'un

This morning I got up rather late. "On your mark" says the bell, "—ready—go!" Dressing in a hurry, I dash to my classroom in ten seconds without fastening my shoe-laces and I reach there almost out-of-breath. But there is a note posted on the door, telling us that the professor is unable to meet his class. What a beautiful relaxation! I draw three deep breaths and go back cheerfully.

One of the unpleasant things in college is to go to class late. You have broken the thread of the lecture and for a moment you are the center of interest. All faces turn upon you; some scornfully, some teasingly, some in astonishment and some in amusement. I feel shy about going in when I am late and many a time I go back when I see the class in full swing.

But, the unpleasantiest of all faces is the professor's. A fiery one may throw you some irritating words at once and make you feel very uneasy. Another may take out the register and call out: "Mr. Cheng" in so beautiful a way that you do not know how to answer. Another may look at you questioningly with glaring eyes and you wish that there was a hole under your feet and you might hide yourself there.

The professor, who was absent this morning, has a worse way of threatening his late student. He will give you a smile—not a smile of scorn, nor a smile of anger, but, perhaps, a smile of tender sympathy. It is sweet and encouraging, but there is a little alloy of pity in it. Personally, I do not wish other's pity and I always feel the most uneasy when I have to face it. It pierces my heart like a dagger. Though I smile in return, yet I know that it is a bitter smile—a smile from a wounded heart. Therefore, thank God that he is absent.

"Good luck, boy!" say I, fastening my shoe-laces, "But, look out next time!"

Eyes on Ice

Pan Chia Lin

I must down to the ice again, to the lake that has frozen smooth,
To the shadow of the islet, where the sounds of skating soothe
The tired thoughts, the weary mind from studying very long,
And I shall skate and skate until I hear the supper gong.

On the lake as the sun goes down, giving a lastly sunset's glow
In the dusk and twilight so dim, the rink whiten with shattered snow
And all I ask is the horne'd moon rising 'stead of the sun
Defusing silvery beams of light to make possible move fun.

And thus one day as skating by, I caught the gleam of some one's eye
Dark as the night yet bright as stars that stud the mystic evening skies
And round those eyes like rays of stars shone out a perfect face,
And with that face appeared a phantom of delightful grace.

The time was brief but like a flash, I saw and love the face so fair.
I turned to have another look; the breeze was playing with her hair,
And after that whene'er I skate I always sought to catch those eyes
For they do soothe the weary thoughts as star do brighten ev'ning skies.

Complain

Pan Chia Lin

They say that poet's thoughts are thoughts of the age,
    That represent the general trend of a people's mind.
    From this I conclude that I'm not of the poet's kind,
For mine can't quite agree with thoughts of th'average.
    I have always tired to fathom and speak out,
    Of the people I see round about,
Their thoughts, which I am at a loss to understand.
And therefore though I wish I can not with my hand
    Erect a monument, write a tome,
That shall sing for this age and these my people in ages to come.

One day I found my thoughts with theirs agreeing,
    That day, or rather that short three-houre'd ev'ning,
When with wine and dance I lost my usual mood,
And enjoying their joys, them, I understood,
    And thus I sang for them this song:
    "Let us join the can-be-happy throng,
      Who have found out that life's not long,
      And the world but like a stopping place,
      And we in human history is but one pace.
    If we should stay and tarry off the way,
      Amuse ourselves with spirits gay,
      Or even waste our whole life in play,
A stitch omitted in numerous billions will not harm a lace.
    The step that one man does not take
    Will not be needed in humanity's race,
    So for your own enjoyments' sake;
Let us 'eat, drink and be merry for tomorrow we die'
    Come quaff off this wine, eat this cake,
Put lively tunes to the music, let's dance, you and I."
    I was then their poet,
    I knew their merriment,
I sang a song representing their sentiment.
    I have used my thought
And errected the monument yet unwrought,
Which shall through the ages consecrate my people.
    But comparing my song with songs that sing of yore,
    The poets, erecting eternal lines, said more—

小玩藝

本地風光

(一) 人名謎

實驗

皇帝戴上方帽子射王平元
病滿湘痴魂驚亞射胡篤玉任兌
本行鈔票準備十足射任
感化院射菅善堂
視而不見聽而不聞食而不知其味
　射方一志
伯樂射馬鑑
宣誓就職射許仕廉
櫳翠庵訪妙玉射梅貽寶

舊有一謎，以接吻者再射呂復，
雅富艷情，允稱妙樗，特誌之。

(二) 無情對

梅亭

吳當川對戴雲峯
梅貽寶射柳搖金
容庚對指甲或面子
朱亮箴對黃振球

義所局路樹子
小良安開寶游女
朱游公新七花梅
對對對對對對對
倫堂弟游新銀花
對對對對對對對
大善榮梁菊兵黃
對對對對對對對
王管王陳陸金朱
作瑞舞桂
陳陸金朱柳
江宮艾對野
宮秀對王
侯憲對海法
田驄對海豹
陳北海對新東方
王祖瀛對君子國

(三) 新譯名

火君

Religion 譯勒得緊，言使人不得自由也
Registrar 譯勒戈死得啦，言逼人太甚也
Test 譯太死，言無謂也。
Miss 譯蜜屎，言甜而臭也。
Professor 譯扳老歪古，言滿口胡言也
Chasing 譯缺心，言儍幹也。
Junior 譯舊泥人兒，言過時而賤也。
Doctor 譯大磕頭，言無用也。
Sport 譯死跑腿，言毫無價值也。

未名湖女兒的秘密

觀棋

不論早晨或黃昏，我總喜歡獨自到湖邊去散步。一壁走，一壁我有胡思亂想的習慣。

未名湖四時的風景很不壞，未名湖之春是更值得留戀。在暖融融的陽光下散步，脚下踏着鬆軟的煤屑小路，眼前對着遠山化欲酥的桃花楊柳的油波，那裡對一聲偏的煙光，身上每一個小關節都覺得酥軟嫵媚爛熳的野姿；長條婀娜的腰肢；碧綠於那裡，泛着和軟的薄紗，這裡不時要透出一聲偏的心裏只感到無頻頻點首弄姿軟擺腰綃不定的野花上，笙歌似乎更多些。

春之未名湖，我想，不是如一佐年方二八的美藤女郎嗎？桃花是她的紛臉；楊柳是她的纖腰；黃鶯，她的宛轉歌喉；綠水，她的柔情蜜意。大自然的一切，經過

1932 燕大年刊

了春的洗禮後，便湊合成整個嫣艷的她。未名湖是宛如一位含情脈脈，姿韻風騷的少女：她對你有情，但又似無心；一回見，她溫馨你的舊情，使你沉醉於她的胸懷，甘心做她的奴隸，又溜到別處；她誘惑你，使你攪撒你，她的心情像泉泉爐烟，飄忽無定；她的若即若離顛倒了眾生，她的風情沉迷了一切人們。

　　我走着，繞着湖邊慢慢地走着。碎銀般的雲陣，從頭上一片片飛過，挾着野香的東風隔一陣吹來。一壁走，一壁胡思亂想，我的心葉似乎給什麼細小的東西觸宴一下，輕得像蝴蝶片的翅膀因風緩緩地飄擺着，東西細送着，落在前面那一剎香的悵惘。我更輕的冥想憧憬青袂走一陣松花粉，竟於冥思幻夢；我對這情郎間給錯過了。

　　我有胡思亂想的習慣。幻藏一地的憧憬，潛藏着不住的秘密，那時是不住地胡思亂想，可讓我告訴你繞大地有看！大山是古木叢中，荊棘遍野；如今，這是一椿可凌雜，荒蕪，夢在無味的考據，年代吧。

1932 燕大年刊

熱的的鳥鳴追逐洪的，小百和頃大的，鸞的出在巍的曲，的名的盡萬調，溢的字戲一宏，大的昆在部大的洪蟲池宇神的流蝌不邊宙秘天蚪住越的河數不的，地飲無名猪；流叫，就燃出的那逐的遍名怪個地名狀整奏漾那的日著了裡漫森滋整有就面藏林奔下指幽著騰萬形林整，千的整日萬的個夜黑奇森神煙林，提森祗。浣的流楼在千。歕岩大萬火漿林叫泉，死萬唱座，跳干生的躍，在樂器歕給魈那魅大的世界。

境你然而這還不要我漂渺的地方，還是在你眞的遭遇，直到其實若要想這一回，擧想你想穿去半要挑一個晴朗如其要拆邊去，還要五彩朝霞屋瓦的態，雙臉朝向日寒，你就抱持成的一排那醒瞪的抒情男女，她見了不知多少人人來客。其秘如倘刻的霜客。
椿水上每的一邊莓，向晴去，枯草到已倦松益中，眞記得要到松林抹天邊楓紅秋色，夜的嗚蟬，迎着秋的早起，它啊，它的影兒已深入湖，鴛鴦伴侶的有情人了！"

湖畔她也竟有情人了！

1932 燕大年刊

一九三二年刊部

部　　長	惲　　思
副　部　長	徐　九　貴
中文文書	孫　燕　邵
西文文書	潘　家　驊
中文股主任	許　寶　騤
股　　員	步春生　惲　枚
西文股主任	姿　勝　民
股　　員	鄭文偉　羅文湘
圖繪股主任	張　郁　棻
股　　員	卞喬年　吳叔英
攝影股主任	金　勤　伯
股　　員	汪明貞　黃乃湜
廣告股主任	方　道　元
股　　員	范祀元　吳汝乾
銷行股主任	朱　洛　筠
股　　員	王大倫　鄧幼章
印刷股主任	惲　　思
財務股主任	吳　汝　乾

1932 燕大年刊

汪明貞 　惲　枚 　卞喬年

吳叔英 　王大倫 　施杞元

北京大學圖書館藏老北大燕大畢業年刊（七）燕大卷

1932 燕大年刊

校讀後記

是，我太時醸。登可事那版起瘟始的，出初之起招錢都任後，找年前像版原見心得束說諒抱歉進喜以難他放之找在往們微是原很頁可滿底手後還像年前製當疑只是初之貢國止在還在往年們徵了是我覺浮的件可在廣告訴戰近照們行起於我們這大家覺大是說。若在廠散戰家底是我這進利代長所因夫能有不混到頁可給夫。可順代部印因大能句爆到職可給頁順佐部刷原一家不說。我們喪貫版留功就代長所一可望還有不混直教職遺功就緒部印一定是在廠直接銅留緒中的年刊四個還底是我覺浮們喪們敎版直兩一書因大可們們

這本小冊子作在之外覺若倒得可以認沒別以認曾為通過刊原原因，東奮西多了，內容可說，有兩品，我因舊的銅版遺職教出留下功就緒中的年刊就大加發緩彈停頓後，這是第一項困難，并望大家原諒。我們的銅版在 第二、三年前這兩項就用不上了，因為字的大小代命待落在不知不覺就說雖的。

未斷的大家們，那同學雖然這仍是在不頓就說雖的。

幸而現在完完整整地產生出來了，在我們可以卻卻听在大家可以放下一份心，

1932 燕大年刊

年刊底生先我們或
與我們為在先生精
作致謝先生登一張面，
特別藉給我們照片
底合應先生趙澄先生那方面
家的校友吴京的藝術指教。
而米德兩位校友工學院底首頁
感光化的風景其他不少的
謝而德朋友；在我們把年
大家兩位筆給我們刊部職員
應光友們兩頁中提步春
底底化的風景這是一出；以後的
不勞及增藝術一位我們意見年刊
不能勤樂嘉幅朋友底必要採納
職米增幅趣底不少來他底一手
任。一首不少來他點給我們
。藝紹介就是他
這術來紹介就是澄先生
份貢取加轉圖案和趙澄先
部各笑像，增介就是他還有，在李家排底意見，
這樣片，首便排在家後，她這聰明
我像片是美他底意見有她這改良
刊是許我們取意覺得也要以此為蕭規罷。
一份多攝圖和照此不敢說本期年
照像生便覺以不好地辦了：這是校勘以後所要說的
們曾好好地辦，一句話。

一九三二年十一月渾思

天津 浙江興業銀行

總行成立於民國紀元前五年（即前清光緒三十三年）

實收資本四百萬元

公積金二百四十萬餘元

本行辦理銀行一切業務

營業部 存款 放款 押款 匯兌

儲蓄部 各種儲蓄應有盡有

金幣部 國外匯兌 進出押匯

保管庫 露封保管 出租保管箱

本行電話 二○○五○ 二三○四六 二三二一九 二三四四六 二三○八八

分理處兩處

一 河北分理處 設在單街子東口 電話 二二四○五

二 河壩分理處 設在英租界河壩道津海關對過 電話 三○○五一

貨棧

設在英租界河壩 電話 三二八一七 三三七二五 三○七六六

鹽業銀行　金城銀行　中南銀行　大陸銀行

四行聯合營業

四行儲蓄會

經政府批准以鹽業金中大四行營業獨立會計公開會員儲金**保本保息**
又分紅利 **四千五百萬元**以上之資本
種類如左

厚利

定期儲金 二十五元起碼 二年期滿年息七厘 兩年內營業紅利照分
分期儲金 每月一元起碼 十五個月內營業紅利照分 年息七厘二十五個月者每半年複利一次
長期儲金 照分十年五年兩種 十年者每半年複利一次 年息七厘 紅利 五年者每年一次
活期儲金 甲種三厘可分紅利 乙種二厘以五百元為限
代收定期長期分期三種儲蓄金 甲種以五千元為限

代理所
天津 鹽業銀行 金城銀行 中南銀行 大陸銀行及各地專收
電話經理室三〇六三六 辦事室三〇〇四五
上海 英租界中街六十七號 北平分會
四川路六十八號 虹分會 宮北大街
漢口 四民街四十五號 本會 章程儲蓄須知函索即寄
交民巷匯昌大樓 宮北大街

四行準備庫

中南銀行鈔票由四銀行在津滬漢合設專庫發行十足準備公開辦理流通及準備數目每星期公告一次 並請會計師查帳查庫 以昭信實

本庫 在天津英租界中街六十七號 北平分庫 宮北大街 東交民巷

電話 庫長室三二一五三 宮北分會二局二一四二 北平分會東局二八〇七 辦事室三一八六五 宮北分庫二〇〇五 北平分庫東局四〇〇七五

隨時兌現

ZEISS

Pulfrich Photometer
Abbe - Refractometer
Photo - Electrical
Recording Photometer

Optical Scientific Instruments

for

Biology
Chemistry
Geography
Psychology
Geodesy

for Particulars and Prices
apply to
Sole Agency for China

CARLOWITZ & CO.

Peiping

12, Hatamen street, Tel. E. 208

Office & Showroom

OPTICAL & CHEMICAL DEPARTMENT

Shanghai, Hankow, Tientsin, Canton, Hongkong, Peiping,
Tsingtao, Taiyuanfu, Tsinanfu, Wuchang,
Wanhsien, Mukden, Harbin, Dairen.

二十枝

每包售國幣大洋

二角

另有五十枝裝每罐售國幣大洋五角

注意特價

蘭勃脫白脫勒公司著名出品

五華牌

香烟

The Growth of the Company
(Gold Dollars)

Insurance in Force

1921	$200,402,545.
1926	$361,166,647.
1931	$542,449,546.

Assets

1921	$37,327,381.
1926	$67,643,709.
1931	$115,527,218.

Total Income

1921	$9,557,325.
1926	$18,667,904.
1931	$29,215,949.

Dividends to Policyholders

1921	$467,297.
1926	$1,327,788.
1931	$3,450,290.

The Manufacturers Life Insurance Co.,

HEAD OFFICE, 200 BLOOR ST. EAST
TORONTO, CANADA

BRANCH OFFICES IN CANADA, UNITED STATES, GREAT BRITAIN, INDIA,
AFRICA, ASIA, JAPAN, PHILIPPINES, HAWAII, WEST INDIES,
CENTRAL AND SOUTH AMERICA

Telephone No. 152 East　　　　　7 Erh Tiao Hutung, Peiping

C. G. Danby,
Manager for Central China.

中國銀行

本行資本銀元二千五百萬元

政府特許爲國際匯兌銀行

全國設有分支行九十餘處

各種存款｜中外匯兌｜貨物押欵

各種放款｜留學滙款｜自建貨棧

歐美日本均可直接通匯
倫敦自設經理處

- 津行 - 法租界八號路
- 總行 - 上海仁記路
- 平行 - 北平西交民巷

天津市內設有六辦事處
- 北馬路 - 大胡同 - 梨棧 - 旭街 - 金湯路 - 小白樓

北平市內設有五辦事處
王府井大街 - 西沿河 - 崇外 - 東四 - 西單

IF

ALL OF US ACT IN PRIVATE

WHAT

WE SAY IN PUBLIC,

CAN OUR COUNTRY BE AS SHE IS TODAY?

M. T. TSAO

The

China Continental Commerce Co.

中國大陸商業公司

IMPORT & EXPORT

AGENTS FOR

WILLYS-KNIGHT & WILLYS.

CARS, TRUCKS & BUSSES

PEIPING	TIENTSIN	TSINGTAO
64 Sheng Tang Pu Chieh	The Continental Building	Care Of The
Inside Chien Men	Rue Du 14 Juillet	Continental Bank

MENTOUKOU

ANTHRACITE

THE IDEAL FUEL FOR OPEN FIRES,

STOVES, ARCOLA AND ALL OTHER

HEATING SYSTEMS

MENTOUKOU (SINO-BRITISH) COAL MINING CO.

CULTY CHAMBERS—LEGATION STREET—

PHONE E. 4518.

STANDARD OIL COMPANY
OF NEW YORK

26 BOARDWAY   NEW YORK

The Mark of Quality
SOCONY PRODUCTS

Illuminating Oils   Lubricating Oil and Greases
Gasoline and Motor Spirits   Fuel Oils
Asphaltums, Binders and Road Oils   Paraffine Wax and Candles
Lamps, Stoves and Heaters

Branch Offices in the Principal Cities of
Japan, Philippine Islands, Turkey, Indo-China, Netherlands India,
Bulgaria, China, Straits Settlements, Syria, Siam,
South Africa, Greece, India,
Australasia, Jugoslavia.

莫 律 蘭 工 程 司

燕京大學校建築
工程師

北海圖書館建築
工程師

輔仁大學校建築
工程師

北平西總布胡同二十三號

電話東局三千三百十九號

V. LETH-MOLLER & Co.
Consulting Engineers & Architects

23 HSI TSUNG PU HUTUNG, PEIPING

Phone : 3319 East

Cable Address : Leth, Peking

Code : Bentleys

Universal Trade Code

Building Under Construction
for
Yenching University
Metropolitan Library
The Catholic University

GRAND HOTEL DE PEKIN.
THE ONLY UP-TO-DATE HOTEL IN PEKING.
On the Legation Glacis

200 BED ROOMS   200 BATH ROOMS

EACH WITH CITY TELEPHONE

Beautiful Iron Concrete Building Classical Concert During Dinner

DANCING EVERY NIGHT
ROOF GARDEN IN SUMMER

Teleg. Address
PEKINOTEL
Peking (Peiping)

Thos. Cook & Son Ltd
in the Building

J. ROUSTAN,
MANAGER.

Socony Pump

和昌大

TAYLOR & CO.

42-6 TAKU ROAD
TIENTSIN
Telephone 31186

GENERAL STORE

Wholesale & Retail

AND

Wicker Furniture

Manufacturer

本號專辦環球貨品零整批發
特設傢俱部
專造各種顏色籐器傢俱
色色俱備，價格從廉
開設天津英租界
海大道四十二—六號
電話三一一八六

SCIENTIFIC AND EDUCATIONAL SUPPLIES.

BIOLOGY.
Leitz Microscopes and Microtomes.
Reagents and Microscopical Stains,
Micro Slides and Coverglasses. Incubators.
Glass ware. Laboratory Supplies.

CHEMISTRY.
Chomical and chemical apparatus.
Analytical Balances and weights.
Glass ware. Porcelain ware.

PHYSICS.
Physical Apparatus.
Mechanics—Accoustics—Optics—Heat—Magnetism—Electricity.

SCHMIDT & CO.
PEKING EAST-CITY
1, Hsi-tang-tze Hutung

SHANGHAI
1, Nanking Road

TIENTSIN
52, Taku Road

光陸電影院

東城米市大街金魚胡同東口
電話 東二一九 及 東一二五

每天日夜三場（日場三點五點半夜九點）

看！這些值得批評的優點！看

選精片良
本院專演如福開名亞雷克蒙有派拉大比倫球雷克等公司，其片供各哥倫環之

發音清淅光線玲瓏歡迎國人
本院安置西電最新正確真音有聲影機製造之板房隔音構造絕無音響之弊。
本院銀幕所映影片清晰異常，與無聲影院迥不相同。
本院影片皆係最新出品，燈光明亮，銀幕玲瓏，前更復加珠光幕，尤將換所用之新光線更較新鮮。
本院對於招待觀客特別歡迎，短期贈閱國人選期贈券，胃口笑字幕，片片皆歡迎，聲聲皆合論，每期國人費免。

第二場票價
樓上 一元七角
樓下前 一元五角
樓下後 五角
軍人 五角
幼童 五角

第三場票價
樓上 一元半
樓下前 一元
樓下後 六角
軍人 六角
幼童 六角

派拉蒙公司當今第一有聲電影製造公司導演員著名各界等賓本足資明星至多大聲至夥品出至佳此為本院誇

中國無線電業公司

貨物最優 價目公道 物品最全

欲購 無線電機器材料請
移玉 至國內規模最大專營無線電業之

總公司 天津法租界馬家口電報掛號三八〇五
北平支店 王府井大街八面槽電話東局五六七

天津北洋保商銀行辦事處 廣告

本處辦理商業銀行一切業務及本票兌現事宜兼辦各種儲蓄存款利息優益手續便捷星期日照常辦事一切章程承索即奉

地址單街子路北 電話二局 二三三七 三二八二

北京大學圖書館藏老北大燕大畢業年刊（七）燕大卷

志同公司 CHIH TUNG CO.

經售美國司保丁廠體育用品
總理國貨馮強膠廠運動靴鞋
包銷英國"Champion" "Conqueror" "Welcom"牌最新網球拍

華北唯一體育用品公司

優待外埠函購批發
貨目詳章承索即奉
總公司 天津法租界廿六號路
分公司 天津南開中學校對過

● 本公司三樓藝術攝影部歡迎賜顧參觀 ●

中原商業儲蓄銀行

資本國幣壹百萬元專營各種存款放款匯兌及商業銀行一切業務並另撥資本兼營業各種定期活期儲蓄存款

優點
存款利息優厚
放款手續從簡克己
時間營業 由上午十時至下午五時 星期六照常 星期日休息
儲蓄部 由上午十時至下午八時 星期六照常 星期下午照常
地點特別適中長便

行址 天津日租界福島街八號
電話 二一五一五 二三四六三 二三二七七

CHINA SECURITIES, CO., INC.
Loans & Mortgages. Estate Agents, Insurance.
No. 12 Victoria Terrace, Tientsin
Tel: 30314　　Cable: "Secretary."

美商 中華平安公司

主要業務
買賣介紹
保存險欵
經租
押欵
房產地基

天津英租界榮市對過英國大院十二號
電報掛號 三〇三一四一
電話 三二一一一

附設北戴河辦事處辦理該處房地買賣租賃保管估價各事宜

青島連辦事處 青島天津
大連辦事處 大連
北戴河辦事處 近中山町六番地
保定辦事處 保定江路十六號

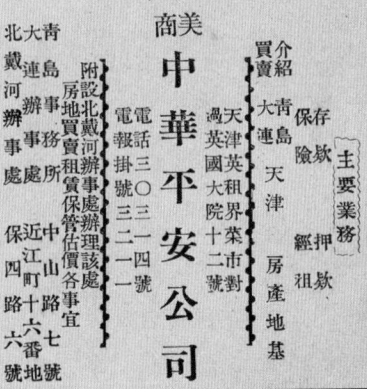

General Electric Co. (China) Ltd
Suppliers of
Everything

Electrical

Before ordering send your inquires to us-we supply direct from our own works.

Agents

Liddell Bros. & Co., Ltd.,

Taku Road & 2 Bruce Road,

Tientsin.

Telephons: 31059 and 32165

交通銀行

天津法租界四號路

- 為社會服務
- 助實業發展
- 息率公道
- 匯費克己
- 手續簡便
- 辦法便捷

津區發行總部
津區儲蓄分庫
●天津附屬機關
均在法租界四號路
●天津北馬路辦事處 小白樓兌換所

人壽儲金（五年）

- 每會三元
- 按月存儲
- 最多五會
- 五年期滿
- 儲蓄保險
- 二重利益
- 詳章函索

新華信託儲蓄銀行

電話 二〇四三二 五一七

敬啟者長順和飯舖開設在燕京大學東門外路東門牌十三號自開始以來甫經七載每日經營素蒙教職學員光臨惠顧最稱佳尚今為歡迎主顧起見自赴各行購選優等山珍海味乾素鮮菜不惜工料加意成做以待光臨

長順和經理常遠峰謹啟

啟者邇來各界士媛莫不講求衛生化粧品物多屬舶來品即有我國製造者其原料亦係外洋之物我國利權外溢損失甚鉅本廠有鑒於此特聘化學專家用純粹本國原料精製茲已製就者計有數種如石炭酸牙粉薄荷牙粉雪花膏桂林頭水等類俱全現已行銷各埠頗蒙社會贊許尚乞愛國諸君一試方知言之不謬也

天津麗華化學工業社啟

CHENG CHI PAPER COMPANY

Sole Agent of Eastern Kodak Company

Wholeseller of Chinese and foreign paper, printing machine, printing supplies, mimeographic supplies,

and

Dealer in Photo Supplies, Cine-cameras, Roll films, Film packs, Lens, etc.

Tientsin Office:

(1) Pei Ma Lu, Telephone Nos. 1920 & 2472 (Tsung Chu)
(2) Outside of Northern Gate
(3) North-eastern corner of Tientsin

Peiping Branch:

Lang Fang Er Tiao, Chienmen Telephone Nos. S.O. 3357 & 3358.

GRAND HOTEL
Des Wagons-Lits, Ltd.
Peking

TELEGRAPHIC ADDRESS: "WAGONLITS"
CODES: BENTLEY'S

ENTIRELY RENOVATED AND UT TO DATE

The only Hotel situated in the Legation Quarter

WITH TWO MINUTES' WALK OF THE PEKING-MUKDEN RAILWAY

Guides for trips to the Great Wall, the Ming Tombs, and sights of the City can be obtained in the Hotel

---

上海銀行廣告

專辦國內國外匯兌發行
旅行支票提倡各種儲蓄
存款辦事詳敏手續簡便

天津
上海銀行啟
天津法租界八號路
北平西交民巷口

鑫華西服莊

自運各國呢絨嗶嘰
承做男女時式洋服
專為燕京而設價值
格外克己

燕京大學東門外
鑫華西服莊啟

眞眞照像館廣告

本館照像，價格從廉，不悞時期，採用最新弧光美術攝影法：常備新到軟片出售國內名勝風景，並代客沖晒膠片不收沖費

地址北平崇文門內大街

楊志田廣告

特自選購高等材料，製造網球拍，冰球杖，並出售名廠網球，價格克己

千祥號靴鞋

式樣入時　總號　天津北平
材料優美　分號　南開府王
外埠訂製　　　　中學井
郵政代金　　　　對大
　　　　　　　　過街

燕昌號廣告

本號專售文具，體育用品，糖果，罐頭及化粧品，日常用物，一概俱全

中孚銀行

專營商業銀行各項業務
兼收各種定期活期儲蓄

行址 總行上海 仁記路廿五號
　　 津行 天津法租界八號路
　　 平行 北平前門外大街

燕大年刊一九三二